河北省社会科学基金项目

Reorganization and perfe
Real Estate tax system a
to Value added tax "

"营改增"后
房地产税制的重组与完善

李金荣　刘德成　等著

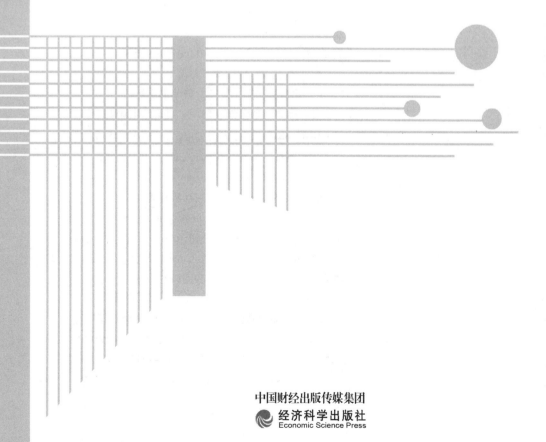

中国财经出版传媒集团
经济科学出版社
Economic Science Press

图书在版编目（CIP）数据

"营改增"后房地产税制的重组与完善/李金荣等著．
—北京：经济科学出版社，2018.8
ISBN 978 - 7 - 5141 - 9701 - 3

Ⅰ.①营…　Ⅱ.①李…　Ⅲ.①房地产税－税收管理－
研究－中国　Ⅳ.①F812.423

中国版本图书馆 CIP 数据核字（2018）第 202311 号

责任编辑：王　娟　张立莉
责任校对：杨　海
责任印制：邱　天

"营改增"后房地产税制的重组与完善
李金荣　刘德成　等著
经济科学出版社出版、发行　新华书店经销
社址：北京市海淀区阜成路甲 28 号　邮编：100142
总编部电话：010 - 88191217　发行部电话：010 - 88191522
网址：www. esp. com. cn
电子邮件：esp@ esp. com. cn
天猫网店：经济科学出版社旗舰店
网址：http: //jjkxcbs. tmall. com
北京季蜂印刷有限公司印装
710 × 1000　16 开　16 印张　240000 字
2018 年 10 月第 1 版　2018 年 10 月第 1 次印刷
ISBN 978 - 7 - 5141 - 9701 - 3　定价：49.00 元
（图书出现印装问题，本社负责调换。电话：010 - 88191510）
（版权所有　侵权必究　打击盗版　举报热线：010 - 88191661
QQ：2242791300　营销中心电话：010 - 88191537
电子邮箱：dbts@ esp. com. cn）

前　言

房地产税制是政府调控房地产市场的重要经济手段，科学、合理的房地产税制能够较好地组织地方财政收入、调控房地产市场的供求关系，从而稳定房地产市场秩序和房地产价格。

长期以来，我国的房地产税制一直沿用的是20世纪80年代税制改革时形成的税制体系，当时的房地产行业还没有充分发展，住房还没有完全货币化，所以，房产税只对城市、县城、建制镇和工矿区范围内的经营用房产征税，而没有涵盖居住性房地产范围。由于计划经济时期土地实行划拨制度，因此，城镇土地使用税采用定额税率征税，没有与土地价格挂钩。1992年，党的十四大正式提出了建立社会主义市场经济体制，随后，深化城镇住房制度改革，对居住性房产进行了产权确认，由国家所有、集体所有通过货币化购买变成了职工个人所有。随着市场经济的确立和发展以及居民收入水平的提高，房地产行业进入了发展的快车道。统计资料显示，实行市场经济以来，房地产年度投资呈现出高增长率的发展趋势，市场需求特别是居住性房产的市场需求量较大，市场交易繁荣。

房产和土地是房地产行业发展的两大核心要素，房产税和土地使用税也应该是房地产税制结构中的主要税种，但是，在实行市场经济长达25年的时间里，没有针对房地产行业的发展变化相应地对税制进行结构性调整。相比于房地产行业的快速发展，政府对房地产市场的调控力度不足日益显现，各地方政府也在频繁地制定限贷、限购、限售等措施，试图调节房地产市场秩序，稳定房地产市场价格，但是调控效果不甚理想。在房地产行业日益繁荣的过程中，政府较多的是从行政手段进行调控，而没有及时地对房地产税收体系进行改革和优化。房地产税制改革滞后于房地产产业发展，是造成房地产价格不断上涨的重要因素之一。

从房地产税收体系的结构来看，一直以来"重流通、轻保有"的税制结构对房地产市场特别是居住性房地产的调控存在缺位，购置住房后的持有过程不再发生任何税收成本支出，这也是引起居住性房地产作为投资资产的重要因素之一。住房衍生出的投资功能使得房地产市场的需求特别是对住房的需求大量增加，不断推高居住性房产的价格水平，增加住房刚性需求的老百姓的居住成本，不利于房地产市场的健康和稳定发展。

随着我国"结构性减税"改革的不断推进，税制改革的目标和方向日渐明朗，其宗旨是降低流转环节的间接性税收，逐渐提高直接税的比重。近年来，税制改革的重要成果，一是完成了营业税改征增值税的重要历史进程，统一了货物和劳务、服务、无形资产和不动产的税收制度，进一步推进了税制的公平性，也符合减税制原则，营改增实施以来，已累计实现减税 2 万亿元。二是进一步降低了增值税的税率水平，体现逐步降低流转环节间接性税收的目标。2018 年 4 月 4 日，财政部和国家税务总局发布《关于调整增值税税率的通知》规定，纳税人发生增值税应税销售行为或者进口货物，原适用 17% 和 11% 税率的，税率分别调整为 16%、10%。纳税人购进农产品，原适用 11% 扣除率的，扣除率调整为 10%。三是调整消费税的课征范围、课税环节和税率，进一步体现消费税的特殊调节功能。四是进一步调整企业所得税的税收优惠政策引导，加大对小微企业、科技型中小企业的优惠力度，促进中小企业的发展。人民日报 2018 年 1 月 18 日撰文指出，近年来，税务部门不折不扣落实国家出台的各项税收优惠政策，充分释放减税政策红利，2017 年支持"大众创业、万众创新"税收优惠政策减税超过 5000 亿元，其中，符合条件的小型微利企业减半征收企业所得税、月销售额 3 万元以下小微企业免征增值税等支持小微企业发展的税收优惠政策共减税超过 1600 亿元，惠及纳税人超过 3600 万户。五是个人所得税改革有了新突破，开始综合与分类相结合的征税模式改革。2018 年 6 月 19 日，个人所得税分类综合征税模式改革方案提请十三届全国人大常委会第三次会议审议，并公开征求意见，目的是逐步实现降低间接税税负、提升直接税比重的税制结构，体现量能课税原则。但是，房地产的税制改革仍进展缓慢。

早在 2011 年 1 月，上海和重庆开始推行将住房纳入房产税征收的改革试点，但是，由于两地试点均没有将存量房产纳入征税范围，只对新增居住性房产规定了计税要求，不符合税收的公平性原则。因此，试点方案没有被大范围推广。2013 年 11 月 15 日，党的十八届三中全会审议通过的《中共中央关于全面深化改革若干重大问题的决定》中明确提出，加快房地产税立法并适时推进改革。2018 年《政府工作报告》明确指出，要健全地方税体系，稳妥推进房地产税立法。

本书研究内容正是基于房地产税制改革滞后于房地产市场发展的现状，在"营改增"背景下，结合房地产税制存在的问题，提出进一步改革和完善房地产税制的建议。

本书在继承已有研究成果的基础上力求有所创新。一是注重研究内容的系统性。本书主要梳理了房地产税制的理论基础、房地产税制的效应以及我国房地产税制的发展历程；结合"营改增"对房地产税制的影响，分析了我国房地产税制目前存在的问题；梳理房地产税制较为成功的国家和地区的房地产税制结构，总结有益经验，结合我国房地产发展的现状和趋势，提出了完善房地产税制的总体思路和具体实施方案。二是注重研究方案的可操作性。针对房地产税制的改革问题，不仅提出了总体思路，还对相关税种的改革方案进行了设计和论证，如房产税与城镇土地使用税合并征收的可行性和制度设计、取消土地增值税的必要性与可行性分析、针对我国居民家庭非货币财产占主体的财产结构，提出并论证了开征遗产与赠与税的可行性与制度设计等。

限于作者有限的知识水平，本书不可避免地存在疏漏和失误。对于税制改革的认识和评价，不同的专家、学者从不同的视角解读，也会有不同的认识和观点。敬请各位读者阅读后批评指正！

李金荣

2018 年 6 月

目 录 CONTENTS

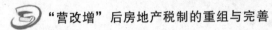

第一章

绪　　论

第一节　研究背景与目的

一、研究背景

本书的选题背景之一是"营改增"税制改革。随着"营改增"的全面完成，房地产行业由营业税改征增值税，而营业税的税收收入大部分归属于地方，增值税属于中央和地方共享税。"营改增"后，地方税收体系愈加不完善，充当地方主体税种的营业税不复存在，地方税收入急剧下降，虽然"营改增"后，增值税的地方分享比例由 25% 提高到 50%，地方税收收入在共享税的弥补下，数量上可能与之前不相上下，但是地方税对地方经济的调节功能愈发不足。在现有地方税的体系中，房地产行业税收占比较大，以 2016 年为例，以土地和房屋为征税对象的房产税、城镇土地使用税、土地增值税、契税税收收入共 12988.84 亿元，占地方税税收收入（不含共享税收入）的比重达 60.09%（见图 1-1）。但是，长期以来，由于房地产税制结构的不科学，在组织财政收入和对地方经济的调控方面发挥的作用有待提升。因此，出于对地方税建设的关注，本书选择房地产税制改革作为研究范畴并加以探讨，即在"营改增"背景下，探索房地产税制的重组与完善。

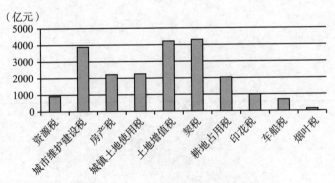

（亿元）

图 1 - 1　2016 年地方税收收入结构

资料来源：2017 年中国统计年鉴。

　　本书的选题背景之二是房地产税制与房地产市场发展脱节。我国在计划经济时期和有计划的商品经济时期，实行的是住房公有制度，因此，1986 年颁布实施的《中华人民共和国房产税条例》规定，在房产的持有环节只对经营用房产征税，对居住用房产不征税。而且，由于土地的所有权归属于国有或者集体所有，所以，房产和土地分别征税。市场经济以来，我国经济呈现出高速发展的态势，人民收入水平不断提高。随着 1998 年开始的住房货币化的推行，不断富裕起来的老百姓改善居住条件的愿望越来越强烈，由此，房地产开发企业越来越多，房地产市场越来越繁荣，对住房的开发销售日益增加。据统计，商品房销售面积由 1998 年的 12185.30 万平方米增长到 2016 年的 157348.53 万平方米，年平均增长 62.7%；其中，住房销售面积上，由 1998 年的 10827.1 万平方米增长到 2016 年的 137539.93 万平方米，年平均增长 61.6%。2008～2009 年，受美国次贷危机影响出现下降，之后在政府投资的带动下继而呈现增长。商品房销售额由 1998 年的 25133027 万元增长到 2016 年的 1176270475 万元，年平均增长 241.06%；其中，住房销售额由 1998 年的 20068676 万元增长到 2016 年的 990641734 万元，年平均增长 254.54%。与住房销售情况相比，商业房地产及其他用途的房地产增长趋于平稳（见图 1 - 2、图 1 - 3）。

2

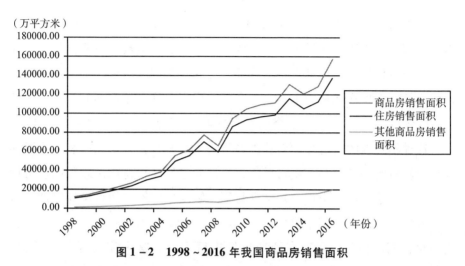

图1-2　1998~2016年我国商品房销售面积

资料来源：Wind数据库。

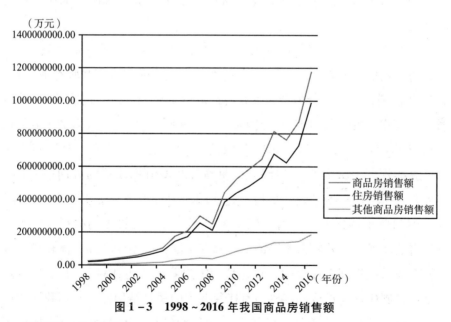

图1-3　1998~2016年我国商品房销售额

资料来源：Wind数据库。

　　随着住房销售增长带动的房地产开发销售的不断繁荣，我国的房地产税制并没有做出及时调整。住房持有环节的税收缺位，再加上我国资本市场的不完善，催生了房地产的保值增值功能，除了改善住房条件的刚需，房地产又衍生出投资（投机）功能，一度出现了形形色色的炒房团，使得房屋超越了用于居住的本质，变成了攫取利益的工具，由此也带动了我国房地产市场的价格逐渐走高。高企不下的房价成为老百姓生活的负累，也成为炒房者牟取暴利的工具。不合理的房产交易收益在不断抵消实体经济经营者的热情，经营一个企业一年的收入可能还不及卖掉一套房收益多。这种不合理的收益分配对我国经济的发展是有百害而无一利。虽然部分地方政府已颁布限购、限售措施，也已通过提高首付比例来限制炒房行为，但是，这些措施都带有短期性特征，缺乏稳定性，而且没有增加住房持有者持有住房期间的任何成本，购房者的收益预期依然很高。因此，应该尽快利用税收手段对房地产市场进行调控，减少流转环节的税收，增加持有环节和继承环节的税收，从而增加住房持有者的长期成本，改变长期持有闲置住房的预期，调节房地产市场供求，促进房地产市场健康发展。

本书的选题背景之三是我国结构性减税的税制改革背景。"营改增"是结构性减税的核心内容，旨在统一各产业的计税方法，减轻企业负担。2004 年以来，政府推行的结构性减税已取得了显著成效。据统计，"营改增"全面完成后，仅 2017 年全国实现减税 9000 多亿元，大多数企业的税负出现了不同程度的下降。2017 年取消了 13% 的税率档次，改为 11% 税率计算征收。2018 年两会期间，又明确了对增值税改革的方向——进一步简化税率结构，现已明确房地产行业的增值税税率从 2018 年 5 月 1 日起，由 11% 下调到 10%，又下降了 1 个百分点。流转税的减税效应会促进经济的发展，随着收入水平的提高和存量财产的不断增加，流转税减税的同时应适度提高直接税的比重，从而突出我国双主体税类的收入功能。房地产税制应该建设成间接税与直接税并重的税制结构体系，而我国长期以来房地产行业"重流转，轻持有"的税制结构不利于政府对房地产市场的调控。因此，借"营改增"的契机，增加房地产持有环节的相关税收，逐步减少流转环节税收，构建起合理的房地产税制体系。科学的房地产税制能够在组织税收入的同时，调节财富分配，缩小业已产生的较大贫富差距。在房地产价格偏高、"营改增"背景下研究房地产税制的改革与完善具有重要意义。

二、研究目的和意义

本书研究的主要目标是针对"营改增"后地方政府的收入及调节功能的不足，在分析现有房地产税收问题的基础上，构建起收入、经济双重职能的房地产税制体系。课题研究拟以房地产税制的理论依据为基础，分析房地产税制在收入、土地、政府行为等方面的效应，结合我国现行房地产税制存在的问题，借鉴国际社会的有益经验，明确我国现阶段房地产税制的建设目标，并且设置科学、规范的房地产税收体系，以及重组之后税种的具体制度设计。以求课题研究成果的系统性和完整性，弥补现有研究成果的不足，并力求使研究成果具有可操作性，为我国及各省房地产税制建设提供参考价值。

从税制建设角度来看，随着"营改增"的不断推进，地方税制需要进一步完善。结合我国现阶段的国情，房地产税制改革是完善地方税制体系的必要过程；从促进房地产市场健康发展的视角来看，房地产税收是政府对房地产市场进行宏观调控的重要工具，具有其他调控工具无法替代的长期效应；从改善分配关系的角度来看，房地产税收有利于公平财富的分配。科学、规范的房地产税制有利于增加地方财政收入，有利于房地产市场健康有序地发展，有利于缩小贫富差距。因此，房地产税制改革具有重要的理论与现实意义。

第二节　国内外房地产税制的研究动态

国内的专家学者从不同的视角对我国房地产税制存在的问题进行了研究并提出相应的对策建议。这些成果分别从房地产税制建设、房地产税的征收基础及制度设计、房地产税制的国际比较及借鉴等方面进行了研究。

一、房地产税制建设的问题及对策

对于房地产税制建设问题，业界专家和学者分别从不同的视角进行了解读。第一种视角是从房地产的税、租、费的角度进行分析，认为在我国房地产税收体系中，存在税、租、费混乱征收的现象，而且较为普遍，不利于税收宏观调控功能的发挥，并提出了房地产税制应在公共财政框架的基础上，建立以物业税为主导、其他房地产税费为辅助的科学合理的房地产租、税、费体系（安体富、王海勇，2004；贾康，2005）。第二种视角是从公平、效率的原则出发，认为我国现行房地产税收体系中有些税种的课征违背了公平原则，有些税种的调节欠妥，有些税种的配合失当、重复征收、效率不高。强调房地产税制改革要遵从公平、效率原则，对于重复征收的税种加以合并或进一步改进（如房产税与土地使用税），对于低效的税种建议取消（如土地增值税），为完善房地产税收的调节作用可以开征新税种（如土地闲置税）（樊丽明、李文，2004）。第三种视角是从税制建设角度进行的分析，指出我国目前房地产保有环节的税制征税范围过于狭窄、征税对象不完整、计税依据设计不合理、税种设置不科学，不利于发挥税收杠杆的调节作用，认为物业税是完善房地产保有环节税制的必然趋势（孙玉栋、杜云涛，2008）。一种观点认为，我国目前以开发交易环节为主的房地产税制虽然存在税法陈旧、税基狭窄、计税依据不科学和计算复杂等问题，但在调节收入分配方面具有一定作用，虽然存在不公平问题，但是并不突出，在管理上还存在一定的便利性。此观点认为，房地产税对土地市场的调控以及对房价的调节功能不容乐观，房地产税制的改革和完善应定位于弥补现有税制的设计缺陷、辅助调节财富分配（朱为群、许建标，2009）。也有观点认为，物业税作为对居民个人财产的征税，不能仅考虑物业税本身的税负问题，还要结合个人所得税、增值税、消费税、营业税等实际上最终也由居民个人承担税负的整体税负状况。在物业税税收负担的设计上应考虑和协调与其他税种的关系，每一个税种不应当是独立进行改革的，在改革的过程中协调好各个税种的关系至关重要岳树民（2004）。

二、房地产税改革问题研究

关于房地产税的改革，业界出现了不同的看法，有观点认为，房地产税能够调节房地产市场的供求，进而调节房价，对个人财富的调节也有重要作用。也有观点反对开征房地产税。

倪红日、赵阳（2007）针对近年来房价的过快上涨进行了分析，认为房地产税收调控政策的重点应从目前对供给方征税转向对需求方征税，即在房地产保有环节征税，加快推进物业税的改革。靳东升（2013）、马海涛（2013）认为，应将个人所得税收入作为省级税收收入的主要来源，而市县级地方税收收入以房地产税为主，并且在住房保有环节征收房地产税。白彦锋（2017）认为，在经历了"房产税—物业税—房产税"的变迁之后，党的十八届三中全会"一锤定音"，将其称为"房地产税"，即"加快房地产税立法并适时推进改革"。即无论采用什么样的名字，房产税改革的两项标准都达成共识：一是要"扩围"，将个人自主非营业性房地产纳入课税范围；二是要改变税基，将目前由历史价值为基础的房产余值计征和从租计征改为按公允价值为基础的评估价值征税。从上述意义来讲，我国房地产税改革实际上是开征一种新型的具有财产税性质的全新税种。而且，我国自2015年3月1日开始施行的《不动产登记暂行条例》就被客观地认为是在为房地产税的开征创造条件。

关于我国房地产税的开征时机问题，白彦锋（2017）认为，从性质上看，房地产税是与遗产税类似的资产税和资本税。如果说个人所得税调节的更多是纳税人的流量收入，那么房地产税着眼的更多是累积下来的存量资产，在中国经济快速增长的时期开征房地产税，有可能会影响中国的社会经济活力，如果制度设计不当，远期来看可能失大于得。这样看来，中国的房地产税一是要慎重开征；二是即使最终开征，也不应使之成为中国税制的主体。在这方面，法国经济学家、《21世纪资本论》的作者托马斯·皮凯蒂被誉为"向世袭财富开刀的人"。2014年11月，他在中国进行演讲时表示，"最近中国推行的反腐行动是促进社会公平的重要举措，同时建议中国除了个人所得税之外，还应该征收遗产税、房产税等资本税。"对此，叶檀（2014）认为，中国现在处于向外移民的高峰期。根据波士顿咨询公司的报告，截至2013年底，中国约60%的高净值人士（1000万元以上）表示自己正在考虑或已经完成投资移民，与两年前比例大致持平。同时，中国人的财富形式大多以房地产存在，根据西南财经大学家庭金融研究中心的数据，在全国的家庭中，有66%的资产是房地产，尤其是大城市，房地产比率更高。北京市城镇居民拥有房产在整个家庭资产的比例为83.6%。但房地产属于资产，价格变化极大，在高位，如果按50%的比例征税，房价下跌后就可能成为"负翁"。这样看来，如果贸然开征房地产税等资本税，一方面，会使中国房地产市场进一步承压、居民财富面临缩水的危险；另一方面，房地产税可能会成为将富人从中国驱赶出去的"大棒"之一。为此，中国当前首先要做的是培育合法财富，建立发达的市场经济，待中国"互联网＋"等信息化经济转型真正成功之后，才谈得上对房地产行业这个"没落贵族"征收房地产税等资本税。到时候，征收房地产税等资本税的负面效应被创富机会和财产保护所抵消。①

在国内反对开征房地产税的意见中，王智波（2008）综合国外已开征房地产税国家的经验教训和我国的现实国情，极力反对，观点鲜明，颇具代表性。王智波（2008）认为，由于物业税存在不公平、累退性以及不符合支付能力等的问题，注定物业税是一个在已经开征的国家不被欢迎的税种，在未全面开征的中国也将不具有可行性。而且，就"大众评价"来看，与国内大多数研究者认为物业税能够促进社会公平相反，美国过半数的注册选民将物业税列为"最坏"（the worst tax）和"最不公平"（the least fair）的税种，比名列第二的联邦所得税17%的得票率高出37个百分点。公众对物业税的憎恶与其税基确定的独特性有关。与现代税收通常是对"现金流量"（cash flow，本期收入或本期支出）的征税不同，物业税对"存量"——不动产的价值课税，引发了一系列问题。一是横向不公平。虽然对流量征税的税种有时也会发生纳税人和税务部门之间的争执，但从原则上讲，其税基是市场交易的客观结果，无须人为评估；而物业税的税基——必须经过人为评估才能得到，这不仅与党的十八届三中全会所强调的"发挥市场在资源配置中的决定性作用"和"简政放权，推进行政管理体制改革"相违背，还使得税收的横向公平几乎不可能。实际上评估技术很难做到客观公正，美国

---

① 白彦锋：《国内反对房地产税的文献综述及理论分析》，载《财政监督》2017年第19期。

税务机关做的就很差。二是物业税是累退的，有违纵向公平。若穷人的房价收入比是 10，富人的房价收入比是 1，政府同样征收 1% 的物业税，穷人的税负将是其年收入的 10%，而富人仅为 1%。三是税负与当期收入不匹配。与所得课税和商品课税不同，物业税在纳税前没有现金收入或消费支出的可选择性，导致税负与纳税人的当期现金流相脱节，有违市场交易原则。公众对物业税抱怨甚至要求废除，导致物业税在美国各州和地方税收中的比重已经下降至第二次世界大战前的 1/3，并且绝大部分州政府已经不再征收物业税，只有地方政府仍保留这一税种。由于人们通常认为"最好的税制就是原来那种"，废除物业税势必就要增加别的税或者用一个新税种来代替它，这都会带来很多政治问题。因此，如今美国的物业税实在是"退而求其次"的"不得已而为之"之举。[1]

温来成（2008，2009）认为，我国由于缺乏明晰的房地产产权关系以及相应完善的管理制度，目前尚不具备大规模推出房地产税改革的条件，改革时机不成熟。并且进一步探讨了房地产税与房地产产权管理的一般关系，针对我国房地产产权管理现状存在的问题，提出开展房地产产权登记普查、逐步统一城乡房地产产权管理制度等政策建议。唐明（2010）和张艳纯、唐明（2010）均指出，不清晰的产权环境导致房地产税制的形成发展缺失法律基础；不规范的财政分权导致房地产税制的发展缺失财政体制基础；地方政府治理的激励与约束机制导致房地产税制改革缺失政治基础，进而提出房地产税制改革的制度环境。唐明（2009，2010）从双轨制的住房制度、房地产的市场化健全程度、住房的不平等所导致的缺乏民众支持等方面，深入挖掘住房制度转轨背景下房地产税制改革将遇到的种种体制障碍。因此，房地产税制改革不是一项孤立的制度安排，其变迁的方向和目标受到我国经济社会转型进程的制约。[2]

三、房地产税制国际比较研究

鉴于我国房地产税制的欠科学性，业界专家学者不断地研究房地产税

---

[1]　白彦锋：《国内反对房地产税的文献综述及理论分析》，载《财政监督》2017 年第 19 期。
[2]　张青、张再金：《房地产税国内研究综述》，载《湖北经济学院学报》2012 年第 7 期。

制的问题与对策，进而，许多学者也开始大量地介绍其他国家和地区关于房地产征税的制度及经验，尤其是发达国家和地区，以期为我国房地产税制的完善提供有益经验。

梁红星和戴海先（1997）从课税对象、计税依据、税率等各个角度比较了我国和世界其他一些国家的不动产税收制度。熊波（2002）介绍了加拿大的房地产税，并从中总结出对我国的借鉴意义。钟伟和冯维江（2004）详细地考察了发达国家物业税的开征、税率和减免办法，在此基础上，提出了对我国物业税征管的初步建议。蒋晓全和丁秀英（2005）简要地介绍了美国、日本、加拿大的房地产税制，并以此为基础，提出了我国房地产税制设计的建议。李明（2008）对境外房地产保有阶段税制及税基进行了比较，分析了房地产税基评估的特点和种类，并对房地产税基评估中遇到的问题进行了梳理，提出了我国未来物业税税基评估可能遇到的问题和解决途径。魏涛（2008）对法国的个人房地产税在税制要素、税基评估和税收争议解决等方面的制度安排作了详细介绍，总结了对我国的借鉴意义。白彦锋（2009）对美国财产税税收优惠措施的具体做法，如免征减征、"短路器"、税收抵免、延期纳税、分类税率和增量融资的利弊得失进行了分析。李明、樊勇等（2009）通过对南非新《财产税法》的详细介绍得出如下经验：明确改革目的和动力，调动各级政府改革的积极性；充分考虑各地实际，避免以国家层面政策进行微观管理；严格控制财产税减免，加强税收监督；引入先进的财产税基评估手段，提高税基评估效率。薛钢（2010）则从明确财产所有权、完善财产信息制度、建立合理的纳税评估体系以及高效的税收征管制度方面，对国际经验作了全面的比较与借鉴。石子印（2010）借鉴美国和韩国实施房地产税的经验和教训，提出了房地产税的成功必须满足以下条件：（1）房地产税必须是受益税；（2）需要上级政府的财力补贴支持；（3）将公众对该税的负担控制在适当范围内；（4）需要不动产交易环节税收的配套改革。①

以上研究成果从不同的视角分析了我国现行房地产税制存在的问题，

并提出了构建合理的房地产税收体系的建议。其中，有支持开征房地产税的观点，也有反对开征房地产税的观点。在查阅的已有文献中，针对房地产税制改革和建设的系统性和完整性尚有不足，对房地产税制的政策目标分析以及重组与改革的实际可操作性还有待于进一步深入，税收制度的设计也还有待进一步商榷。不管从哪个视角进行研究，有一点不容置疑，即我国的现有房地产税制在实现组织收入、调节房地产市场的税收职能方面均存在不足。因此，房地产税制改革势在必行，只是改革的定位、目标和方案设计还存在意见分歧，这也是本书进一步研究的内容。

国外学者比较侧重房地产税对政府行为影响的研究。格莱泽（Glaeser，1996）认为，房地产税作为地方主题税种会影响政府行为，刺激政府提供更多、更好的公共产品和服务。菲谢尔（Fischel，2001）认为，房地产业主为了增加自己房产的财产价值会要求政府提供较完善且有效的公共服务。博奇（Borge，2011）通过对比征房地产税和不征房地产税的研究表明，征房地产税的地方政府提供公共服务的成本相对较低。国际上有很多国家都在征收房地产税，已取得较多有益经验。以英、美为例，房地产税收是英国税收体系的重要组成部分，直接或间接来自房地产的税收收入每年占英国税收总额的14%。在地方税中，有关房地产方面的税收也成为地方政府最重要的税收。美国地方政府的房地产税收占全国房地产税收的比例达到90%，在地方财政收入的构成中的占比也在70%以上，是地方政府的最重要的收入来源。① 占地方政府收入最重要来源的这部分税收收入主要被用于社区的教育支出、医疗建设等方面。在美国，地方政府会根据财政收支需要确定房地产税收的征收总量，然后，再以当地的房地产总量为基础计算确定的征收率，不同的州税率或有差异。印度政府也比较注重房地产行业税收的调控作用，虽然房地产税收在其税收体系中并不占重要地位，但是课税环节相对完整。

不同国家的房地产税收政策都是以本国的国情为基础的，我们不可以照搬，但是可以从房地产税的理论依据、征收历程和要素设计等方面吸取

---

① 辛欣：《美国、英国房地产税制》，载《国际研究参考》1995年第3期。

有益的经验。

第三节 研究内容、研究方法与创新

一、本书研究的主要内容

"营改增"后,承载着地方主体税种功能的营业税不复存在,地方政府独立取得税收收入的能力有所减弱,地方政府对所属区域的经济调节也受到影响。因此,本书的主要研究对象为我国房地产税制的重组和完善,实现地方政府组织收入和调节经济的重要职能。具体内容如下:

(一)绪论

此部分内容主要介绍房地产税制重组与完善的选题背景、研究目的和意义;国内外房地产税制的研究动态;本书的内容结构、研究方法和创新。房地产税制改革是我国目前税制改革进程中的重要组成部分,是逐步降低间接税比重、提高直接税比重的必经之路。研究动态主要对房地产税制改革已有的主要研究成果进行梳理,查阅国内外房地产税制的理论基础、我国房地产税制存在的问题、国外房地产税制的征收经验和我国房地产税制的完善对策等相关内容,总结已有观点,为课题研究奠定基础。研究内容、研究方法和创新主要介绍本书的内容结构、研究方法的运用和在继承已有研究成果基础上的创新点。

(二)房地产税制的相关理论

该部分内容主要在界定房地产税制的研究范围的基础上,分析房地产税制的一般理论基础,并在此基础上分析房地产税制的一般效应,主要分析收入效应、替代效应及其对土地资源的配置的影响、对财富的调节以及对政府和纳税人行为的影响。

(三)我国房地产税制的发展历程和现状

该部分内容主要梳理我国房地产税制的发展过程,对新中国成立前、成立后的房地产税制进行梳理,总结房地产税收在我国的发展历程,并在此基础上，按照房地产税制研究范畴对现行房地产税制的结构和具体征收制度及功能进行剖析。

（四）营改增对房地产税制的影响

该部分主要分析营改增对地方税制结构、地方税收收入结构以及对房地产行业的影响，并在此基础上结合数据分析，通过梳理我国现有房地产税制结构，分析我国目前的房地产税制存在的问题。

（五）主要国家和地区房地产税制设计与经济借鉴

该部分选取典型国家的房地产税制进行梳理和分析，找出房地产税收的征收共性和有益经验，为完善我国房地产税制提供借鉴。比如美国、英国等发达国家的房地产税收比较成功，在地方税收收入中占比较大；加拿大国土面积较大而且区域经济发展不平衡，这与我国有相似之处；亚洲的国家比如日本、韩国、新加坡等国家的房地产税制也比较成熟。这些国家房地产税制建设的成功经验，能够对我国完善房地产税制提供有益的经验。

（六）房地产税制的重组和完善

该部分在分析我国房地产税制问题的基础上，参考国外相关经验、根据我国实际情况提出房地产税制建设的目标和总体思路，具体的制度体系构建和制度设计。房地产税制的改革目标应放在我国整体税制改革的进程中加以定位，课题组认为，目前的房地产税制建设应以调节经济为主要目标，设计房地产税制结构，增加持有环节税收，减少交易环节税收，以配合我国税制结构改革过程中不断增加直接税、减低间接税比重的大方向。因此，为进一步优化房地产税制，提出将房产税和土地使用税合并征收房地产税，并将住房纳入到课税范围；将土地增值税的特殊调控功能通过深化增值税改革或者消费税改革来转化；鉴于我国居民财产结构以房地产为主的现实情况提出开征遗产与赠与税税种；以及开征住房空置税、改革房地产交易环节的契税和印花税等建议。

（七）房地产税制改革的效应预估

该部分主要针对本书中提出的房地产税制改革方案，分析这些改革对房地产税收收入的影响程度，以及这些改革措施对房地产市场的影响和对房价的影响，以期对改革后的房地产税制的收入职能和调节职能有一个预期的判断。对于房地产税制的实质性改革方案和进程，课题组也将持续关注。

二、研究方法

（一）文献法

在本书的撰写过程中，课题组查阅了大量的与房地产税制有关的文献资料，梳理文献内容，总结文献观点。通过查阅文献继承已有观点和研究方法，发现不足，为课题研究奠定基础。

（二）数量对比分析法

通过税收收入数据、税源构成数据，分析"营改增"对地方税收入的影响、对房地产行业的影响，以及房地产税源分布情况；分析房地产税制重组和改革过程中的税种对应的税收收入变化以及对政府收入的影响，为房地产税制的调整提供数据支撑。

（三）会议研讨法

在本书撰写过程中，课题组成员通过研讨明确研究范围、研究内容、研究方法和研究方案，同时，邀请税务机关的政策研究人员参与研讨，以增强房地产税制体系构建研究成果的客观性、科学性和实用性。

三、本书创新之处

（一）内容的系统性和完整性

与以往研究成果相比，本课题注重研究内容上的系统性和完整性。课题在分析房地产税的理论基础和政策效应的基础上，梳理了我国房地产税制的发展历程，分析了现有房地产税制存在的问题以及营改增对房地产行业和税收制度的影响，并梳理国外房地产税征收的有益经验，结合我国国情和税制改革的进程，提出房地产税制重组与完善的思路与具体方案。研究内容体系上更加完整。

（二）研究方法的多元化和研究成果的可行性

在课题研究过程中除了规范研究方法，还采用问卷调查和数据分析方法论证税收收入变化与房地产行业税源规模。课题研究成果不仅针对现有的问题，进一步明确房地产税制建设的目标和总体思路，同时设计出了房产税与城镇土地使用税合并征收的具体实施方案；研究分析了我国开征遗产与赠与税的可行性和制度设计；探讨了取消土地增值税，将其特殊调节功能转化到所得税、增值税税种，以简化税制，减少流通环节税负，增加持有环节税收。本书研究成果内容翔实，更具可操作性。

第二章

房地产税制的基本理论

第一节　房地产税制的界定

本书研究的主要内容是房地产税制的重组和完善，首先需要明确房地产税制的研究范围，进而进一步分析房地产税制的理论基础、税收效应、房地产税制的发展历程、存在的问题和完善对策。因此，本节内容主要界定房地产税制的研究范围，梳理房地产税收的理论基础，分析房地产税制的税收效应。

一、房地产

（一）房地产的含义

房地产是人们生活、生产的基本物质基础，也是人们的重要财产形式。然而，对于什么是房地产，人们的认识和理解并不一致。为了更好地研究本课题，有必要首先厘清房地产的含义。

1. 房地产的界定。

学术界对房地产仍存在不同的认识，主要有如下几种看法：

（1）将房地产视为房产与地产的合称。例如，李晶在其博士论文中对房地产作了如下表述："房产和地产表现为内在的整体性和不可分割性，所以房产和地产通常合称为'房地产'"。其中，"房产是指对房屋的所有权或其他权益"，而"地产是指对特定地块的排他支配权利"。"房地产主

16

要有土地、房屋、房地产合一的综合房地产三种存在形态"。[1] 房地产都被视为房产、地产以及两者合一的形态，大多体现在研究房地产市场的文献中，[2] 这是目前学术界最为普遍、最为流行的看法。

（2）将房地产视为商品房。例如，胡祖铨在《我国房地产去库存研究》一文中有如下表述："基于严谨性和准确性，可将房地产库存分为两个层次，分别是狭义房地产库存和广义房地产库存。"狭义的房地产库存是指，"已竣工的待售现房，即现行房地产开发统计中'商品房待售面积'的概念，不包括已竣工的拆迁还建、统建代建、公共配套建筑、房地产公司自用及周转房等不可销售或出租的房屋。"广义房地产库存是指现房库存和期房库存之和，即在狭义库存的基础上增加待售期房库存。在上述表述中，尽管没有房地产含义的直接阐述，但作者显然是在房地产和商品房之间画了等号，将两者视为同一事物。[3] 在另外一些文献里，也有不少这种看法。[4]

（3）将不动产与房地产两者相对等，认为前者是后者的别称，后者为前者的原称，即将前者界定为理论上的称呼，后者则被视为通俗的概念，这种观点被称为"房地产即不动产论"。[5] 例如，王宛岩在其博士论文《我国不动产课税制度》中对不动产作了如下表述：不动产是指"土地及其上的建筑物和其他附着于土地上的定着物，包括物质实体及其相关权益。不能移动或者如果移动就会改变性质、损害其价值的有形财产，包括土地及其定着物，如土地及建筑物等。不动产是财产划分的一种形态。具有耐久性、稀缺性、不可隐匿性和不可移动性等特点，比如，房地产是土地上的建筑物，具有不可移动和不可隐匿的特点。所以，房地产就是不动产。""现实生活中，人们提到不动产时，一般的含义都是特指房地产，本文中提到的不动产也专指房地产。"[6]

---

① 李晶：《中国房地产税收制度改革研究》，东北财经大学博士论文，2011 年 6 月，第 30 页。
② 刘晨晖、陈长石：《我国房地产去泡沫化风险及其应对》，载《经济学家》2015 年第 11 期。
③ 胡祖铨：《我国房地产去库存研究》，载《宏观经济管理》2016 年第 4 期。
④ 王子何：《关于武汉市房地产泡沫实证研究》，载《财会学习》2018 年第 4 期。
⑤ 郑景文：《我国房地产税改革问题研究》，福建师范大学硕士论文，2014 年 6 月，第 6 页。
⑥ 王宛岩：《我国不动产课税制度研究》，财政部财政科学研究所博士论文，2010 年 6 月，第 6 页。

2. 本书中的房地产含义。

从表象上看，房地产是由土地和建筑物构成的。土地是地球表面上由土壤、岩石、气候、水文、地貌、植被等组成的自然综合体，包括人类过去和现在的活动结果。[①] 土地可以分为已利用的土地和未利用的土地；建筑物由人工建筑而成，可供人居住、工作、学习、生产、娱乐、储藏物品以及进行其他社会活动的场所。建筑物包括房屋和构筑物两类。房屋是指能够直接用来进行生活、生产、学习、娱乐和储等活动的场所。构筑物是指房屋以外的建筑物，如堤坝、隧道、桥梁等。构筑物通常不直接用来进行生产和生活等，而是侧重于满足人们的某种公共需要。由此可见，房地产范围广泛，形态庞杂。

出于研究的需要，我们定义房地产遵循两个原则。一是收益性原则，即把房地产是否给社会成员带来收益（既包括物质收益，也包括精神收益）作为厘定房地产含义的一项标准。房地产是否给社会成员带来收益，取决于房地产是否被利用。按照此项标准，尚未开发利用的土地显然不属于房地产的范畴。二是公益性原则，即把房地产是否具有公益性作为厘定房地产含义的另外一项标准。所谓公益性，是指房地产的利用是以提供公共服务为目的的。按照这项标准，公共道路、桥梁、堤坝等建筑物不属于房地产的范畴。据此，我们认为，房地产是已经利用的土地、土地上的房屋以及相应的衍生权利。可见，房地产既是一种物质形态，同时也是一种法律权利。作为一种物质形态，房地产是房产和地产的合称，房产指人们依托土地而建筑的各种房屋，包括住宅、厂房、仓库以及办公用房等，是建筑物的类别之一。地产是指土地及其上下一定的空间，包括地下的各种基础设施、地面道路等。房地产有地产、房产和房地产合一的三种存在形态。作为一种法律权利，房地产是一种财产权利，即寓含于房地产物质形态中的各种经济利益以及由此而形成的各种权利，包括所有权、使用权、租赁权、抵押权和典当权等。

（二）房地产的种类

房地产有不同的分类标准。按照不同的分类标准，可以将房地产分为

---

① 国家土地管理局：《土地管理基础知识》，天津人民出版社 1990 年版，第 16 页。

若干种类。

1. 房地产坐落地标准。

以坐落区域不同为标准，可以将房地产划分为城市房地产和农村房地产两类。其中，城市房地产是指坐落于按行政建制设立的直辖市、市、镇范围内的房地产；农村房地产是指坐落在农村范围内的房地产。本研究以城市房地产为重点，兼顾农村房地产。

2. 房地产的使用性质标准。

以性质不同为标准，可以将房地产分为公共用房地产、军用房地产和民用房地产。公共用房地产是指供人们购物、办公、学习、医疗、旅行、体育等使用的非生产性房地产，包括办公楼、影剧院、体育馆、展览馆、公园和医院等。2000 年颁布并实施的《中国人民解放军房地产管理条例》规定，军用房地产是指由军队管理使用的土地、房屋及附属设施、设备以及林木等。民用房地产是指上述两者以外的房地产，包括居住用房地产、工业用房地产和农业用房地产三类。其中，居住用房地产是指供人们较长时期居住的房地产，包括住宅和集体宿舍两类。住宅分为普通住宅、高档公寓和别墅；集体宿舍分为职工宿舍和学生宿舍等。工业用房地产是指工业类土地使用性质的所有毛地、熟地以及该类土地上的建筑物和附属物，可分为重工业房地产、轻工业房地产、仓储房地产（物流地产）和自由贸易区房地产（指带有特殊政策的贸易加工型通用型工业地产）。农业用房地产是指供农业生产使用或直接为农业生产服务的房地产，包括农机具存放场所、家禽家畜饲养场所和其他副业生产场所等。本书的研究范围仅限于民用房地产，不包括公共房地产和军用房地产。

3. 房地产的功能用途标准。

以用途不同为标准，可分为居住房地产和非居住房地产两类。居住房地产可进一步分为普通住宅、高档公寓和别墅等。非居住房地产又可分为商业房地产、办公房地产、工业房地产、农业房地产和特殊用途房地产。本书的研究范围包括上述两类房地产。

4. 经营方式标准。

以房地产经营方式不同为标准，可将房地产分为出售型房地产、出租型房地产和混合型房地产。出售型房地产以预售或开发完成后出售的方式得到收入、回收开发资金，以达到盈利的目的。出租型房地产项目以预租或开发完成后出租的方式得到收入、回收开发资金，以达到盈利的目的。混合型房地产项目以预售、预租或开发完成后出售、出租、自营的各种组合方式得到收入，回收开发资金，以达到盈利的目的。本书的研究范围包括上述三类房地产。

5. 新旧程度标准。

以新旧程度不同为标准，可以将房地产分为增量房地产和存量房地产两类。其中，增量房地产是指房地产开发商投资新建造的商品房存量房地产；存量房地产是指已被购买或自建并取得所有权证书的房屋，通常是指居住过的二手房。从房地产市场的角度看，国家通过协议、招标或拍卖的方式，将土地使用权转让给具有开发资格的房地产开发商，这一交易市场称为房地产一级市场；房地产开发商在获得土地使用权后，在土地上兴建物业，然后通过销售，将该物业销售给广大的购买者，这是房地产二级市场，销售的房地产称为"增量房地产"。购买房地产的单位和个人，再次将房地产转让或租赁的市场，也就是房地产再次进入流通领域进行交易而形成的市场，也包括房屋的交换，称之为房地产三级市场。本书的研究对象主要包括全部的增量房地产和存量房地产，既包括房屋一级、二级市场的交易行为，也包括房屋三级市场的交易行为。

6. 开发程度标准。

以房地产的开发程度不同为标准，可以把房地产分为下列5类：

（1）生地，指不具有城市基础设施的土地，如农地、荒地。

（2）毛地，指具有一定的城市基础设施，有地上物（如房屋、围墙、电线杆、树木等）需要拆除或迁移，但尚未拆除或迁移的土地。

（3）熟地，指具有较完善的城市基础设施且场地平整，可以直接在其上进行房屋建设的土地。按照基础设施的完备程度和场地的平整程度，熟地又可分为"三通一平""五通一平""七通一平"等的土地。"三通一平"一般是指通路、通水、通电以及场地平整；"五通一平"一般是指具备道路、给水、排水、电力以及通信等基础设施条件以及场地平整；

"七通一平"一般是指具备道路、给水、排水、电力、通信、燃气以及供热等基础设施条件以及场地平整。

（4）在建工程，是指建筑物已开始建造但尚未竣工的房地产。该房地产不一定正在开发建设之中，也可能停工了多年。因此，在建工程包括停缓建工程。另外，有些在建工程从另一角度通常又称为"房地产开发项目"。在实际估价中，判定是否为在建工程，通常以是否完成工程竣工验收为标志。未完成工程竣工验收的，即为在建工程。已完成工程竣工验收的，应当有工程竣工验收报告。在建工程可以按照工程进度，如形象进度、投资进度（投资完成额）、工作量进度（完成工程量）、工期进度等进行分类。例如，按照形象进度可以把在建工程分为基础某层、正负零、结构某层、结构封顶和完成外装修等。本书的研究对象包括全部的商品住宅的（1）～（3）类，不包括第（4）类，即在建工程类。

（三）房地产的特点

作为一种商品，房地产与其他商品相比，有着明显的区别。这些区别即为房地产的特点。

1. 位置的固定性。

土地是自然生成物，位置不可移动；房屋是建筑在土地上的，由此决定房屋不可移动。这是房地产与劳动力、资本及其他商品区别开来的最主要因素。其他商品的生产、销售和消费可以在不同的地方进行，一般不受地理环境的影响，但是房地产的开发、利用和消费只能在相同的地方进行，并受到所在地理环境的影响，例如"海景房"的开发、利用和消费只能在濒临海边的地方。正因为其地理位置的固定性，使得房地产无法形成全国性市场。房地产市场只能是众多的区域性市场，且各个区域性市场状况（如供求关系、价格波动等）表现也各不相同。因此，房地产行业较为适宜由地方政府管理。

2. 品质的差异性。

品质的差异性是指不同房地产之间存在着较大品质差异。例如，因房地产在位置、地段、气候等方面存在着较大的差别，使得房地产之间存在着巨大的环境差异性。因不同的房地产在建筑设计、房屋结构、内外装饰等方面存在着较大的差别，使得房地产之间存在着巨大的自然差异性。即使环境同质和自然同质的房地产，也会因企业创新能力、管理意识、企业文化或者宣传推广视角等方面存在着较大的差别，而使得房地产之间存在着巨大的文化差异性。这使得房地产区别于同样批量生产的货物。同厂家、同品牌、同规格的货物在品质上几乎没有差别，但在同一开发商、同一楼盘、同一幢楼里，相同房屋结构、内外装饰的房间，却可以因楼层、朝向、采光等各种因素而在品质上差别较大。因此，房地产需要进行专业价值评估，并以评估价值作为课税的一个重要基础。

3. 使用的长久性。

使用的长久性是指房地产的使用期限较长，可以给其所有者或者使用者带来持久的经济利益。这是因为土地具有不可毁灭性，具有永恒的使用价值。土地上的建筑物一经建成，只要不是天灾或人为的损坏，其使用期限一般都可达数十年甚至上百年。值得注意的是，在我国（港澳台地区除外），房地产的长期使用性受到了有限期的土地使用权的制约。我国实行国有土地有偿、有限期的使用制度，土地使用权期满，土地使用权及地上建筑物、附着物的所有权均由国家无偿取得。国家规定的土地使用权最高年限按下列用途确定：居住用地 70 年；工业用地 50 年；教育、科技、文化、卫生、体育用地 50 年；商业、旅游、娱乐用地 40 年；综合或其他用地 50 年。对这一点的认识，在房地产估价中具有重要意义。房地产的最高经济寿命不得高于该宗房地产所在土地的使用权的最高剩余年限。

4. 保值增值性。

房地产的保值性是指房地产具有保持原有的价值的特性；房地产的增值性是指房地产具有新的价值增加特性。房地产的保值增值性是其他商品所不具备的。其他商品的价值会随着时间的推移而贬损或消失，例如，豆腐、牛奶之类易腐烂变质的物品，经过一段时间以后，其价值会完全丧失；电脑、手机之类的高科技产品，随着新技术、新工艺的不断出现，生产效率提高、生产成本降低、更好的产品面世等，其价值会快速降低。房地产具有保值增值特性，根本原因在于土地资源的稀缺性和不可再生性。除此之外，还有如下原因：（1）外部经济，如政府进行道路、地铁等交通建设，修建广场、公园、公共绿地，调整城市发展方向，改变城市格局等；（2）需求增加导致稀缺性增加，如经济发展和人口增加带动房地产需求增加；（3）房地产使用管制改变，如将农用地转为建设用地，将原工业用途改变为居住用途或商业用途，增加容积率等。

二、房地产税制

（一）房地产税

1. 房地产税的含义。

房地产税是指以土地和房屋等财产作为征税对象，以房屋、土地的所有人、占有人或使用人为纳税人，以房地产价格或者数量为计税基础而征收的税种，房地产税可以设置为一个税种，也可以设置为多个税种。[①] 从外国征收房地产税的实践来看，税种名称在不同国家有所不同。例如，美国的房地产税属于地方税，以财产税命名；英国房地产税设置有两个税种，以住房财产税和营业房屋税命名；韩国则设置了财产税和综合房地产税分别征收。从我国目前税收制度的设计框架看，房地产税不是税收法律中的一个专门的税种，而是本课题组根据相关税种的属性与研究的需要概括出来的名称。因此，所谓房地产税，实际上是征税对象涉及房地产的多个税种的总称。

房地产税有狭义与广义之分。狭义的房地产是指专门以房屋和土地为课税对象的税种，包括我国目前税种体系中的房产税、城镇土地使用税、土地增值税、耕地占用税、契税5个税种。广义的房地产税是指征税对象中包括房地产以及与房地产密切相关的税种。在我国目前的税种体系中，广义的房地产税，除包括狭义房地产税的5个税种外，还包括增值税、城市维护建设税、印花税、个人所得税、企业所得税5个税种。本书研究的范围为广义的房地产税，研究的重点为狭义的房地产税。

从房地产经营活动的各个环节看，我国房地产税种分布于房地产经营活动的取得、持有和转让三个环节。在房地产的取得环节设置有耕地占用

---

① 吴俊培：《我国开征物业税的几个基础理论问题》，载《涉外税务》2006年第1期。

税、契税、印花税 3 个税种；在房地产的持有环节设置有增值税（按销售
"现代服务"项目征税）、城市维护建设税、房产税、城镇土地使用税、
印花税（按"经济合同"项目征税）、企业所得税、个人所得税（按出租
收入征税）7 个税种；在房地产转让环节设置有增值税（按"销售无形资
产、不动产"项目征税）、城市维护建设税、土地增值税、印花税（按
"产权转移书具"项目征税）、企业所得税、个人所得税 6 个税种。综上
可见，我国房地产税分布于房地产经营活动的各个环节，看似较为完整，
但是存在各个环节税负安排不合理和重复征税等问题，需要进一步调整和
完善。

2. 房地产税的特点。

（1）税收收入具有稳定性。房地产税以土地和房屋为征税对象。由
于房屋和土地具有不可移动、使用长久性等特点，房地产税税源易于政府
控制与管理，税款难于隐漏、偷逃。因此，房地产税的税收收入具有较好
的稳定性。在我国赋税制度发展史上，清代的"摊丁入地"就是利用地
亩不可移动性的特点，将易于逃避的人丁税并入地亩，随地亩征收，从而
使得清政府的赋税收入长期处于相对稳定的水平。①

（2）税收收入具有弹性。一方面，房地产的价值与政府公共服务水
平有着密切关系。一般来讲，政府公共服务水平越高，房地产的价值也就
越高；反之，则结果相反。因此，按照房地产价值征税的房地产税收入会
随着政府公共服务水平的变动而变动。另一方面，作为一种直接税，房地
产税还可以采用累进税率，从而使房地产税收入的增长自然地快于房地产
价值的增长。因此，房地产税收收入具有较好的弹性。

（3）税收负担较为公平。房地产税将纳税人拥有的房地产的数量和
价值作为衡量负税能力的重要标准。纳税人拥有的房地产数量越多、价值
越高，说明其负税能力越强，纳税就越多；拥有的数量越少、价值越低，
说明其负税能力越弱，纳税就越少。另外，房地产税多为直接税，税负不
易转嫁，税负归宿简单明了。因此，房地产税不仅能够体现量能负税原

---

① 何平：《论清代定额化赋税制度的建立》，载《中国人民大学学报》1997 年第 1 期。

则，实现税负的公平，还可以作为政府调节财富分配的重要手段。

（二）房地产税制

房地产税制是指一个国家或地区的税收体系构成中与房地产有关的税种构成的税收制度的总称。房地产税制不仅包括以土地、房屋为课税对象的房地产税（如我国的房产税和城镇土地使用税），还包括普遍征收的税种涉及房地产范围的税种（如我国的增值税、企业所得税和个人所得税）。

从其他国家房地产的税制结构来看，大多以房地产税为核心税种，即围绕房地产税构建房地产的税收体系。如美国在房地产取得环节设置了遗产税，持有环节设置了财产税；韩国的不动产税制体系包含 11 个税种，不动产取得环节的税种包括取得税、注册税、印花税、地方教育税和农渔村特别税；不动产保有环节的税种包括城市计划税、共同设施税和综合房地产税；不动产转让环节的税种包括转让所得税和居民税。

我国房地产税制体系涉及的税种较多，针对房地产的不同环节设置了相应的税种。在土地使用权的取得环节，设置了契税、城镇土地使用税和耕地占用税；在房地产的交易环节，针对销售方设置了增值税（"营改增"之前为营业税）、城市维护建设税和教育费附加、企业所得税、个人所得税和土地增值税，针对购买方设置了契税，针对销售方和购买方共同设置了印花税；在房地产保有环节，针对经营性房地产自用行为设置了房产税和城镇土地使用税；针对房地产租赁行为设置了增值税（"营改增"之前为营业税）、城市维护建设税和教育费附加、房产税、印花税、企业所得税和个人所得税，从而形成了较为完整的针对房地产行业的房地产税收体系。

本书研究范围包括房地产行业设计的所有税种构成的综合性房地产税收体系，但是鉴于增值税、企业所得税和个人所得税的征收范围和纳税人范围较为广泛，不仅涉及房地产行业，还包括其他行业。因此，在本书的研究过程中，不作为重点研究内容。

鉴于以上说明，本书的主要研究范围主要以土地、房屋为课税对象的房地产税（包括现有的房产税、土地使用税、契税和土地增值税）以及在土地、房屋取得、持有、转让过程中涉及房地产行业的税种（包括印花税、耕地占用税、还未开征的遗产税和赠与税）。

第二节 房地产税的相关理论

关于房地产税的理论，西方学者很早就进行了研究，也取得了丰富的成果，其中一些理论对于我国房地产税收制度的改革也具有某些启发意义。现将西方房地产税的主要理论作简要概述。

一、受益论

受益论是由蒂布特模型（Tiebout Model，1956）发展而来的。该模型最初是为了回应马斯格雷夫（Richard Abel Musgrave）和萨缪尔森（Paul A. Samuelson）关于地方公共支出是如何决定的问题，并没有专门针对房地产税进行论证。20 世纪 60 年代，奥茨（Wallaee E. Oates）将该模型用于解释房地产税，蒂布特模型开始受到经济学家的关注，并成为受益论的理论基础。20 世纪 70 ~ 90 年代，汉米尔顿（Halmilton，1975）、菲谢尔（Fischel，1992）等学者进一步扩展和丰富了蒂布特模型，受益论逐渐趋于完善。其主要内容如下：

（一）*房地产税是受益税*

受益论的倡导者们通过对房屋的不可流动性和消费者的流动性以及行政区域之间的竞争、中位选民（mediate voter，即拥有房屋的投票者）的合理投票行为（菲谢尔称之为"股东投票"）和分区制的规划、地方公共服务的收益与缴付的房地产税之间的差别（也称为财政差别）完全资本化为房屋价值等内容的论述，并运用大量翔实的事实作为论据来论证房地产税是受益税，即地方政府通过征收房地产税取得税收收入，并把其用于为纳税人提供公共服务的地方公共支出方面，使纳税人因缴纳房地产税而能享受到地方政府提供的公共服务。① 因此，房地产税可以看作是辖区民

---

① 樊慧霞：《房地产税的受益论与新论综述、比较和启示》，载《商业时代》2011 年第 34 期。

众由于从地方政府提供的公共（物品）服务中受益而支付的金额。

（二）受益论成立的前提——分区制

1956 年，查尔斯·蒂布特（Charles Tiebout）所建立的蒂布特模型的基本假设包括：（1）具有消费者和投票者双重身份的居民能够充分流动，将流向那些能够最好满足其公共产品偏好的地区；（2）居民对各地公共产品收入——支出模式具有完全信息；（3）有许多地区可以供居民选择；（4）不考虑各地对就业机会的限制，所有的人都靠股息来维持生活；（5）各地区的公共产品不存在外部性；（6）每一种社区服务模式都由城市管理者根据该社区原有住户的偏好来设定；（7）为降低平均成本，没有达到最优规模的社区将会试图吸引新的居民，超过了最优规模的社区将反之，处于最优规模的社区则力图保持其人口数量不变。根据上述假设，居民以选择居住地的方式表达了对地方公共产品的需求，类似于在市场上的选择行为，能够实现各地区公共产品的供求均衡，并使资源配置达到帕累托最优。由于蒂布特模型的"用脚投票"原则，假设条件非常严格，而使该理论缺乏可行性。20 世纪 70 代，汉米尔顿（Halmilton，1975）提出的分区制弥补了蒂布特模型的缺陷，模型适用性大为增强。

分区制对于打算迁入某个社区的家庭所必须购买的房屋最低价值进行了限定，也限定了打算迁入该社区的家庭按照其房屋最低价值需缴纳的房地产税税款的数额。在分区制的条件下，社区之间具有竞争性。在没有达到最优规模时，每个社区都会尽力吸引民众，以此来降低成本；而当达到最优规模时，每个社区将力求保持人口家庭数量的稳定。社区所提供的公共服务在社区内不存在外部效应。每个家庭都不会因为房地产税的征收而调整其房屋消费，他们是通过比较从该社区提供公共服务中获得的受益与居住在该地区而支付的房地产税所造成的效率损失的两者大小来决定居住地的。如果一个家庭购买的房屋价格超过了该社区房屋的最低价格，那么该家庭将选择离开该社区，迁往另一个社区——该社区法令所限制的最低房屋价值正好等于他想购买的房屋价值水平。否则，该家庭因为支付了超过最低房屋价值的房价就会多承担房地产税，相当于对其他家庭的公共服务进行了补贴和资助。

（三）房地产税是有效率的

房地产税的有效率是指房地产课税不会扭曲资源配置，也不会改变社区间、家庭间收入的初次分配状态。由于分区制的存在，人们可以根据自己对房屋的偏好和公共服务的需求对社区进行分类，然后进入相应的社区。也就是说，房地产税本身并没有干扰人们的决策，居民不会因为征税而改变他们的消费模式，也不会因为房地产税的多征或者少缴而调整其消费数量。对居民来说，房地产税是居民购买政府提供的公共服务而需要缴纳的一次性总的赋税。换而言之，房地产税与传统意义上的"人头税"无异。正是家庭的可流动性和房地产的不可流动性两个重要的前提，因此房地产税是有效率的。

二、新论

新论由米斯克斯基（Mieszkowski）于 1972 年首次提出。后经邹卓（Zodrow，1983）和米斯克斯基（1986）进一步扩展和丰富，形成了新论的主要结论。

（一）新论的假设前提

新论的成立，有两个假定的前提：一是资本可自由流动。新论是在一般均衡模型的基础上创立的，这与建立在传统局部均衡分析基础上的受益论有着明显的不同。新论假定整个经济中资本是可以自由流动的，如果一个行政区的资本税负较高，资本就会流向税负相对较低的行政区。二是资本供给无弹性。新论假定整个经济中的资本存量是不变的，表示为资本供给弹性为零，那么在全国范围内，无论资本流向哪里税收都是无法避免的。

（二）房地产税是资本税

房地产税属于对资本征收的一种税。换而言之，资本所有者承担了房地产税的平均负担，这是新论的主要结论之一。米斯克斯基模型（Mieszkowski Model）表明，资本所有者作为一个群体承担了所有的房地产税负。邹卓—米斯克斯基模型（简称"Z – M 模型"，西方学者们又称之为"税收竞争基本模型"）通过对变革的环境（对单个独立地区征收房地产税）

的研究表明：在一定的情况下，全国资本收入的总体下降正等于该税区得到的税收收入，即资本承担了全部的房产税收负担。

（三）房地产税具有累进性

米斯克斯基（1972）将房地产税的效应进行了分解，认为房产税可分解为利润税效应和消费税效应。利润税效应是指在全国范围内课征房地产税所产生的负担基本上被资本所有者所承受，由此，房地产数量的多少就决定了房地产税收负担的多少。房地产拥有量多的家庭承担的赋税也多，所以，利润税效应反映了房地产税是相对累进的。消费税效应是指不同的房地产税率会导致资本在地区间的流动，资本流出的地区土地和工资价格会下降，而房屋和商品价格会上涨；与此同时，资本流入地区则情况相反。就全国整体而言，由于资本流动而引起的价格变化会相互抵消，因而消费税的总效应为零。因此，就全国范围来看，利润税效应是影响房地产税负担的主要因素，因此房地产税是一种累进税。房地产税的累进性说明了房地产税具有财富再分配的作用。

利润税效应对应前面提到的房地产为资本税的结论，即从全国范围来看，征收房地产税所带来的税收负担基本上被资本所有者所承受。赋税多的家庭，其房地产数量也相应多。资本所有权集中在富人手里，因此，对富人征收高额税收就符合税收的量能负担原则。为了平衡税负，对房地产税采取累进税率也是合理的。利润税效应反映了房地产税的累进性。与此同时，房产税还具有消费税效应，这主要是从税率高于或者低于平均税负的角度分析的。由于资本本身具有流动性，那么在税率相对较低的地区，低额的房地产税会促进资本流入，从而使该地区的土地价格以及工资收入上涨，而房屋和商品的价格会下降。依此类推，如果在税率相对较高的地区内，资本会从该地区流出，因而产生相反的结果。就全国经济整体而言，由于资本流动而引起的价格变化会相互抵消，因而消费税的总效应为零。因此，从全国的视角来看，消费税效应就几乎不存在了，而利润税效应就成为影响房地产税负担的主要因素。因此，由利润税效应所决定的房地产税的累进性，就证明了房地产税具有财富再分配的作用。

（四）房地产税是无效率的

新论认为，房地产税是对地方资本所征收的扭曲性税种。"不同的房地产税税率，导致了全国资本存量的无效率配置。"这就意味着，当某地区的房地产税税率超过了全国的平均水平时，该地区的资本就会向税率较低的区域移动，这一过程将一直持续到全国各个地区的资本回报率相等为止。地方政府为了防止资本的流出，就会倾向于选择水平较低的公共服务支出来留住资产。而与此同时，居民对公共服务的偏好却没有改变，结果是该地区政府对公共服务的供给小于居民公共服务的需求。总之，房地产税既扭曲了资本的配置，又降低了地方公共服务的水平，因而是无效率的。

三、负税能力论

负税能力论最初由法国重农学派创始人弗朗斯瓦·魁奈（Francois Quesnay，1694～1774）提出，后来逐渐被一些西方财政经济学者所接受。其基本观点是，土地及其改良物组成的不动产是衡量居民负税能力的标准之一。在其他条件相同的情况下，拥有土地等不动产资产越多的人，其负税能力就越强，对财富所有者课以重税是合理的。

负税能力论被普遍视为房地产税制的一个理论基础。但如何衡量一个人的税收负担能力，却存在不同看法，有客观能力说、主观能力说之争。

（一）客观能力说

客观能力说提出了三条衡量纳税能力的客观标准：（1）以财产的数量和价值作为衡量标准；（2）消费作为衡量标准；（3）以收入作为衡量标准。实际上，这些标准均有优点和缺点。首先，就财产标准看，财产代表着纳税人对其所拥有的经济资源，也代表着纳税人的纳税能力。但是，财产种类繁多，性质各异。财产本身有生产资料和消费资料之分，有动产与不动产之别，由此导致财产数量或价值相同的纳税人实际纳税能力上的差异。其实，关于以财产来衡量纳税能力所存在的缺陷，早在我国唐代就有人谈及。陆贽在谈到"以资产为宗"的两税法时就指出："（两税）唯以资产为宗，不以丁身为本，资产少者，则其税少；资产多者，则其税多。曾不悟资产之中，事情不一。有藏于襟怀囊箧，物虽贵而人莫能窥；有积于场圃囤仓，值虽轻而众以为富。有流通蕃息之货，数虽寡而计日收赢；有庐舍器用之资，价虽高而终岁无利。如此之比，其流实繁，一概计估算缗，宜其失平长伪。"① 其次，就收入标准来看，收入通常被认为是衡量纳税人纳税能力的最佳标准，体现了纳税人某时段内的财富流量，最能决定纳税人在一定时期内的消费或增添其财富的能力。但是，应当如何确定收入的统计口径？以单个人的收入为标准还是以家庭平均收入为标准？以货币收入为标准还是以经济收入为标准？以毛收入为标准还是以净收入为标准？这些都是值得探讨的问题。最后，从消费标准来看，消费反映着纳税人对获得的收入的使用，消费多，则意味着收入的使用量大，自然应当缴纳更多的税收；反之，则情况相反。但是，不同纳税人的消费倾向不同，仅凭消费支出数字来确定纳税能力，容易造成税收负担的不公平。

（二）主观能力说

主观能力说认为，各个纳税人纳税能力的大小，应其根据纳税人所感觉到的牺牲大小来衡量。所谓"牺牲"，指因被课税而减少的经济福利所感受到的心理痛苦。课税后，如果能使每个纳税人所感受的牺牲程度相同或均等，则说明课税的数额与各纳税人的纳税能力相符，此时税收就是公平的。自19世纪70年代西方学者将纳税能力解释为牺牲之后，许多学者开始用边际效用分析方法来探讨如何实现税负公平问题，并致力于寻找测量心理痛苦的标准，由此均等牺牲也出现了绝对均等牺牲（富人与穷人的牺牲总额相等）、比例均等牺牲（富人和穷人因税收造成的牺牲占各自的收入效用比例相等）和边际均等牺牲（富人和穷人分别缴纳的最后1元税款的边际牺牲相等）的三种说法。心理痛苦程度在实践中并无可靠的测量标准，即使单个人可以对此进行排序（序数效用），也无法进行人际间效用的比较。另外，均等牺牲原则还依赖于对统一的收入边际效用曲线的

---

① 《陆宣公翰苑集》卷二十二《均节赋税恤百姓六条》，转引自陈明光：《汉唐财政史论》，岳麓书社2003年版，第200页。

假定（向下倾斜且所有纳税人都相同），但这一假定实在没有什么依据。①

第三节　房地产税制的一般效应

税收作为政府组织财政收入、调节经济的重要手段，其本身蕴含着收入职能和经济调节职能。税收职能通过税法的制定和实施，在组织财政收入、调节社会供求、调节资本流动以及调节财富分配等方面产生不同的影响，表现为外在的作用和效应。因此，税收效应是指政府课税所引起的各种经济反应。政府课税除了满足财政所需外，总是要对经济施加某种影响。但其影响的程度和效果如何，不一定会完全符合政府的最初意愿，纳税人对政府课税所做出的反应可能和政府的意愿保持一致，但更多的情况可能与政府的意愿背道而驰。如政府课征某一种税，是想促使社会资源配置优化，但执行的结果可能使社会资源配置更加不合理。由于税收来源于经济，又反作用于经济，因此，政府征税都会对纳税人的经济行为产生影响。例如，课税太重或课税方式的不健全，可能使纳税人不敢去尽心尽力地运用其生产能力，凡此种种，都可归于税收的效应。

一、税收的一般效应分析

从宏观上来看，税收效应是税收职能的具体体现，因此，某类税收的税收效应会体现在收入和经济调节两方面。税收效应在理论上常分为正效应与负效应、收入效应与替代效应、中性效应与非中性效应、激励效应与阻碍效应等。

（一）正效应与负效应
某一税种的开征必定使纳税人或其经济活动作出反应。如果这些反应与政府课征该税时所希望达到的目的一致，税收的这种效应就称之为正效应；如果课税实际产生的效果与政府课税目的相违背，税收的这种效应则

---

① 刘守刚：《西方财政学者对公平所得税税制的探索考察》，载《税务研究》2018 年第 2 期。

称之为负效应。例如，我国征收的卷烟消费税，课征的主要目的是为了减少大家对卷烟的消费，以减少消费卷烟对身体健康的危害。如果有数据表明，通过一年或若干年征收卷烟消费税，整体的卷烟消费量越来越少或者政府课征的卷烟消费税的收入越来越少，则说明卷烟消费税会是消费卷烟的人群或消费量减少，该税发挥的效应即为税收正效应。税收负效应一个最明显的例子是1747年英国课征的窗户税，征税的目的是想取得财政收入，但其结果是纳税人为了逃避该税纷纷将窗户堵塞。显然政府通过该税的课征不仅未能使财政收入逐渐增大，反而使纳税人将窗户封塞而减少了舒适。这也说明税收设计的非合理性。

税收正效应与负效应的分类研究，主要是为了建设最优税制，稳定经济和社会的发展。一般情况下，每个税种的课征表现出来的不全是正效应或者负效应，因为税收立法具有超前性、预测性特点，所以后续效应的反馈会督促立法者不断完善税收制度，尽量减少负效应。政府的职责在于应经常对税收的正负效应进行分析，要根据产生负效应的原因，及时修正税法，使课税产生的效果和政府的预期目标保持一致，以达到组织收入、调节经济的目的。

（二）收入效应与替代效应

政府课税会影响纳税人的行为，影响投资及流向，影响劳动力的供给，影响储蓄和投资等，进而影响生产。税收对纳税人行为和生产要素的影响主要体现为收入效应和替代效应。

所谓税收的收入效应，是指课税减少了纳税人可自由支配的收入，改变了纳税人的相对收入状况，可能会导致纳税人降低商品的购买量和消费量。税收的收入效应本身并不会造成经济的无效率，它只表明资源从纳税人手中转移到政府手中，但因收入效应而引起纳税人对劳动、储蓄和投资等所作出的进一步反应则会改变经济的效率与状况。税收的替代效应是指当政府征税影响某种商品的相对价格或纳税人的相对收益时，人们就选择某种消费或活动来代替另一种消费或活动。例如，累进税率的提高，使得工作的边际效益减少，当税率高到一定程度时，人们就会选择休息来代替部分工作时间；或者对某种商品课税会提高其价格，从而引起纳税人消费选择无税或轻税的商品；抑或政府对某种投资课以重税，会导致纳税人放弃这项投资，转而投资于其他项目。税收的替代效应一般会妨碍人们对消费或活动的自由选择，进而导致税收对生产产生影响。

税收的收入效应和替代效应还会影响投资和劳动供给等生产要素。政府课税会使得投资者的投资收益减少，投资者或者经营者为了维持原有的收益水平，可能会减少消费，增加投资，即产生收入效应；政府课税，投资者的投资收益减少，可能会降低投资者的投资偏好，从而导致投资者减少投资，增加消费，即产生替代效应。当收入效应大于替代效应时，投资增加；当替代效应大于收入效应时，投资减少。同理，税收也会对劳动供给产生影响。政府课税，会导致劳动者收入的相对下降，在维持税前消费水平心理的作用下，可能会促使劳动力投入量的增加，即产生收入效应；政府课税，可能会使劳动力的价格减低，对于劳动者来说，闲暇变得相对便宜，有可能出现劳动者以闲暇代替劳动，劳动力投入减少的情况，即产生替代效应。当收入效应大于替代效应时，劳动供给增加；当替代效应大于收入效应时，劳动供给减少。

税收对生产的影响亦是通过税收的收入效应和替代效应来实现的。政府对商品、所得或者财产课税使市场的供求数量较征税前有所下降，即造成企业实际收入或可支配收入的减少。一方面，征税会导致平均成本上升，如果价格不变会使边际收益减少，导致产出水平下降；如果价格升高会导致消费量的减少，也会使产量减少。另一方面，征税会导致可支配资源的减少、资金数量的减少，会影响生产要素购买数量，从而导致产出水平下降。

税收对消费、生产、投资和劳动力的影响最终会反映在社会供求关系的变化以及市场价格的变化中，体现税收与经济的相互影响。政府对商品课税、对所得课税以及对财产课税会表现出不同的税收效应，但是不同程度的税收效应都会反映在供求关系和市场价格上。但是，不同税类的税收体系体现出来的税收效应会有不同。

（三）中性效应与非中性效应

中性效应是指政府课税不会影响纳税人有效率的经济行为，比如不会改变人们对商品的选择，不会改变人们在储蓄与支出之间的抉择，不会改变人们在努力工作还是休闲自在之间的抉择。表现出中性效应的税种被称为中性税收。中性税收只能对每个人一次征收的税，比如人头税，人头税不随人们经济活动的变化而变化，所以它对经济活动不会产生什么影响。但人头税由于涉及所有人，它也可能会影响到纳税人家庭对人口多少的规划。因此，即使是人头税，在一般情况下，也不可能是完全中性的。可以肯定地说，在现代社会，完全意义上的中性税收是根本不存在的。

非中性效应是指政府课税影响了经济运行机制，改变了个人对消费品、劳动、储蓄和投资等的抉择，进而影响到资源配置、收入分配和公共抉择等。由于政府征税都带有某种或某几种目的，也就是说，征税会或多或少地影响纳税人对经济行为的选择，因此，现代社会的税收均有非中性的特点，几乎所有的税收都会产生非中性效应。

（四）激励效应与阻碍效应

税收的激励效应是指政府课税（包括增税或减税）使得人们更热衷于某项活动，而阻碍效应则指政府课税使得人们更不愿从事某项活动。但政府的课税是产生激励效应还是阻碍效应，取决于纳税人对某项活动的需求弹性。如果弹性很小，则政府课税会激励人们更加努力地工作，赚取更多的收入，以保证其所得不因课税而有所减少；如果纳税人对税后所得的需求弹性大，则政府课税会妨碍人们去努力工作，与其努力工作，赚取收入付税还不如少赚收入不纳税。

不同的税收效应可能会同时呈现在某个税种中，例如，卷烟消费税可能会产生正效应、替代效应、非中性效应和阻碍效应。由于所有税种都具有非中性的特点，激励效应与阻碍效应都取决于税收政策与纳税人偏好，也具有不确定性。而政府征税又具有特定目的，可能会同时产生正效应或者负效应，如果负效应是由税法不完善造成的，应尽快修改和完善税法；如果负效应是由管理不完善造成的，应该加强管理，以减轻负效应的影响。收入效应与替代效应主要影响纳税人的行为选择，当然也受纳税人偏好的影响。因此，中性与非中性、激励与阻碍在本书中不作为重点研究内容，本节内容主要分析房地产税制的收入效应和替代效应，在分析收入效应和替代效应的过程中兼顾分析正效应和负效应。

二、房地产税制的一般效应

一套科学合理的房地产税制应该具有一定的组织地方财政收入的能力，具有调节房地产供求关系、稳定房地产市场价格的效应，还应该承载促进财富公平的功能。而我国的房地产税制长期以来都处于"重流转、轻持有"的状态，对取得环节和转让环节设置的税种较多，持有环节设置的税种少且不完善。本部分内容主要探讨房地产税制的一般效应以及我国现有房地产税制的实施效应。

（一）房地产税制的收入效应

房地产税制的收入效应，是指房地产税收负担和结构对政府和纳税人收入水平的影响以及可能会导致的政府收入能力和纳税人对房地产的购买能力的影响。房地产税制的税收收入效应主要体现在税制结构和税收收入结构上，一般而言，房地产税制结构和税收负担水平是否合理会影响到政府收入能力和纳税人的消费能力，房地产税制的收入效应可能改变民众对储蓄和投资的选择。

由于我国房地产税制长期以来交易环节税负重，持有环节税负轻，住房的持有环节税收调控能力不足。

1. 房地产税制的税收收入功能分析。

从收入的功能来看，在地方税收收入中，房地产税收贡献率较高，2010～2015年，房地产行业税收占地方税收收入的比重总体上呈增长趋势，2013年，房地产税收占地方税收收入的比重达到28.87%，受美国次贷危机的影响，2014年、2015年稍微有所降低，分别为28.1%和26.3%（见图2-1）。

"营改增"后，房地产行业的首个纳税环节产生的税款由原来的营业税归属于地方，变更为征收增值税在中央和地方政府之间共享，房地产行业属于地方税的税种减少，虽然"营改增"后，在过渡时期，增值税在中央和地方政府之间的分享比例由75：25调整为50：50，对于地方政府而言，整体税收收入会得到一定程度的弥补，但是，在地方税收的收入构成中，共享税收入会有增长地方税部分会有所减少，占比会有所下降。

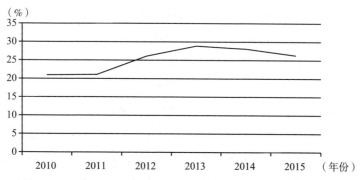

图 2 - 1　2010 ～ 2015 年房地产行业税收占地方税收收入的比重

资料来源：Wind 数据库。

　　从房地产税收的收入结构来看，由于我国房地产税制存在"重流转、轻持有"的特点，因此，交易环节税收收入占比较高，持有环节房地产税占比较低。以 2016 年为例，取得环节征收的契税和耕地占用税、转让环节征收的土地增值税税收收入分别为 4300 亿元、2028.89 亿元、4212.19 亿元，合计占比为 70%；而持有环节征收的房产税和土地使用税分别为 2220.91 亿元、2255.74 亿元，合计占比为 30%（见图 2 - 2）。这还仅仅统计的是以房地产为课税对象的税收收入部分，如果涵盖转让环节的房地产行业增值税和所得税，持有环节房地产税收占比会更低。

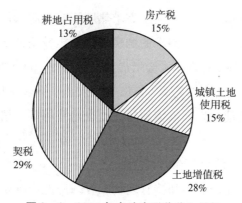

图 2 - 2　2016 年房地产税收收入结构

资料来源：Wind 数据库。

2. 房地产税制对纳税人购房需求的影响。

房地产的税制结构和负担水平会影响居民对房产的购置需求。一般而言，房地产税收主要分布在房地产交易环节和持有环节中，交易环节税收征收便利，容易掌握税源，更便于政府税收收入的筹集。但是，交易环节税收较容易随着房地产价格进行税负转嫁，最终由购买者承担税负。因此，交易环节税收较多有可能提升房地产价格，增加自主性需求购房者的总体负担。而持有环节税收需要较高的税收管理水平和居民较强的税收法律观念，征收管理相较于交易环节难度大，但是，更有益于对居民财富分配的调节，有益于缓解贫富差距，维护社会稳定。

从我国房地产税制的税收负担结构来看，自住房货币化以来，由于房地产税制主要集中于交易环节，居住性房产的持有环节税收缺位，造成持有居住性房产的过程中不产生税收成本，使得居住性房产衍生出投资（投机）功能，住房需求量一直居高不下。长期以来，交易环节和持有环节的税收分布不平衡，一方面，使得房地产税收特别是转让环节税收很容易转嫁给购买方负担，例如，在存量房交易过程中，房产交易的时候包括房价、税款（包括契税、增值税、个人所得税等）和手续费。根据房地产交易的税费实际负担情况可以判断，我国房地产市场长期以来属于卖方市场，交易环节税费都可以转嫁给购房者负担，增加购买者的税收负担。另一方面，住房衍生出的投资功能催生出炒房团，不断靠倒房获取利益，从而不断扩大居住性房产的需求量。需求热度不减，房地产市场价格就会不断攀升。如此发展，自住性需求的购房者会承担较高的居住成本，在房价与收入相差较大的现实情况下，会增加其生活压力。自住性购房者负担了高额的房价和房地产交易税费之后，在既定收入水平下（中低收入群体），消费者可能会减少其他消费品的消费量，这也是我国日常消费品零售总额增长缓慢的原因之一。

（二）房地产税制的替代效应

从目前我国房地产交易和持有现状来看，房地产既是消费品也是投资品，对应不同的属性，房地产需求可分为自住性需求和投资性需求两类。自住性需求是指居民为满足自己的基本生活需要而产生的购房需求，包括住房刚性需求和改善性需求。① 投资性需求是指通过购房来提高自己的投资收益，此类需求过大不利于房地产行业的健康发展，也是房地产税调节的主要对象。

房地产税制作为我国税收体系的重要组成部分，除了组织财政收入满足财政支出的功能外，还承载着调节房地产市场供求关系、调节社会财富分配等重要的经济调节功能。房地产税制的替代效应主要是指居民购置房地产时对房地产投资功能、商业功能和居住性功能的选择以及对投资于房产还是其他投资项目的选择。房地产税制的替代效应通过税制结构的配置和税种构成要素的设置来影响居住性住房的购置成本，同时也影响投资性房产的购置和交易成本，从而影响纳税人对于购置房产需求性质的决策以及是否投资于房产的行为决策。

1. 房地产税制结构和负担水平会影响房地产的居住属性和投资属性。

房地产税收会对自主性需求和投资性需求产生不同的影响。从自主性需求来看，刚性需求缺乏弹性，不会随着价格变化而改变需求。改善性需求富有弹性，购房成本的增加可能会使消费者转而购买其他消费品，但其需求的降低程度不确定。而投资性需求会受到持有期间税收负担轻重的影响，一般而言，如果持有环节税负轻或无税负，会刺激房地产作为投资产品的属性增强，相反，若持有环节税负重，则会降低房地产作为投资品的属性。

从我国目前房地产的税制结构来看，交易环节税负多且一般均能转嫁，因此，会加重刚性需求购房者的居住成本，同样也会增加改善性需求的购房者成本。由于我国长期对住房持有环节不征税，导致投资性需求者行为选择主要取决于其对未来房价的预期，投资者更多地关注未来房地产的预期价格，以期在未来出售房产，从而赚取差价。一般情况下，对持有较多住房者征税会增加其持有期间的税收负担，购买者在对未来房价预期的基础上，将会评估持有环节税负与预期房价变化的关系，综合评估房地产投资的风险和收益，做出相应的投资决策。

2. 房地产税制结构和负担水平会影响纳税人对房产或其他投资项目

---

① 沈灵燕：《房产税的经济效应分析及其改革优化建议》，华东师范大学论文，2014。

的选择。

　　从房地产税制结构来看，持有环节税收更能抑制房地产的投资或投机功能。投资性购房者视房地产为一种投资资产，购买房产的主要目的是赚取投资收益，其在一定程度上对房价的上涨起了推波助澜的作用。房地产税制的主要调控对象是投资型购房者。加征房地产持有环节税收之后，投资性购房消费需求将面临在住宅保有和交易环节的税收调控，此类需求一般也不涉及税收减免问题。对于持有、空置的房产课以重税，会大大提高投资或投机者持有房产的税收成本，改变或降低投资者的预期收益水平，因此投资性购房者可能会转而寻求别的投资渠道以替代房地产投资，从而在一定程度上抑制投资性住房需求。当然，在这个替代过程中还要考虑市场上是否有足够有吸引力的替代消费品或投资品。

　　从我国现有房地产税制结构来看，构成房地产税制的税种体系中的增值税、契税、耕地占用税、印花税、城建税、企业所得税和个人所得税主要分布于取得和流转环节，只有房产税和城镇土地使用税是对房地产持有者征税，但是，还不包括居住性房地产。因此，在调节房地产市场发展方面，目前的房地产税制是不够科学的，没有起到税收杠杆应有的调节功效，以至于房地产价格持续走高，并且与居民的平均收入水平相比，处于畸高状态。中国统计年鉴（2017年）中的数据显示，2016年北京人均可支配收入为52530.4元，上海人均可支配收入为54305.3元，其他地区的人均可支配收入在13639.2～38529元之间不等，与房价形成强烈反差。在北京、上海、广州、深圳等一线城市，动辄几万元一平方米的房价，在普遍的省会城市及其他二、三线城市，房价也已突破每平方米万元关口，使得刚性住房需求群体为了购置住房付出高昂的代价。这也是房地产税制负效应的一种体现。对于高收入群体、富裕阶层，则将住房作为投资工具，不断通过居住性房产的流通获取高额收益，造成越来越大的贫富差距。中国的基尼系数从1981年的0.288上升至2016年的0.465，已超过国际警戒线的水平。逐渐拉大的收入分配差距已成为影响我国社会稳定与和谐的重要因素，这也说明，政府对财富分配的调节存在问题，需要进一步改进和优化相关的调控政策。

（三）优化房地产税制效应的税制改革思路

税收手段作为政府调控经济的重要工具，有着其他行政调控手段无法比拟的优越性。税收的征收需要通过立法程序制定税法，法律的实施具有普遍约束力，一个科学、合理的税收制度能够通过税收乘数效应起到四两拨千斤的作用。因此，在税制改革的进程中，应强化房地产税制的收入效应和替代效应的组合功能，注重房地产税制改革的正效应需求，充分发挥房地产税税制在调节房地产市场供求以及调节收入分配方面的功能。

结合目前我国房地产市场的发展状况，针对高房价和住房投资性需求旺盛的状态，房地产税制改革不应仅考虑政府财政收入的需要，还应以调节市场供求关系、调节收入分配为主要目标，在此基础上，设置房地产税制结构，设计相关税制要素。因此，在税制结构的构建上建议逐步减少流转环节税，不断提高持有环节税收。根据目前我国房地产的持有结构，应该加大对居住性房产的调节力度，可以通过设置累进征收的方式，让持有较多房产者负担较多的税，以便于促使其将房产投入市场，将住房回归原有的居住功能，降低投资期待。同时，规定基本居住保障给予免税优惠，使得仅能买得起一套住房的中低收入居民能够享受到免征房产税或只缴纳较低房产税的待遇，也就是让中低收入者不纳或少纳房地产税，高收入者多纳房地产税，从而使房地产税收充分发挥调节收入分配、缩小贫富差距的功能。如此，还可以不断改善房地产市场的供求结构，稳定房地产的市场发展。逐步减少流转环节税收、增加持有环节税收的房地产税制改革也会对地方政府的行为目标和模式产生影响。第一，从长远看，房地产税收改革有助于地方政府角色定位的转变。随着省际之间人才流动的加快，经济发展前景好、居住环境好、公共服务健全的地方的房地产会逐步升值，从而吸引更多的人才就业、创业，进一步促进经济的可持续发展，形成良性循环。因此，随着经济的发展和税制的逐步完善，政府会更加重视地方公共服务的供给和可持续性。第二，房地产税收的改革有减有增，在调节房地产市场供求、调节收入分配的基础上，使得房地产税收收入保持稳定并且逐步增长，可以逐步改变地方政府对土地资源过度依赖的现状，土地资源过度开发的状况将会得到逐步改善。

第三章
我国房地产税制的发展历程和现状

第一节　我国房地产税制的发展历程

一、中华人民共和国成立以前的房地产税制

在我国税制发展历史上，房地产税制主要由房捐、契税、地价税、土地增值税、市地税和房产税等税种制度构成。其中，房捐相当于当今的房产税，是在保有环节对房屋的课税；契税相当于当今的契税，是在交易环节对房屋的课税；地价税、市地税等相当于当今的城镇土地使用税，是在保有环节对土地的课税。

（一）房地产交易的课税制度

对房屋地交易的课税制度起源于东晋。东晋时，随着商品经济的不断发展，商品交易中的契约现象也日趋普遍。为了增加赋税收入，东晋政府创立了对契约的课税制度——估税制度。《隋书》卷24《食货志》载："晋自过江，凡货卖奴婢、马、牛、田、宅，有文券者，率钱一万，输估四百入官，卖者三百，买者一百。无文券者，随物所堪，亦百分收四，名为散估。历宋、齐、梁、陈，如此以为常，以此人竞商贩，不为田业。故使均输，欲为惩励，虽以此为辞，其实利在侵削。"[①] 可见，估税制度起

---

① 魏征：《隋书》，中华书局1977年版，第689页。

始于东晋，流行于南朝。其间，估税制度也历经诸多变化（例如齐时估税征收中曾出现过采取类似于包税招标之办法），但总的来看，由于田、宅只是估税课税对象的一部分，因此，东晋南朝时的估税制度并不是独立的房地产交易税制度。

隋唐时期，均田制推行于全国。与均田制相适应，封建国家加强了对均田土地买卖的限制，如《唐律疏议·户婚·诸卖口分田者》条规定："诸卖口分田者，一亩笞十，二十亩加一等，罪止杖一百，地还本主，财没不追。"但对于愿意由窄乡迁往宽乡者，允许出卖口分田。另外，"其赐田欲卖者，亦不在禁限。其五品以上，若勋官永业地，亦并听卖。"业主出卖土地时，要事先"投状申牒"，也就是报官请批，"不得私自鬻卖。"[1] 历史文献有关隋唐朝对土地交易契约征税的记载不是很清楚。隋唐两代是否对土地交易契约征税？有学者认为，隋唐实施均田制，田产交易受到极大限制，不再征收契税。[2] 也有学者认为，隋唐沿袭了东晋时按照民间交易契约征的制度。[3] 我们认为，隋唐封建国家对土地交易的限制应仅适用于均田土地，主要目的是保证均田制能够持续推行，而对于均田土地之外的私有土地并无交易限制。因此，隋唐时期应该存在对土地交易契约的征税制度。另外，业主出卖均田土地时，既然须先"投状申牒"，那么成交之后，也应当是缴纳契税的。五代时，后唐的部分地区有过"买卖庄宅，官中印契，每贯抽税契钱二十文"的现象。[4] 由此可见，自东晋估税至后唐"税契钱"的此类税收，已经呈现出从一般商品交易税向房地产交易税演进的趋势。但从历史留存的资料看，这类税收与一般商品交易税尚无明确区分，也未形成比较完备的房地产交易税制度，所以，自东晋至五代时期，可被视为中国房地产交易税制度的初创时期。

北宋时，社会商品经济又有了新的发展。由于均田制已不复存在，土地买卖空前频繁。宋太祖开宝二年（969 年），"令民典卖田宅，输钱印

---

① 岳纯之点校：《唐律疏议》，上海古籍出版社 2013 年版，第 172 页。
② 魏天安：《宋代的契税》，载《中州学刊》2009 年第 3 期。
③ 金亮、杨大春：《中国古代契税制度探析》，载《江西社会科学》2004 年第 11 期。
④ 王钦若等：《册府元龟》，中华书局 1982 年版，第 6052 页。

契，税契限两月"，违者按匿税条法断罪。① 自此之后，"始收民印契钱"。印契钱也称"田契钱""契税"或"牙契税钱"。北宋初的契税率为2%，至宋仁宗庆历四年（1044年），"始有每贯收税钱四十文省之条，至政和无所增"。与东晋至五代时期的契税相比，宋代契税出现两大变化。一是契税与一般商品交易税分离，属于财产交易税。宋初，牛、马、车船等动产交易仍属于契税的征收范围，后或征或免，未有常制，至南宋后期，上述动产交易免征契税，契税征税范围一般限于对田宅，其税额、交易规则及交易凭证已同一般商品交易税分离。二是契税征收管理的规范化。为了加强对土地交易的征税，宋徽宗崇宁三年（1104年），北宋政府开始印制和使用官版契纸，叫作"红契"，原先民间书写的契约被降为契约草稿的地位，叫作"草契"，后来又叫作"白契纸"。按照官府的规定，只有官版契纸才可做正契。南宋宁宗嘉定十三年（1220年）规定："今但立草契，请印纸粘接其后。"② 将草契与印纸粘连在一起，对土地买卖契约征税时，同时用印。印纸的使用，既保证了契税的征收，又增加了一项出卖印纸以赚钱的项目。由此，契税成为历代封建王朝对土地、房屋的买卖行为课征的经常性税收形式，并长期地沿袭和执行下来。因此，宋代应是我国房地产交易税制度的正式确立时期。

元代明确将一般商品交易税与契税分离，使契税成为一项独立的税种。《至元条画》规定："诸人典卖田宅、人口、头匹、舟舡物业，应立契据者，验立契上实值价钱，依例收办正税外，将本用印关防每本宝钞一钱。"③ 此处的"正税"指货物交易税，又称商税。"用印关防每本宝钞一钱"指交易税之外，对契约所征税收，即契税。此税作为"正税"之外的附加税存在。"每本"指官府统一印制发行的每一份契约文券，当时称为"契本"。④

明清时期，田宅契税制度日臻完善，其突出标志就是契尾制度的确

<hr />

① 陈均：《九朝编年备要》卷二，开宝二年九月，文渊阁四库全书，第328册，第52页。
② 马端临：《文献通考》卷14，中华书局1986年版，第143页。
③ 张晋藩：《中国法制通史》，法律出版社1999年版，第453页。
④ 金亮、杨大春：《中国古代契税制度探析》，载《江西社会科学》2004年第11期。

立。所谓"契尾",就是缴纳契税后,官府发给的收据。由于粘连在契约之后而得名。明代的契尾也叫作"税尾"或"税票",一般由各府拟定式样,颁发所属各县刊造,再由政府盖印、编号,发回各县行用。内容不仅载有税契的文字,还有征收契税的原因、税率的变动、税契办法、钱主姓名和住址、产业坐落和数量、业主姓名和住址等。平时买卖田地,待到大造之年,[1] 才纳税于官并领取契尾。每契价一两,纳税银二分。天启年间(1621~1627年),契尾制度进一步完善。契尾分成大尾和坐尾两联,叫作鸳鸯契尾。大尾发给税户,坐尾留存备查。坐尾实为契根,是经征州县向上级缴验契税银的票根,它的出现,从财经审计和监督来看,无疑是一大进步。[2] 清入关之后,先是使用契尾。如顺治四年(1647年)规定:"凡买田地房屋,必用契尾,每两输银三分。"[3] 乾隆十四年,以小吏贪缘为奸,造假偷漏,议改契尾格式,废鸳鸯式,分大尾为前后两个半幅,"前半幅照常细书业户等姓名、买卖田房数目、价银、税银若干;后半幅于空白处预钤司印,以备投税时,将契价、税银数目大字填写钤印之处。令业户看明,当面骑字截开,前幅给业户收执,后幅同季册汇送布政使查核。此系一行笔迹,平分为二,大小数目,委难改换。"[4] 这样的契尾比旧尾更有利于强化契税的管理。自改用此尾之后,一直到清末,未再改动。

民国时期,土地契税一直是政府的重要收入来源。1914年1月,北洋政府发布《契税条例》规定:"所称契者,指不动产之买卖契与典契而言。"不动产之产权发生转移变化,必须根据《契税条例》之规定使用官印之契纸,书立契约,以帖用特别印花方法缴纳契税。卖契按照契价的9%,典契按照契价的6%征收,每张5角的契纸费。对于先典后卖的行为,或者官方、自治团体和具有公益性的法人买卖、典当土地房屋的行为,则免征契税。1917年,北洋政府调整税率,卖契税率调整为6%,典

---

① 明代自洪武十四年(1381年)规定,各州县每过十年,重新编造黄册一次。黄册以户为主,详列丁口、田产及应负赋役,一式四份,分存各级官府,作为征发赋役的根据。编造黄册之年称为大造之年。

② 孙清玲:《略论清代的税契问题》,载《福建师范大学学报》2003年第6期。

③ 席裕福、沈师徐:《皇朝政典类纂》卷94,文海出版社1982年版。

④ 福建师范大学历史系:《明清福建经济契约文书选辑》,人民出版社1997年版,第724页。

契税率调整为 3%，对租地造屋并有年限取赎的，按照 6% 征收契税。各地方可以另征收附加税，但不得超过正税的三分之一。①

1927 年，南京国民政府公布《验契暂行条例》，规定"条例施行以前成立之不动产契，无论已税契、未税契，均应一律呈验"，每张契纸再收取一笔验契费。1928 年，南京国民政府召开第一次全国财政会议，会议根据 1927 年颁布的《划分国家收入地方收入暂行标准案》，将契税随同田赋划归地方，成为各省的重要收入之一。各省接办契税之后，修订了契税章程。由此，各省契税征收税率轻重不一。1934 年，国民政府召开第二次全国财政会议，会议通过《契税办法四项》，要求各省整理契税，规定买契 6%，典契 3% 为税率高限，附加税以不超过正税的一半为原则。至此，契税税率在全国统一起来。1940 年 12 月，南京国民政府公布了《契税暂行条例》，其征税范围是不动产之卖典，其受让人应领用契纸，完纳契税。卖契的税率为契价的 5%，典契为契价的 3%，契纸每张 0.50 元，纳税期限于契约成立后 4 个月为之。1942 年，国民政府修改《契税暂行条例》，扩大契税的征收范围，除卖典之外，交换、赠与以及外国人租地其承受人均须完纳契税，并将税率提高 1 倍，卖契由 5% 提高到 10%，典契由 3% 提高到 6%。交换契税与赠与契税分别为契价的 4% 与 10%。领用官契每张由 0.50 元提高到 2 元。对于不领用官契的，责令缴价补领，并处以 20 元以下罚款。报税期限由原来的 4 个月缩短为 3 个月。② 1943 年，国民政府重新发布《契税条例》和《契税条例施行细则》，把契税划分为卖契税、典契税、交换契税、赠与契税、分割契税和占有契税六种，进一步扩大了征税范围。其中，卖契税由买受人领契纸，立买卖契约缴纳契税，税率为 15%；典契税由承典人领契纸，缴纳契税，税率为 10%；交换契税由双方购买契纸并缴纳契税，税率为 6%；赠与契税由受赠人购买契纸并缴纳契税，税率为 15%；分割契税由分割人领契纸并缴纳契税，税率为 6%；占有契税，对于依法取得所有权并占有 20 年以上的不动产，由政府估价，占有人以工本费购买官印契纸并缴纳契

---

① 李晶：《中国房地产税收制度改革研究》，东北财经大学博士论文，2011 年 6 月，第 93 页。
② 杨大春：《中国房地产税收法制的变迁与改革》，江苏大学出版社 2008 年版，第 48 页。

税，税率为 15%。1946 年 5 月，南京国民政府降低契税税率，将卖契、赠与契和占有契的税率统一调整为 6%，典契税率调整为 4%，交换契和分割契的税率调整为 2%，并将契税全部划归地方管理，确立了契税的地方税性质。至此，作为从传统中国承袭而来的房地产税制，契税制度汇入了现代房地产税制的体系之中。[1]

（二）土地保有的课税制度

中国封建社会的历代王朝，均实施以保有的土地为课税对象的土地税制度。只不过那时的土地税并不是财产税，而属于土地收益税。因此，封建社会历代王朝的土地税制度不属于本书所探讨的范围。具有财产税性质的土地保有税制度发端于民国时期，主要包括地价税制度、土地增值税制度和土地改良物税制度。

1912 年，德国在其租借地青岛首次开征土地增值税，从此，土地增值税制度进入中国。随后，各地开始陆续开征土地增值税，由于地方军阀各自为政，各地并无统一的制度。[2]

1930 年 6 月，南京国民政府公布《土地法》和《土地法施行法》。1935 年 4 月又对《土地法》进行了修订，并于 1936 年 3 月 1 日起施行。《土地法》的重心是规定土地征税的办法，这主要体现在土地法的九项原则中：（1）土地法原则之要旨在使地尽其用，并使人民有平均享受使用土地之权利，以符孙中山先生之精意。为求达此目的，必须防止私人垄断土地以谋不当得利之企图，并设法使土地本身非因施以资本或劳力改良结果所得之增益归为公有，其最有效之办法，为按照地值征税，及征收土地增益税。（2）征收土地税以地值为根据。（3）土地税率采取渐进办法。（4）对于不劳而获的土地增益行累进税。（5）土地改良物轻税。（6）政府收用私用土地办法。（7）免税土地。（8）以增加地税或估高地值方法促进土地之改良。（9）土地掌管机关及土地产权移转须经政府许可。[3] 按

---

① 李晶：《中国房地产税收制度改革研究》，东北财经大学博士论文，2011 年 6 月，第 94 页。
② 李晶：《中国房地产税收制度改革研究》，东北财经大学博士论文，2011 年 6 月，第 95 页。
③ 付志宇、姜贵渝：《孙中山土地税思想及其实践对我国房地产税制改革的借鉴》，载《财政研究》2011 年第 10 期。

照《土地法》的规定，全国土地税由地价税、土地增值税和土地改良物税三个税种组成；已征收地价税的土地应当征收土地增值税和土地改良物税，同时，征收土地税的地区将废止田赋和房税（房捐）。

地价税。此税是依土地价值征收的一种土地税。其纳税人为土地所有者，计税依据为土地价值不包括附着土地的改良物。土地价值依《土地法》分为申报地价和估计地价。前者由纳税人申报，后者由地政机关核定。征收对象和税率分别为：市改良地为估价的1%～2%，市未改良地为估价的1.5%～3%，市荒地为估价的3%～10%；乡改良地为地价的1%，乡未改良地为地价的1.2%～1.5%，乡荒地为地价的1%～10%。[①]根据土地的不同性质采用不同税率，以体现鼓励土地改良与促使荒地利用的政策。由于此税是依法定地价计税的，在土地面积既定的情况下，征收具有普遍适用性，有利于实现政府稳定的财政收入。

土地增值税。此税系向土地买卖、产权继承或者赠与而有增值的土地征收的一种土地税。纳税人为土地所有权的转移人、土地遗产继承或者土地无偿赠与的继承人和受赠人以及经法院判决取得的土地所有权人。土地增值税以土地增值额为征税对象，未增值的土地不征税。计税依据为土地增值额与土地所有权转移时或者不转移而经土地所有权登记后超过15年时征收一次。土地增值额的计算标准依据申报价、评估价、现价等因素确定。市地在其原地价的15%以内，乡地在其原地价的30%以内，均不征土地增值税，但超过者要征税，且税率分为三级。第一级，土地增值额在其原地价的50%（含）以内者，征收其增值额的20%；第二级，土地增值额超过其原地价的50%者，就其超过部分，征收其增值额的40%；第三级，土地增值额超过其原地价的300%者，除照前款规定分别征收之外，就其已超过部分完全征收，即税率为100%。[②]

土地改良物税。此税系对附着于土地的建筑物和附着于土壤的农作物及改良物征收的一种土地税。所谓改良物是指土地定着物分为建筑改良物和农作改良物。土地改良物税的纳税人为土地所有权人。市地改良物税依

①② 刘燕明：《民国时期房地产税收制度的变革及特点》，载《税务研究》2012年第3期。

估价按年征税，最高税率不超过 5‰。乡地改良物不得征税；市地农作改良物，可以由地方政府免予征税。①

1944 年 3 月，南京国民政府公布《战时征收土地税条例》，实行战时土地税政策，包括采用累进税率、征税不再分土地性质、免除土地税附加和实行滞纳金制度等。抗日战争胜利后，国民政府废止了《战时征收土地税条例》。1946 年 4 月，经过立法院和最高国防会议的法定程序，还都南京的国民政府正式公布并施行新的《土地法》和《土地法施行法》，地价税、土地增值税和土地改良物税制度得到进一步完善。在地价税方面，抗日战争期间，税率由比例税率改成九级累进税率，并对减免税予以严格管理；抗日战争胜利后，国民政府对私有空地、私有荒地和无主地采取了加倍征收地价税的措施，促进土地的利用、改良或者归公。在土地增值税方面，抗日战争期间，大幅提高土地增值税的税率，税率级数由抗日战争以前的三级调整为五级；抗日战争胜利后，土地增值税的税率有所降低，对产权没有转移的土地，其纳税期由 15 年缩短为 10 年征收一次。在土地改良物税方面，税制要素的设计进一步细化，例如，《土地改良物税征收规则》除规定纳税人为土地改良物所有权人之外，还规定了土地改良物属于典权人的，由典权人纳税。②

（三）房屋保有的课税制度

对房屋保有的课税制度，最早可以追溯到我国的西周时期。据史书《周礼·地官司徒》记载"廛人掌敛市𫄠布、緫布、质布、罚布、廛布而入于泉府"。③ 所谓的"廛人"，就是税收征管人员；"廛布"，就是对停放、储存货物的邸舍（仓库）课征的税收。这是史籍中对房屋保有课税的最早记载。"廛布"是我国历史上房屋税的源头。④

唐德宗建中四年（783 年）六月，户部侍郎赵赞以"军用不给"为由建议开征"间架税"，以百姓房屋为课税对象，以屋两架为一间，上等每间

---

① ② 刘燕明：《民国时期房地产税收制度的变革及特点》，载《税务研究》2012 年第 3 期。

③ 郑玄注、贾公彦梳：《周礼注疏》卷九《地官·司徒·第二》，《十三经注疏》上册，中华书局 1980 年版，第 698 页。

④ 吴晓亮、王浩禹、赵大光：《先秦至唐宋屋舍之税嬗变研究》，载《清华大学学报》（哲学社会科学版）2015 年第 5 期。

税一千文，中等每间一千，下等每间五百。① 对于隐瞒房产的行为，"凡没一间者杖六十。告者赏钱五十贯，取于其家"，②，奖罚措施严明。间架税税负偏高，引起百姓的极大不满。同年秋，长安发生大规模士兵哗变，哗变士兵向百姓打出了"不税汝间架"的口号。次年（784 年）唐德宗被迫废除了间架税。③

五代十国时期，藩镇林立，军阀混战。为了筹集更多的税收收入，一些割据政权恢复征收房屋税。"屋税"之名正式出现，单一的屋舍之税成为国家的一项重要赋税。据史籍记载，后梁、后唐皇帝都对京城等地的房屋税进行过赦免，例如，后唐明宗天成二年（公元 927 年），曾颁令免征屋税两年。④ 这说明当时都征收过房屋税，但具体征收制度不详。

宋承五代旧制，继续征收屋税，并逐步形成了"十等内正、次划分"的制度，即把房屋分十等，再在其中划正、次，按细分等级征税的制度。⑤ 这一制度有继承前朝分等级征税的成分，使屋税负担更具合理性。

清初之时，部分州县偶有对房屋征税，例如宛、平两县有铺面行税，仁和、钱塘有间架房税，江宁有市廛输钞，京师有琉璃、亮瓦两厂计檩输税。这些税收属于地方杂税，经康熙、雍正、乾隆三朝整顿，逐渐废除。⑥

鸦片战争以后，西方列强在其霸占的大城市的租界内，强行并征房捐，以"充裕巡捕房经费"，这是近代房产税的起源。在太平天国控制的区域内也课征房捐，在常熟的征税办法是"每间屋每日捐钱七文"，在嘉兴、桐乡的征税办法是"每日每间三文"。清光绪二十四年（1898 年），户部通令各省调查城市集镇的铺户行店数，仿照租界办法，制定了房捐章程。该章程规定每月由房东、房客两者各半交纳房租的 10%。为简化手

---

① 刘昫：《旧唐书》卷四九《食货下》，中华书局 1975 年版，第 2127～2128 页。

② 刘昫：《旧唐书》卷四九《食货下》，中华书局 1975 年版，第 2128 页。

③ 马泽芳：《唐代的房产税》，载《中国税务》2011 年第 12 期。

④ 后唐明宗天成二年（927 年），为安抚百姓官府采取了一些减免税收的政策，"宜覃雨露之恩，式表云雷之泽，应汴州城内百姓，既经惊动，宜放二年屋税。"见《旧五代史》卷三八《唐书十四·明宗纪四》，中华书局 1976 年版，第 529 页。

⑤ 徐松辑：《宋会要辑稿》食货四《方田》，上海古籍出版社 2014 年版，第 6038～6039 页。

⑥ 杨大春：《中国房地产税收法制的变迁与改革》，江苏大学出版社 2008 年版，第 52 页。

续，每月由房客交纳全部房捐，然后从房租中扣除房东的负担额；居住自有房屋的，则比照近邻的房租，税率为10%。当时，虽立了章程，实际并没有开征。光绪二十七年（1901年），各省要分担庚子赔款，就与户部协议开征房捐事项。浙江率先实施，仅征收店铺，有起征点，店铺每月房租在钱三吊，银三元以下者，均予免征。对民房一概不予课征。之后，其余各省也相继开征房捐。如福建省仅对出租房屋的收益课税，税率为10%。[①]

民国初年，房捐仍然是主要的财产税种，但各地的税种名称、征收范围、适用税率等不尽相同。1915年，北洋政府财政部将各省征收的"铺捐""架捐""店屋捐"等税收统一名为"房税"，以民房住屋和铺户行店为征税对象，以房屋租金为计税依据，民房住屋适用税率为5%，铺户行店适用税率为10%，在全国范围内统一了房地产保有税收制度。[②]

1927年，南京国民政府成立后，全国各地普遍征收房捐，但名称千差万别，税率和征收办法不一。以江苏省为例，当时江苏省的61个县，有53个县开征房捐，名称各异，如房捐、商铺捐、店屋捐、住户捐、房警捐等，各县的房捐税率也差异较大，弊端丛生。鉴于此，1941年6月，国民政府财政部公布了《房捐征收通则》，规定以前征收房捐性质的税收，无论原来用何种名称，一律改称房捐；房捐捐率按年计算，出租房屋的房捐最高不得超过其全年租金的5%，自用房屋最高不得超过其房价的5‰。[③]此外，对于房捐逾期不缴者，《房捐征收通则》还规定了违章处罚办法：（1）房主每月应纳，依照下列规定处罚：分期递加滞纳金，最高额不超过其应纳捐额的10%。（2）用租金抵房捐。（3）送请司法机关拍卖欠捐的房产。以上各项处分应按顺序办理，拍卖欠捐房产，只能在欠捐达三年时进行。拍卖所得款项抵房捐，如有余款应返还欠捐人。1947年《房捐条例》将捐率修正为营业用房屋，出租房屋的房捐不得超过其全年

---

① 漆亮亮：《房产税的历史沿革》，载《涉外税务》2002年第4期。

② 刘燕明：《民国时期房地产税收制度的变革及特点》，载《税务研究》2012年第3期。

③ 范习中、谈智：《民国时期城镇房捐之历史考证：1927～1949》，载《求索》2012年第2期。

租金的20%，自用者不得超过其房屋现值的20‰；住家用房屋的房捐，出租房不得超过其全年租金的10%，自用者不得超过其房屋现值的6‰。

在民国时期，房捐成为地方财政的重要收入来源。根据国民政府财政部地方财政司的统计数据，1946年，全国统计的23个省、市的自治税课总收入为122098692149元，其中，房捐收入为12972023915元，约占总收入的10%，在五种自治税捐收入中，房捐收入规模位居第三。[①]

二、中华人民共和国成立以后的房地产税制

(一)房地产交易的课税制度

中华人民共和国成立以后，为了迅速结束因战争和政权更替所造成的工商税制新旧混杂、各地各行其是的局面，1949年11月，中央人民政府政务院召开了首届全国税务会议，讨论了统一全国税政、税法、税率的问题。这次会议拟订了统一税政的《全国税政实施要则》，并于1950年1月经中央人民政府政务院讨论通过。《全国税政实施要则》规定：全国共设14种税，即货物税、工商业税（包括营业税和所得税）、盐税、关税、薪给报酬所得税、存款利息所得税、印花税、遗产税、交易税、屠宰税、房产税、地产税、特种消费行为税和使用牌照税。此外，还有各地自行征收的一些税种，如农业税和牧业税等。《全国税政实施要则》的颁布，对于房地产交易税制度的建设具有一定的指导意义，但从税制的发展进程看，仍然带有过渡性质。

为了保证人民土地房屋的所有权，并便利其转移变动，1950年4月，政务院发布了《契税暂行条例》，这是新中国第一部专门关于房地产交易的税收法律。1954年6月，经政务院批准，财政部对《契税暂行条例》进行了修订。该条例规定：契税的适用范围为城市与完成土地改革的乡村；凡土地房屋之买卖、典当、赠与或交换，均应凭土地房屋所有证，并由当事人双方订立契约，由承受人纳税；买契税，按买价征收6%；典契税，按典价征收3%；赠与契税，按现值价格征收6%；契税的征收机关

---

① 国家档案馆：《清末民国财政史料辑刊岁入预算书》，国家图书馆出版社2007年版，第798页。

为土地房屋所在地的县（市）及相当于县（市）的人民政府；完纳契税，应于产权变动成立契约后的三个月内办理投税手续，并按当地政府规定交款期限缴纳契税。另外，该条例还规定了违法处理条款，如"凡进行田房买卖、典当、赠与或交换等行为而隐匿不报者，或实系买卖、典当、赠与或交换而以继承、分析等名义立契企图蒙骗逃税者，除责令据实完纳契税外，按情节轻重予以处罚，罚金以不超过应纳税额的三倍为限。"社会主义改造完成以后，土地禁止买卖和转让，征收土地契税自然停止，契税征收范围大大缩小。到"文化大革命"后期，全国契税征收工作基本处于停顿状态。

改革开放以后，国家重新调整了土地、房屋管理方面的有关政策，房地产市场逐步得到了恢复和发展。为适应形势的要求，从 1990 年开始，全国契税征管工作全面恢复。恢复征收后，契税收入稳步增加。1990 年，契税收入为 1.34 亿元，而到 1997 年，契税收入增加到 36 亿元。[①] 契税成为地方税收中最具增长潜力的税种。但由于《契税暂行条例》立法年代久远，很多规定已不适应社会和经济发展的新情况。为了适应新的形势，充分发挥契税筹集财政收入和调控房地产市场的功能，1997 年 7 月，国务院发布了《中华人民共和国契税暂行条例》，并于同年 10 月 1 日起开始实施，1950 年 4 月，中央人民政府政务院发布的《契税暂行条例》同时废止。

1993 年 12 月 13 日，国务院发布了《中华人民共和国土地增值税暂行条例》，规定自 1994 年 1 月 1 日起，对于转让国有土地使用权、地上的建筑物及其附着物并取得收入的单位和个人征收土地增值税。1993 年 12 月，国务院发布了《中华人民共和国营业税暂行条例》，对于转让土地、房屋等不动产的行为征收营业税。2016 年 5 月 1 日起，营业税改征增值税试点全面推开，在境内转让房地产被纳入增值税的征税范围。2017 年 10 月 30 日，国务院常务会议通过《国务院关于废止〈中华人民共和国营业税暂行条例〉和修改〈中华人民共和国增值税暂行条例〉的决定（草

---

① 张娜、王军：《契税的历史沿革》，西安日报社数字报刊网，http：// epaper. xiancn. com/ xawb/html/2013 – 03/26/content_192926. htm.

案)》，标志着实施 60 多年的营业税正式退出历史舞台。至此，由契税、增值税、土地增值税组成的房地产交易税制体系正式形成，房地产交易税制进入了一个崭新的发展阶段。

（二）房地产保有的课税制度

1950 年 1 月，经政务院讨论通过的《全国税政实施要则》规定，全国范围内对房屋和土地分别征收房产税、地产税。1950 年 5 月，财政部发布《房产税暂行条例（草案）》和《地产税暂行条例（草案）》。同年 6 月，第二届全国税务会议通过决议，将房屋税和地价税合并为统一的房地产税，拟订《房地产税暂行条例（草案）》。1951 年 8 月，政务院正式颁布《中华人民共和国城市房地产税暂行条例》，开始在全国范围内征收城市房地产税。房地产税的纳税人为房地产的产权所有人，征税对象为城市房地产，以标准房价、标准地价、标准房地价或标准地租价为计税依据，按年计征。税率最初为 1%、1.5% 和 15%，1953 年改为 1.2%、1.8% 和 18%。[①]

在 1973 年"以合并税种，简化征税办法"为主要内容的税制改革的过程中，将原本对国营、集体企业征收的城市房地产税并入工商税，结果是只有外国人和华侨需要交纳城市房地产税。1984 年进行第二步利改税，废除了工商税，决定对国有企业开征房产税。由于我国城市土地属于国家所有，所以将城市房地产税分为房产税和城镇土地使用税两个税种，并确定由地方政府征收房产税。

1986 年 9 月，国务院发布了《中华人民共和国房产税暂行条例》，对内资企业和个人征收房产税，外籍企业和个人仍征收城市房地产税。2008 年 12 月，国务院发布《中华人民共和国国务院令》第 546 号，宣布 1951 年 8 月政务院公布的《城市房地产税暂行条例》自 2009 年 1 月 1 日起废止。自 2009 年 1 月 1 日起，外商投资企业、外国企业和组织以及外籍个人，依照《中华人民共和国房产税暂行条例》缴纳房产税。从此，运行了近 60 年的城市房地产税制度退出了历史舞台，房产税制度简化为一。[②]

---

① 刘佐：《城市房地产税始末》，载《地方财政研究》2009 年第 7 期。
② 姚长辉：《我国房产税制实现内外统一》，载《中国财经报》2009 年 1 月 17 日，第 1 版。

在此期间，内外资企业和个人均未征收土地使用税。为了合理利用城镇土地，调节土地级差收入，提高土地使用效益，加强土地管理，1988年9月，国务院颁布了《中华人民共和国城镇土地使用税暂行条例》，开始对内资企业恢复征收城镇土地使用税，结束了仅征收房产税和城市房地产税，不单独征收土地税的短暂历史。需要说明的是，从1988年《中华人民共和城镇土地使用税暂行条例》的实施之日起，内外资企业适用不同的土地税政策，内资企业和个人发生应税义务需要缴纳城镇土地使用税，而外资企业和外籍个人无须缴纳城镇土地使用税。2006年12月，《国务院关于修改〈中华人民共和国城镇土地使用税暂行条例〉的决定》公布，自2007年1月1日起，对外资企业和外籍个人恢复征收城镇土地使用税。从此，内外资土地税政策得到了统一。

为保护耕地资源，加强土地管理，1987年4月1日，国务院发布了《中华人民共和国耕地占用税暂行条例》，对占用耕地建房或从事其他非农业建设的单位和个人征收耕地占用税，但该条例不适用于外国投资者在中国境内举办的中外合资经营企业、中外合作经营企业和外商独资企业。2007年12月，国务院发布新的《中华人民共和国耕地占用税暂行条例》，自2008年1月1日起，对外商投资企业、外国企业征收耕地占用税，内、外资企业的耕地占用税负担得到了统一。至此，中国构建起了由房产税、城镇土地使用税和耕地占用税组成的、崭新的房地产税保有税制体系。

第二节　我国房地产税制的现状

一、房地产税制体系概况

前已述及，房地产税制是指一个国家或地区的税收体系构成中与房地产有关的税种构成的税收制度的总称。房地产税制作为一个综合性的概念，其内容涵盖与房地产相关的一系列税种构成的税收体系。按照课税对象性质的不同归类，我国房地产税制包括房地产商品税制度、房地产财产税制度、房地产所得税制度和房地产其他税制度；按照房地产的状态又可以分为取得环节房地产税、持有环节房地产税、转让环节房地产税；按照房地产税的调控目的不同可以分为一般税收和特定目的的税收。

从课税对象的性质不同来看，我国房地产行业商品税主要是增值税税种，房地产所得税主要包括企业所得税和个人所得税；房地产资源税主要包括城镇土地使用税和耕地占用税；房地产财产税主要包括房产税和契税；行为和特定目的税主要包括印花税、城市维护建设税和土地增值税。从房地产所处的状态来看，房地产取得环节主要涉及耕地占用税、契税和印花税；房地产持有环节主要有房产税；房地产转让环节主要涉及增值税、契税、印花税、城市维护建设税、企业所得税和个人所得税。从调控目的来看，房地产行业增值税、企业所得税、个人所得税、耕地占用税、城镇土地使用税、房产税、印花税属于一般税，土地增值税和城市维护建设税属于特定目的税（表3-1）。

表3-1 　　　　　　　　　　我国目前房地产税制体系的构成

项目	商品劳务税	所得税	资源税	财产税	行为和特定目的的税
交易环节	增值税	企业所得税、个人所得税	耕地占用税	契税	印花税、城市维护建设税、土地增值税
持有环节	—	—	城镇土地使用税	房产税	

二、房地产税收制度现状

（一）交易环节税制

1. 增值税制度。

自2016年5月1日起，房地产行业商品税由营业税改征增值税，并于2016年3月24日由财政部、国家税务总局公布了《营业税改征增值税试点实施办法》《营业税改征增值税试点有关事项的规定》《营业税改征增值税试点过渡政策的规定》。在现行增值税课征制度中，对房地产的征税包括转让无形资产和销售不动产两个项目。按照增值税条例的规定，凡在境内转让的土地使用权、建筑物及附着物的单位和个人，均应缴纳增值税。转让建筑物有限产权或者永久使用权的，转让在建的建筑物或者构筑物所有权的以及在转让建筑物或者构筑物时一并转让其所占土地使用权的，按照销售不动产缴纳增值税。自 2018 年 5 月 1 日起，一般纳税人适用 10% 的税率，小规模纳税人适用 3% 的征收率，一些"营改增"以前没有完成的项目可以按照 5% 的征收率简易计税。"营改增"后，增值税制沿用了之前营业税对房地产转让的税收优惠政策，如个人将购买 2 年以上（含）的住房对外销售的，免征增值税，但是北京、上海、广州、深圳除外。

2. 企业所得税制度。

现行企业所得税的基本规范是 2007 年 3 月 16 日第十届全国人民代表大会第五次会议审议通过、2008 年 1 月 1 日开始实施的《中华人民共和国企业所得税法》。企业所得税以企业取得的应税所得为征税对象，以在中华人民共和国境内，企业和其他取得收入的组织为纳税人。企业所得税同时适用地域税收管辖权和居民税收管辖权，对居民企业来源于境内、境外的所得都征税，对非居民企业只就其来源于境内的所得征税。

企业所得税采用比例税率，法定基本税率为 25%。为了鼓励高新技术企业的发展，规定高新技术企业按 15% 的税率计税；[1] 为了解决小型微利企业的融资困境，规定对年所得不超过 100 万的小型微利企业按减 20% 的税率征税，并且所得减半计税。[2]

企业所得税实行按年计税，分月或分季预交，年终汇算清缴的管理办法。对有独立法人资格的分支机构一般分别计税，对不具有法人资格的分支机构，可以由总机构汇总纳税。

根据相关法律、法规、规章的规定，企业所得税规定了对于国债利息收入、居民企业之间的股息红利收入、非居民企业的股息红利收入、符合

① 《中华人民共和国企业所得税法》第二十八条，第二款。国家税务总局网站：http://hd. chinatax. gov. cn/guoshui/action/GetArticleView1. do? id = 3468&flag = 1

② 《中华人民共和国企业所得税法》第二十八条，第一款。国家税务总局网站：http://hd. chinatax. gov. cn/guoshui/action/GetArticleView1. do? id = 3468&flag = 1

条件的非营利组织的收入免税；对农林牧渔业项目收入、基础设施建设投资收入等从取得收入所属纳税年度起三年免税、三年减半征税的税收优惠。企业所得税法规定，对企业和其他组织在境内转让财产的收入征收企业所得税，这就意味着企业转让房地产取得的所得，需缴纳企业所得税。

3. 个人所得税制度。

现行个人所得税的基本规范是 2007 年 12 月 29 日第十届全国人民代表大会常务委员会第三十一次会议通过的《中华人民共和国个人所得税法》。个人所得税以居民纳税人来源于中国境内、中国境外的全部所得和非居民纳税人来源于中国境内的所得为征税范围，以中国公民自然人、个体工商业户以及在中国境内有所得的外籍人员包括无国籍人员、华侨、香港、澳门、台湾同胞为纳税人，采用分类征收的办法计征。个人所得税与企业所得税一样，同时适用地域税收管辖权和居民税收管辖权，对居民个人来源于境内、境外的所得都征税，对非居民个人只就其来源于境内的所得征税。居民和非居民身份是按照住所和居住时间划分的。[①]

个人所得税采用分类征收制，税率和费用扣除方法按所得项目不同分别确定。根据 2018 年个人所得税的改革计划，个人所得税会由分类征收逐步改革为分类综合相结合的计税办法，费用扣除标准会有所提高，同时，增加子女教育支出、个人后续教育培训支出、大病医疗支出、住房贷款利息支出等项目的税前扣除。个人所得税的改革有利于税制的进一步完善，逐步体现纳税能力原则，有利于提高中低收入群体的税后收入水平，一定程度上提高了纳税人的消费能力。

根据相关法律、法规、规章的规定，个人所得税规定了免征个人所得税、减征个人所得税和暂免征收个人所得税的相关优惠。个人所得税制明确规定了对纳税人转让财产取得的所得征税，而转让财产取得的所得涵盖了转让房地产取得的所得。

4. 耕地占用税制度。

现行耕地占用税制的基本规范是 2007 年 12 月 1 日国务院发布的《耕

---

① 参见《中华人民共和国个人所得税法》（2011 年）、《中华人民共和国个人所得税法实施条例》（2011 年）。

地占用税暂行条例》。耕地占用税以建房或从事其他非农业建设而占用的国家所有和集体所有的耕地为征税范围，以占用耕地建房或从事非农业建设的单位或个人为纳税人，以纳税人实际占用的耕地面积为计税依据，按照规定的适用税额一次性征收。

耕地占用税采用地区差别定额税率，人均耕地不超过 1 亩的地区（以县级行政区域为单位，下同），每平方米为 10～50 元；人均耕地超过 1 亩，但不超过 2 亩的地区，每平方米为 8～40 元；人均耕地超过 2 亩，但不超过 3 亩的地区，每平方米为 6～30 元；人均耕地超过 3 亩的地区，每平方米为 5～25 元。

根据相关法律、法规、规章的规定，耕地占用税规定了对于军事设施占用耕地学校、幼儿园、养老院、医院占用耕地免税，铁路线路、公路线路、飞机场跑道、停机坪、港口、航道占用耕地减按 2 元/平方米来征收，农村居民占用耕地新建住宅减半征税等税收优惠。

5. 契税制度。

现行契税的基本规范是 1997 年 10 月 1 日修订实施的《中华人民共和国契税暂行条例》。契税以在我国境内转移土地、房屋权属为征税范围，在我国境内转移土地、房屋权属承受的单位和个人为纳税人。

契税采用 3%～5% 的幅度比例税率计征，具体适用税率由各省、自治区、直辖市根据本地实际情况确定。

契税的计税依据为土地、房屋权属转移过程中的计税价格，对于土地、房屋权属交易有交易价格且合理的，以交易价格为计税依据；交易价格明显偏低、又没有正当理由的以及没有交易价格的，按照评估价格计税。对于房地产交换的行为，如果是等价交换，双方均不增加财产价值，故不需计税；如果不等值的房地产进行交换，由支付补价的一方以支付的补价为基础缴纳契税。

根据相关法律、法规、规章的规定，契税规定了对于国家机关、事业单位、社会团体、军事单位承受土地、房屋权属免税，城镇职工第一次购买公有住房免税，企业改制、重组承受土地、房屋权属免税等税收优惠，如两个或两个以上的企业，依据法律规定、合同约定；合并改建为一个企业，对其合并后的企业承受原合并各方的土地、房屋权属，免征契税。

6. 印花税制度。

现行印花税的基本规范是 1988 年 8 月 6 日国务院发布的《中华人民共和国印花税暂行条例》。印花税以税法明确列举的各类经济凭证为征税范围，以在境内书立、使用、领受印花税法所列举的凭证并应依法履行纳税义务的单位和个人为纳税人。印花税的征税范围采取正列举方式设置，列举在应税凭证范围的就征税，没有列举在应税凭证范围的就不征税。

印花税是一种行为税，采用比例税率和定额税率两种形式。印花税税目中的"产权转移书具"涵盖了对订立房地产产权转移书具的范围。由于印花税的行为税特征，比例税率部分按照凭证所载金额作计税依据，定额税率征税的税目按件计税贴花。

根据相关法律、法规、规章的规定，印花税规定了对个人购买或销售房地产签订合同的行为暂时免征印花税的税收优惠。

7. 城市维护建设税。

现行城市维护建设税的基本规范是 1985 年 2 月 8 日国务院发布并于同年 1 月 1 日实施的《中华人民共和国城市维护建设税暂行条例》。城市维护建设税以城市、县城和建制镇以及税法规定征收的"增值税、消费税"（条例原文为"三税"，"营改增"之前含营业税）的其他地区为征税范围，以负有缴纳"增值税、消费税"义务的单位和个人为纳税人，增值税、消费税的代扣代缴、代收代缴的义务人同时也是城市维护建设税的代扣代缴、代收代缴的义务人。

自 2010 年 12 月 1 日起，外商投资企业、外国企业及外籍个人适用《城市维护建设税暂行条例》，按规定缴纳城市维护建设税。

自 2016 年 5 月 1 日起，按照《中华人民共和国城市维护建设税暂行条例》和"营改增"的规定，城市维护建设税的纳税人是在征税范围内从事工商经营，缴纳"增值税、消费税"的单位和个人。任何单位或个人，只要缴纳"增值税、消费税"中的一种，就必须同时缴纳城市维护建设税。城市维护建设税采用的地区差别税率进行征收，市区为 7%，县城和建制镇为 5%，其他地区为 1%。

根据相关法律、法规、规章的规定，城市维护建设税规定了对于下岗失业人员再就业、城镇退役士兵自谋职业、金融业务、后勤保障服务、特殊工程等方面的税收优惠。

8. 土地增值税制度。

现行土地增值税的基本规范是 1993 年 12 月 13 日国务院发布、1994 年 1 月 1 日起实施的《土地增值税暂行条例》。土地增值税以有偿转让国有土地使用权及地上建筑物和其他附着物产权并取得收入的行为为征税范围，以转让国有土地使用权、地上的建筑及其附着物并取得收入的单位和个人为纳税人，对转让国有土地的使用权、地上的建筑及其附着物产生的土地增值额计税。

增值额是以纳税人转让国有土地使用权、地上的建筑及其附着物取得的收入为基础，扣除税法允许扣除的项目计算得出。国有土地使用权的转让、房地产企业开发房产销售以及存量房产的销售，税法规定的扣除项目有所不同。国有土地使用权转让的扣除项目包括取得土地使用权支付的地价款和相关税费、转让土地使用权支付的税费；房地产企业开发房产销售以及存量房产销售的扣除项目包括取得土地使用权支付的地价款和相关税费、房地产开发成本、房地产开发费用、房地产转让涉及的相关税金和附加扣除；存量房产销售的扣除项目包括旧房及建筑物的评估价格、存量房产转让涉及的相关税金。

土地增值税实行四级超率累进税率，以土地增值率（增值额/扣除项目金额）为标准确定适用税率。土地增长率不超过 50% 的，对应增值额按照 30% 税率计税；土地增长率超过 50% 但不超过 100% 的部分对应增值额，按照 40% 税率计税；土地增长率超过 100% 但不超过 200% 的部分对应增值额，按照 50% 税率计税；土地增长率超过 200% 的部分对应增值额，按照 60% 税率计税。

根据相关法律、法规、规章的规定，土地增值税规定了对于建造普通标准住宅土地增值率不超过 20% 的，免税；对国家征用收回房地产免税；个人转让房地产暂时免征土地增值税等税收优惠。

（二）持有环节税制

1. 房产税制度。

（1）房产税的基本规范。现行房产税的基本规范是 1986 年 9 月 15 日国务院发布的《中华人民共和国房产税暂行条例》。房产税以城市、县城、建制镇和工矿区为征税范围，以房屋为征税对象，以在征税范围内的房屋产权所有人和管理人为纳税人。自 2009 年 1 月 1 日起，外商投资企业、外国企业和组织以及外籍个人不再适用房地产税，依照规定缴纳房产税。

房产税的计税方法分为从价计征和从租计征两种形式。从价计征的，以房产余值为计税依据，房产余值的计算方法是以房产原值为基础的，一次减除 10% ~30% 后的剩余价值。具体减除比例由各省、自治区、直辖市根据本地的实际情况确定；从租计征的，以房产租金收入为计税依据。房产税适用比例税率计税，从价计征的，税率为 1.2%；从租计征的，税率为 12%。

房产税采取按年计税、分期缴纳的征收管理办法。根据相关法律、法规、规章的规定，房产税规定了对机关团体、事业单位、军队自用的房产，宗教、寺庙、名胜古迹自用的房产以及个人所有的居住性房产免税。

（2）房产税改革试点。近年来，随着城镇化的不断推进以及经济的高速发展，房地产价格也水涨船高，尤其是一、二线城市中，高档住宅房价的上涨，拉动了各地区房地产价格的快速上升。为了加大对房地产市场的政策干预力度，2011 年 1 月 27 日，国务院召开常务会议，同意在部分城市进行对居民住房征收房产税的改革试点，具体征收办法由试点省、自治区、直辖市人民政府从实际出发研究、制定和部署。当日，上海和重庆宣布从次日起试点征收住房的房产税。重庆市政府出台了《重庆市人民政府关于进行对部分居民住房征收房产税改革试点的暂行办法及实施细则》，上海市政府出台了《上海市开展对部分居民住房征收房产税试点的暂行办法》及《上海关于本市居民住房房产税征收管理事项公告》，具体征收办法（见表 3 -2）。

表 3 – 2   上海、重庆房产税改革试点制度概览

税制要素	上海	重庆
实施范围	上海市行政区域	主城行政区（9 个）
征税对象	上海居民家庭新购第二套及以上住房； 非上海居民家庭的新购住房	个人拥有的独栋商品住宅 个人新购的高档住房（高档住房指建筑面积交易单价达到上两年主城 9 区新建商品住房成交建筑面积均价 2 倍以上的住房） 在重庆市同时无户籍、无企业、无工作的个人新购第二套（含）以上住房
纳税人	房产税纳税人为应税住房产权所有人，产权所有人为未成年人的，由其法定监护人代为纳税	纳税人房产税纳税人为应税住房产权所有人，产权所有人为未成年人的，由其法定监护人代为纳税
税率	比例税率 税率暂定 0.6% 若应税住房的价格较上一年度新建住房平均销售价格高 2 倍以上，税率减为 0.4%	全额累进税率 独栋商品住宅和高档住房建筑面积交易单价在上两年主城 9 区新建商品住房成交建筑面积均价 3 倍以下的住房，税率为 0.5%；3 倍（含 3 倍）至 4 倍的，税率为 1%；4 倍（含 4 倍）以上的税率为 1.2% 在重庆市同时无户籍、无企业、无工作的个人新购第 2 套（含第 2 套）以上的普通住房，税率为 0.5%
计税依据	应税建筑面积 × 交易单价 × 70%	应税建筑面积 × 交易单价
税收优惠	免税面积为每人 60m²，即本市居民家庭在本市新购且属于该居民家庭第 2 套及以上住房的，合并计算的家庭全部住房面积人均不超过 60m²	免税面积的扣除以家庭为单位，1 个单位的家庭只能享受 1 套应税住房的免税面积扣除 存量独栋商品住宅，免税面积为 180m²，新购独栋商品住宅、高档住宅，免税面积为 100m² 同时无户籍、无企业、无工作个人的应税住房均不扣除免税面积

资料来源：2011 年 1 月《重庆市人民政府关于进行对部分居民住房征收房产税改革试点的暂行办法及实施细则》；

2011 年 1 月《上海市开展对部分居民住房征收房产税试点的暂行办法》以及《上海关于本市居民住房房产税征收管理事项公告》。

　　总体而言，上海、重庆两地的房产税改革试点，对于改变社会住房消费习惯，防止住房囤积以及对于调节收入分配，减少贫富差距都具有一定的积极意义，但是，在两市的改革方案里我们也能够看出一些不足。重庆实施的是豪宅与高价房惩罚税；而上海的房产税目标指向过度投资性购房。二者共同的缺点就是征收范围不足，均没有触及到存量房，且实际税

率偏低,这使得房产税对房地产的影响更多的是象征意义。因此,房产税试点也仅是试点,不具有推广价值。

2. 城镇土地使用税制度。

现行城镇土地使用税的基本规范是 2006 年 12 月 31 日国务院发布的《中华人民共和国城镇土地使用税暂行条例》。城镇土地使用税以城市、县城、建制镇和工矿区内的国家所有和集体所有的土地为征税对象,以在城市、县城、建制镇、工矿区范围内使用土地的单位和个人为纳税人。自 2007 年 1 月 1 日起,外商投资企业、外国企业缴纳城镇土地使用税。

城镇土地使用税采用差别幅度定额税率,按大、中、小城市和县城、建制镇、工矿区分别规定每平方米土地使用税的年应纳税额。自 2007 年 1 月 1 日起,大城市适用税率为 1.5 ~ 30 元/平方米;中等城市适用税率为 1.2 ~ 24 元/平方米;小城市适用税率为 0.9 ~ 18 元/平方米;县城、建制镇、工矿区适用税率为 0.6 ~ 12 元/平方米。各省、自治区、直辖市人民政府,应当在暂行条例规定的税额幅度内,根据市政建设状况、经济繁荣程度等条件,确定所辖地区的适用税额幅度。市、县人民政府应当根据实际情况,将本地区的土地划分为若干等级,在省、自治区、直辖市人民政府确定的税额幅度内,制定相应的适用税额标准,报省、自治区、直辖市人民政府批准执行。

根据相关法律、法规、规章的规定,城镇土地使用税规定了对机关团体、事业单位、军队自用土地军队、武警、国防等单位的自用土地、公共用地、农业用地免税的优惠政策。

城镇土地使用税实行按年计税、分期缴纳的征收管理办法。但是,城镇土地使用税采用定额税率形式,与土地价格不挂钩,对调节土地资源的利用方面效果有限。

第四章

"营改增"对房地产税制的影响

第一节　"营改增"的历程和政策效应

一、"营改增"的历程

1994 年，税制改革将产品税停征，在全国范围内实施规范的增值税，形成了增值税与营业税并行的流转税结构。基于当时的历史背景，我国服务业和劳务发展较落后，与增值税分开征税且分行业设计税率，意欲是对不同行业实行有差别的税收政策。对需要鼓励发展的行业，设计较轻的税率，如交通运输行业、建筑业、文化体育业、邮电通信业税率仅为 3%；对不需要激励发展的行业实行较高的税率，如娱乐业税率为 5% ~ 20%，在营业税实施历程中税率最高；其他行业，如销售不动产、转让无形资产、金融业和其他服务业，税率为 5%。不同的税收政策有利于实现国家的调控目标，同时比例税率形式也有利于同行业的不同规模企业之间的公平竞争。与营业税并行的增值税的名义税率为 17% 的一般税率和 13% 的低税率结构，小规模纳税人的征收率为 6% 或 4%，6% 适用于生产性的小规模企业，4% 适用于商业性的小规模企业。2009 年开始征收率统一为 3%，适用于所有的小规模企业。从形式上来看，营业税的税率远低于增值税，但是，营业税的计税方法与增值税不同，增值税是对增值额征税，而营业税是对营业收入全值征税，没有进项税扣除。有专家测算，增值税

65

纳税人在销项税扣除进项税之后的实际平均税负为3%左右，因此，营业税的实际税负并不比增值税低。而且，增值税和营业税的纳税人在经营范围上会有流通环节上的衔接或交叉，对于购买或接受营业税课征范围的劳务，由于无法取得增值税专用发票，从而不能抵扣进项税额，导致抵扣链条的不连续，同时营业税的全职征税也可能导致重复征税，从而造成营业税实际税负高于名义税率的情况。因此，营业税改增值税，是避免重复征税、完善增值税计税方法的必要条件，也是简化税制、公平税负的必然要求。

2011年，经国务院批准，财政部、国家税务总局联合下发营业税改增值税试点方案。营业税改增值税的进程，大致经历了以下三个阶段。

第一阶段：部分行业，部分地区。2011年11月16日，财政部和国家税务总局发布《关于在上海市开展交通运输业和部分现代服务业营业税改征增值税试点的通知》规定：2012年1月1日起，率先在上海实施"1+6"行业营改增试点，包括部分交通运输业（陆路、水路、航空、管道运输）和部分现代服务业（研发、信息技术、文化创意、物流辅助、有形动产租赁、鉴证咨询等）。2012年7月31日，财政部、国家税务总局发布《关于在北京等8省市开展交通运输业和部分现代服务业营业税改征增值税试点的通知》规定，将交通运输业和部分现代服务业营业税改征增值税试点范围，由上海市分批扩大至北京市、天津市、江苏省、安徽省、浙江省（含宁波市）、福建省（含厦门市）、湖北省、广东省（含深圳市）8个省（直辖市）。文件规定，北京市应当于2012年9月1日完成新旧税制转换；江苏省、安徽省应当于2012年10月1日完成新旧税制转换；福建省、广东省应当于2012年11月1日完成新旧税制转换；天津市、浙江省、湖北省应当于2012年12月1日完成新旧税制转换。

第二阶段：部分行业，全国范围。2013年5月24日，财政部、国家税务总局发布《关于在全国开展交通运输业和部分现代服务业营业税改征增值税试点税收政策的通知》规定，自2013年8月1日起，在全国范围内开展交通运输业和部分现代服务业营改增试点。文件规定，应税服务范围包括陆路运输服务、水路运输服务、航空运输服务、管道运输服务、研发和技术服务、信息技术服务、文化创意服务、物流辅助服务、有形动产租赁服务、鉴证咨询服务、广播影视服务；2013年12月12日，财政部、国家税务总局发布《关于将铁路运输和邮政业纳入营业税改征增值税试点的通知》规定，自2014年1月1日起，在全国范围内开展铁路运输和邮政业"营改增"试点。至此交通运输业已全部纳入营改增范围；2014年4月29日，财政部、国家税务总局发布《关于将电信业纳入营业税改征增值税试点的通知》规定，将电信业纳入"营改增"试点范围。至此，纳入营改增试点的行业范围均实现了全国范围实施。

第三阶段：所有行业，全国范围。2016年3月18日，国务院总理李克强主持召开国务院常务会议，部署全面推开"营改增"试点工作，进一步减轻企业税负。决定从2016年5月1日起，将试点范围扩大到建筑业、房地产业、金融业、生活服务业，并将所有企业新增不动产所含增值税纳入抵扣范围，确保所有行业税负只减不增。至此，"营改增"试点在全国范围全面推开，营业税从此退出了历史舞台，增值税制度将更加规范。

为了弥补"营改增"后地方政府税收收入的急剧下降，2016年4月30日，国务院发布了《全面推开营改增试点后调整中央与地方增值税收入划分过渡方案》，明确以2014年为基数来核定中央返还和地方上缴基数，所有行业企业缴纳的增值税均纳入中央和地方共享范围，中央分享增值税的50%，地方按税收缴纳地分享增值税的50%，过渡期暂定2~3年。这是自1994年分税制改革以来，财税体制的又一次深刻变革。

二、"营改增"的政策效应

长期以来，较长时间内确实促进了我国经济的发展。但随着我国经济体制的不断转型，营业税重复征税的弊端日益凸显，其阻碍社会精细化分工的消极作用已经不容忽视。同时，营业税与增值税并行的流转税体制也阻碍了我国税收体制的进一步完善。因此，我国政府提出了"营改增"这一重大举措，旨在解决税制结构不合理问题，达成我国结构性减税、产业升级、优化税制等政策效应的重大使命。

（一）简化、优化税制效应

"营改增"的制度效应是优化、简化税制，核心内容是消除重复征税，创造公平、和谐的税收环境。长期以来，按全额征收的营业税存在重复征税的可能性缺陷。实施"营改增"后，所有行业采用相同的计税原理，消除原本可能出现的生产经营过程中的重复征税和企业间经济交往过程中的重复征税情况。比如，服务企业外购货物和服务缴纳的增值税允许抵扣，从而消除企业生产经营过程中的重复征税；服务企业为下游企业提供服务发生的增值税，由下游企业抵扣，从而消除产业交往中的重复征税。

"营改增"前，我国实行增值税和营业税并行的税制结构，由于增值税和营业税的征收范围、税率和计税依据不同，税收负担自然存在较大差异。在统一的市场经济下，针对不同产业分别适用两个不同税种，既不公平，也不合理。全面实施"营改增"，对所有行业适用同一税种，采取同样的计税方法，有利于构建公平税负、平等竞争的税收环境。

同时，全面实施营改增有利于优化我国整体税制结构。我国虽然在1994年就提出了以流转税和所得税为主体，构建双主体的税制结构。但是，我国目前税收收入结构中流转税占比依然较大。流转税虽然具有稳定收入、计税简便、利于征管的优势，但同时存在税收调节功能的缺陷，不能有效调节财富分配，不利于社会公平效应的发展。对同行业按统一税率征收，对于利润率低的企业税负会偏重，而对于利润率高的企业税负可能偏低。而所得税由于按企业所得收益或个人所得收益征税，可以弥补流转税的经济调节特别是财富分配调节的缺憾。因此，"营改增"后，随着企业流转税负的降低，可为直接税改革预留空间，以实现降低间接税比重，提高直接税比重，优化我国税制结构目标。

（二）减税效应

我国结构性减税是以"营改增"为核心内容，逐步减轻企业负担，优化税收营商环境，推动企业轻装发展和产业结构的转型升级。"营改增"的减税效应可分为试点企业直接减税和下游企业间接减税两种情况，前者可称为企业减税，后者可称为产业减税。

"营改增"的目的之一是消除重复征税，直接减轻企业税负。营改增之前，大多数劳务、服务业征收营业税，服务企业从上游企业购入材料和设备所承担的增值税不能在服务业营业税中抵扣，服务企业向服务企业购买服务承担营业税不能抵扣，以及工商企业购买服务因不能获取专用发票不能抵扣税款，从而形成企业性重复征税。"营改增"后，避免了服务企业与服务企业之间、工商企业与服务企业之间的重复征税，直接减轻企业税收负担。但是，"营改增"对不同企业带来的减税影响是不一样的，据调查统计，大部分企业的税负呈下降趋势，也有小部分企业由于与营业税相比税率提高、获取抵扣税款的凭证不足、企业管理水平不高、财务人员对税法掌握不精等原因，出现税负不降反增的情况。这些企业需要尽快提高财务人员的素质和企业管理水平，进一步熟悉增值税的相关规定，掌握增值税的计税方法，尽可能多地获取增值税抵扣凭证，保证购进的进项税抵扣充分，如有需要还可以与主管税务机关充分交流，破解税负不降反增的难题，尽享"营改增"的减税效应红利。

另外，"营改增"通过减轻企业税负，提高企业发展能力，进一步实现产业结构的优化和转型升级。"营改增"前，由于工商企业长期购买服务而无法获取增值税抵扣凭证，所以也存在重复征税问题。"营改增"打通了所有行业的进项税抵扣壁垒特别是工商业和服务业之间的计税方法的统一，使下游增值纳税人由取得营业税发票不能抵扣改为取得增值税发票可抵扣，从而避免了产业重复征税，减轻了产业间的税收负担。

据统计，实施"营改增"以来，减税效应明显。财政部、国家税务总局 2016 年 3 月 18 日公布的数据显示，截至 2015 年底，营改增已累计实现减税 6412 亿元，其中，试点纳税人因税制转换减税 3133 亿元，原增值税纳税人因增加抵扣减税 3279 亿元。全国营改增试点纳税人达到 592 万户，其中一般纳税人 113 万户，小规模纳税人 479 万户。[1] 国家税务总局统计数据显示，2016 年营改增实现减税 5736 亿元，2017 年实现减税 9186 亿元。[2] 2018 年 3 月 28 日，国务院总理李克强主持召开国务院常务会议，确定深化增值税改革的措施，进一步减轻市场主体税负。会议决定，从 2018 年 5 月 1 日起，将制造业等行业增值税税率从 17% 降至 16%，将交通运输、建筑、

---

[1] 人民日报，营改增累计减税 6412 亿元，2016 年 3 月 19 日。
[2] 税务总局：2017 年营改增减税 9186 亿元，中国新闻网第一财经，2018 年 2 月 1 日，https://www.yicai.com/news/5397325.html。

基础电信服务等行业及农产品等货物的增值税税率从 11% 降至 10%，预计全年可减税 2400 亿元。其次，统一增值税纳税人分类标准。将工业企业和商业企业小规模纳税人的年销售额标准由 50 万元和 80 万元上调至 500 万元以下，并在一定期限内允许已登记为一般纳税人的企业转登记为小规模纳税人，让更多企业享受按较低征收率计税的优惠。另一个重大变化是对装备制造等先进制造业、研发等现代服务业符合条件的企业和电网企业在一定时期内未抵扣完的进项税额予以一次性退还。实施上述三项措施，全年预计将减轻市场主体税负超过 4000 亿元，内外资企业都将同等受益。"营改增"以及后续的增值税改革总体上实现了所有行业税负的只减不增。①

（三）"营改增"的产业结构转型效应

"营改增"的全面实施，使税制更加中性，能够进一步推动我国产业结构优化、产业层次提升和企业转型。长期以来，在我国经济结构的发展过程中，第二产业占据主体地位。近年来，第二产业增长处于下行调整中，第三产业比重明显上升。"营改增"的实施，将全部服务业纳入增值税管理，减轻了企业的税收负担，更有利于提升第三产业的服务企业发展质量。对于第二产业的企业来说，经过长期的发展，竞争越来越激烈，随着第三产业的经济贡献率越来越高，第二产业面临重新洗牌的境遇，高质量发展、高科技含量的企业会越来越壮大，而能耗高、污染重、传统工业企业面临被替代的风险。随着"营改增"政策效应的持续深化，对产业结构优化和转型升级的推动作用将会越来越明显。

理论上来说，"营改增"对新兴产业和传统行业影响性质相同，但不同层次的产业、行业从"营改增"改革中获益有所差异。总体来说，产业层次和技术含量高的现代商业和服务企业得益大于产业层次和技术含量低的传统商业和服务企业。由于从事新兴产业的企业经营网络构建，服务、经营规模的扩大、所需设备的选购，大多处于投入阶段，从而能获得较多的可抵扣进项税额，在"营改增"过程中收益较大。在大数据广泛发展的时代，利用信息技术和网络平台从事服务业的企业也是"营改增"改革的获益者。

---

① 国务院常务会议（2018 年 3 月 28 日），中国政府网 http://www.gov.cn/guowuyuan/gwyc-why/20180328c04/。

"营改增"对企业组织结构和组织方式的创新驱动、转型发展也具有积极的推进作用。"营改增"后，所有企业都适用多环节征税、多环节扣税的计税原理，避免了重复征税的弊端和由于分工过细而税负沉重的问题，相比于全职征税的营业税，有利于企业改变组织结构和组织方式，加快企业间的分工合作，提高规模收益。因此，"营改增"有利于企业内部服务部门的独立发展。虽然由企业外部提供服务仍要由提供服务企业缴纳增值税，但可以由接受服务企业从增值税进项税中抵扣，使内部提供服务还是外部提供服务不影响企业税负，有利于企业内部服务部门从生产企业中分离，提高企业发展的活力。同时有利于企业做强主业，促进经营规模扩大，提升规模经济效益，促进企业的可持续发展。

全面实施"营改增"，一方面，实现了增值税对货物和服务的全覆盖，消除了重复征税弊端，打通了增值税的抵扣链条，促进了社会分工协作，有力地支持了服务业的发展和制造业的转型升级；另一方面，将不动产纳入抵扣范围，比较完整地实现了规范的消费型增值税制度，有利于扩大企业投资，增强企业经营活力。有利于完善和延伸第二、第三产业增值税的抵扣链条，促进第二、第三产业融合发展。此外，"营改增"有利于增加就业岗位，有利于建立统一的货物和劳务领域的增值税出口退税制度，全面改善我国的出口税收环境。

"营改增"对地方税收体系产生了较大影响，之前起着地方税主体税种功能的营业税退出了历史舞台，而增值税属于中央、地方共享税，因此，"营改增"改变了地方税收收入的来源，也会对房地产行业的税负产生影响。

第二节 "营改增"对房地产行业的影响

一、房地产行业的发展和税收负担情况

（一）房地产行业的发展情况

自我国实行市场经济以来，特别是1998年住房货币化以来，房地产市场空前繁荣，无论是从房地产开发企业的数量增长，还是商品房的开发和销售

情况，都出现了史无前例的发展速度，对我国经济的发展做出了重要贡献。

首先，参与房地产建设的企业越来越多，1998 年房地产开发企业数量为 2 万多家，到 2016 年，房地产开发企业数量增长到 9 万多家（见图 4 - 1）；其次，房地产开发面积和销售面积不断增长，1995 ~ 2016 年房地产开发竣工面积达 1253831. 56 万平方米（见图 4 - 2）。商品房销售面积同步增长，1998 年商品房销售面积 12185. 3 万平方米，2016 年增长到 157348. 53 万平方米（见图 4 - 2）。房地产销售收入呈现出相同的增长趋势，1998 年商品房销售额 25133027 万元，2016 年增长到 1176270475 万元（见图 4 - 3）。

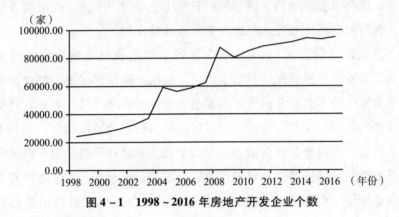

图 4 - 1 1998 ~ 2016 年房地产开发企业个数

资料来源：Wind 数据库。

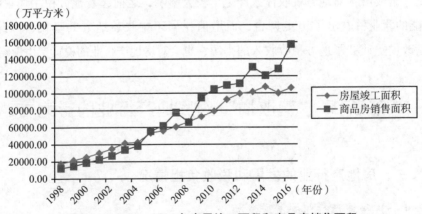

图 4 - 2 1998 ~ 2016 年房屋竣工面积和商品房销售面积

资料来源：Wind 数据库。

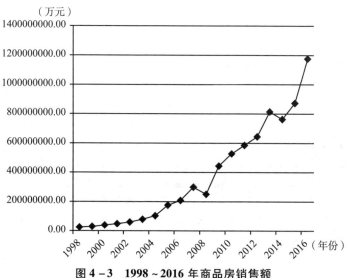

图 4 - 3   1998 ~ 2016 年商品房销售额

资料来源：Wind 数据库。

从产业结构的发展来看，房地产行业对第三产业的发展起着重要的拉动作用。改革开放以来，我国经济发展呈现出高速增长态势，连续多年经济总量呈现出 7% 以上的增长。在我国经济总量高速发展的过程中，产业结构和经济结构不断优化，三次产业对经济发展的贡献率也在发生着重大变化，第一产业和第二产业在国民经济发展中的贡献占比不断下降，而第三产业对国民经济发展的贡献占比逐渐上升。据统计年鉴数据显示，1995年三次产业贡献率分别为 8.7%、62.8%、28.5%，到 2017 年，三次产业对经济发展的贡献率分别为 4.4%、37.4%、58.2%。从 1978 ~ 2016年，以不变价格计算的国内生产总值指数来看，国内生产总值指数由1978 年的 100 增长到 2016 年的 3229.7，增长了 32.3 倍。其中，第三产业由 1978 年的 100 增长到 2016 年的 4481.87，增长了 44.82 倍，第三产业中发展较快的当属金融业、住宿和餐饮业、房地产业，金融业增长了87.6 倍、住宿和餐饮业增长了 51.8 倍、房地产业增长了 44.8 倍。

房地产行业在第三产业的产值增加值构成也由 1998 年的 10.9% 提升到了 2016 年的 12.6%。从整体产业结构来看，房地产行业生产总值占国内生产总值的比重由 1998 年的 3.5% 提高到 2016 年的 6.16%（见图 4 - 4）。

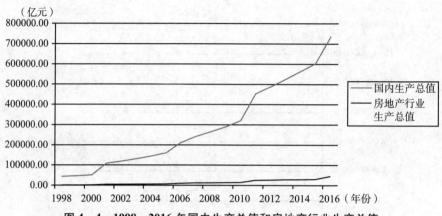

图 4 – 4　1998 ~ 2016 年国内生产总值和房地产行业生产总值

资料来源：Wind 数据库。

　　房地产投资数据也显示，房地产开发增长迅速，1997 ~ 2016 年，房地产开发年度投资增长了 31.3 倍，年均增长 156%。其中，住房投资额增长较快，1997 ~ 2016 年，房地产开发住房年度投资额增长了 43.6 倍，年均增长 218%；商业用房完成投资额缓慢增长，1997 ~ 2016 年，房地产开发商业用房年度投资额增长了 36.2 倍，年均增长 181%。从投资结构来看，住房投资占比较大，1997 ~ 2016 年，住房开发年度完成投资额占比均在 78% 以上，最高位 2008 年住房开发年度完成投资额占比为 87%（见图 4 – 5、见图 4 – 6）。

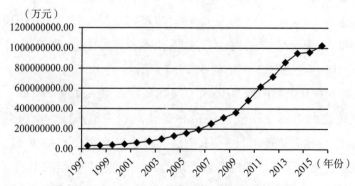

图 4 – 5　1997 ~ 2016 年房地产开发年度投资情况

资料来源：Wind 数据库。

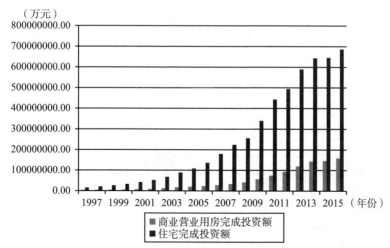

图 4-6　1997~2016 年房地产开发商业用房和住房年度投资情况

资料来源：Wind 数据库。

（二）房地产行业的税收负担情况

我国的税制结构体系中涉及房地产行业的税种有耕地占用税、城镇土地使用税、增值税、城市维护建设税、教育费附加、印花税、土地增值税、企业所得税、契税、个人所得税和房产税。其中，耕地占用税、增值税、城市维护建设税、教育费附加、土地增值税、契税、印花税主要是在房地产开发建设环节和交易环节征收；企业所得税、个人所得税是对房地产的交易收益进行征税；而对房地产持有环节征收的税种只有房产税和城镇土地使用税。

从房地产行业的经营特点来看，从对土地的开发，到房产的销售，房地产企业经营链条长，经营过程中涉及多个行业，建筑业、建材业、交通运输业、金融业、现代服务业等，这些行业存在的税务问题都会对房地产企业产生影响。房地产的上游企业资质不够、发票不合规等因素都会造成房地产企业的税务成本增加。同时，房地产企业产业链条长，涉及范围广，房地产企业的发展会带动上下游企业的发展，房地产企业存在的问题也会波及上下游企业。因此，房地产行业的税收构成及影响因素较为复杂。

房地产行业税收的总体贡献率在不断增加（见图 4-7），特别是"营改增"后，地方政府独立的税收收入锐减，分享收入增加。虽然分享收入一定程度上能够暂时弥补独立收入的下降，但是长期来看，不利于地方税制的完善和对地方经济的调节。"营改增"前，营业税在地方政府税收收入中占比最大，房地产行业税收对地方政府的财力支撑作用不明显。"营改增"后，房地产行业税收的贡献愈发显著。

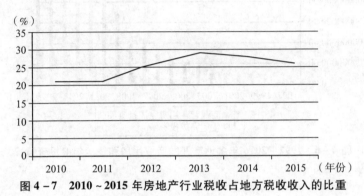

图 4 - 7　2010~2015 年房地产行业税收占地方税收收入的比重

资料来源：Wind 数据库，中国统计年鉴 2011~2016 年。

在房地产行业发展的过程中，由于我国长期以来"重流通、轻保有"的房地产税制结构，房地产开发企业的税收贡献最大。近年来，随着房价的攀升，房地产市场的繁荣，房地产开发企业的主营业务税金及附加保持着持续增长态势，由 2007 年的 1660.3 亿元增长至 2016 年的 6651.62 亿元，税额增长了 3 倍。房地产开发企业的税额增长与房价的攀升存在一定关系，但房价不是影响房地产企业税负的唯一因素。2007~2012 年，房地产开发企业税负呈现上升态势，至 2012 年到达峰值 9.04%，2012 年，我国开始推行"营改增"试点，并且对房地产实行了限购政策，此后，房地产开发企业税负逐渐下降，至 2016 年降至为 7.38%。2011~2016 年，全国税收收入平均为 117120.64 亿元，其中，房地产开发企业税收收入平均为 5927.5 亿元，占全国税收收入的 5.06%。2007~2016 年的十年间，房地产开发企业税收收入占全国税收收入总额的比例总体呈现上升趋势，房地产开发企业为我国税收收入做出了重要贡献（见表 4 - 1）。

房地产行业的税收贡献构成主要是房地产开发企业，"营改增"会影响到 9 万多家房地产开发企业的税收负担，因此，本部分内容分析"营改增"对房地产开发企业税负的影响。

表 4-1

房地产开发企业税负

指标	2007 年	2008 年	2009 年	2010 年	2011 年	2012 年	2013 年	2014 年	2015 年	2016 年
房地产开发业主营业务收入（亿元）	23397.13	26696.84	34606.23	42996.48	44491.28	51028.41	70706.67	66463.8	70174.34	90091.51
房地产开发业主营业务税金及附加（亿元）	1660.3	1829.2	2585.49	3464.66	3832.98	4610.87	6204.18	5968.43	6202.38	6651.62
各项税收（亿元）	45621.97	54223.79	59521.59	73210.79	89738.39	100614.3	110530.7	119175.3	124922.2	130360.7
房地产开发企业税负（%）	7.10	6.85	7.47	8.06	8.62	9.04	8.77	8.98	8.84	7.38
房地产开发企业税收收入占国家税收收入比重（%）	3.64	3.37	4.34	4.73	4.27	4.58	5.61	5.01	4.96	5.10

资料来源：国家统计局网站（2007～2016 年）。

二、"营改增"对房地产开发企业税负的影响

（一）已有研究成果对"营改增"影响房地产行业税负的预期

"营改增"后，对于我国房地产企业的税收负担变化，不同的学者提出不同的观点。大多数学者认为"营改增"降低了房地产企业的税收负担；也有学者认为"营改增"对房地产企业的税负影响不能一概而论，大部分企业能够适应税收环境变化，利用好改革时期的税收政策，有效降低了企业税收负担，但存在部分房地产企业的税负增长；还有部分研究认为"营改增"前后房地产企业的税负变化不明显。

彭晓杰、王安华、肖强（2015）选取10家上市公司财务数据作为样本，假设"营改增"后，房地产企业增值税税率为11%且增值税进项税均可以抵扣的情况下，通过分析认为房地产行业在"营改增"后税负会有较大幅度下降、长期内房地产企业的净利润将上升、现金流量也有不同程度的增长。刘晓伟（2017）随机选取了35家房地产上市公司数据，通过对其进行实证分析得出，房地产企业税负和经营情况与"营改增"的相关度较小，税制改革没有改善企业的税负情况及经营状况。王希霞（2016）认为，"营改增"后房地产企业的税负或降低，或维持不变，企业应组织财务人员进行政策培训，加强财务管理，以保证获得改革政策红利。尉潇（2016）通过分析"营改增"后房地产企业的税收政策，根据其经营流程指出，房地产企业在按11%税率缴纳增值税的前提下，土地出让成本能否在税前扣除是改革后企业税负轻重的关键。

李钊（2017）通过定量研究认为房地产开发企业销售成本高于销售额的48.28%或低于销售额的46.97%时，"营改增"改革能够有效降低企业税负，而当销售成本处于46.97%～48.28%之间时，税负不降反增。由此得出，房地产开发企业应做好经营成本控制，否则无法享受税制改革带来的政策红利。孙作林（2015）认为，房地产业在"营改增"后，在征收率为3%的情况下，可以起到降低企业税负、提高利润的目的。姬昂（2017）认为，"营改增"后房地产企业的整体税负取决于营业收入、营业成本、成本中可扣除结构比的实际数值，通过设立模型，找出营业收入

与总税负的平衡点,即当营业收入等于3.154倍的营业成本时,流转税税制的改革对房地产企业影响较小。当营业收入大于营业成本的3.154倍时,企业可以考虑进行业务拆分,从而选择小规模纳税人纳税,实现企业降低整体税负的目的。刘才义(2017)以模拟数据的方法,在假设土地成本能够完全扣除的情况下,认为企业总体税负在"营改增"前后没有太大变化。

章强(2017)认为,降低"营改增"后房地产企业的税收负担,应选择具有正规资质的施工单位合作。增值税进项税额能否抵扣是影响房地产企业税负的一个重要因素,选择具有资质的企业合作,一方面,可以保证施工进度;另一方面,可以确保获得增值税专用发票。李钊(2017)提出,在"营改增"过渡时期,房地产企业应积极了解税收政策,根据企业业务的具体特点,比较一般计税方法与简易计税方式的不同,选择适当的计税方式。王玥菡(2016)分析房地产开发成本对房地产的税负及现金流量的影响情况,认为房地产企业可以通过将工程建设时期的成本平均摊开,以寻求进项税额与销项税额之间的平衡,提高税额的货币时间价值。刘才义(2017)认为,"营改增"后房地产企业应重视对财务人员的专业资质培训,提升财务人员的风险防范意识,避免因从业人员的不专业而增加纳税风险,给企业带来不必要的行政处罚。

(二)"营改增"后房地产开发企业税负变化的理论分析

"营改增"后,房地产开发企业缴纳的流转税由营业税变为增值税,流转税的税收环境发生变化。在征收营业税期间,房地产开发企业的营业收入虽然逐年递增,但已经出现疲态,改革推行后,房地产开发企业的抵扣链条更加完整,但房地产开发企业能否享受到税收红利仍需进一步分析。

"营改增"前,房地产开发企业在经营过程中,主要涉及的税种包括:营业税、土地增值税、契税、印花税、企业所得税等。改革推行后,企业由缴纳营业税转变为缴纳增值税,增值税属于价外税,与营业税价内税的性质相比,增值税不影响利润,不可以在企业所得税前扣除,这一税收变化给企业缴纳的企业所得税税负带来一定程度的影响。由于印花税、契税占总税收收入的比重较小,而土地增值税变化取决于可扣除金额中流转税金额的变化。

我国实行全面"营改增"后,房地产开发企业的名义税率由5%提升到了11%,虽然税率增加,但增值税抵扣链条更加完整,房地产开发企业在计算税款时增加了可抵扣的进项税额,消除了之前重复征税的弊端,从理论上分析,房地产开发企业的税负较"营改增"前应下降。但因房地产开发企业的产业链条长,涉及范围广,在实际执行的过程中,部分房地产开发企业的税负不降反升,从这一角度出发,本部分内容采用理论分析和样本分析的方法,分析"营改增"后房地产开发企业的税负变化。

1. "营改增"对房地产开发企业税负的影响。

假设房地产开发企业的营业收入为S,营业成本为C,"营改增"前房地产开发企业营业税税率为t;"营改增"后,房地产开发企业增值税销项税税率为T,房地产开发企业可抵扣的增值税进项税税率为T_i,可抵扣的比例为p。

"营改增"前,房地产开发企业需要缴纳的营业税:$R = S \times t$

"营改增"后,房地产开发企业需要缴纳的增值税:$R' = S \times \dfrac{T}{1+T} - \sum\limits_{i}^{n} pC \times \dfrac{T_i}{1+T_i}$

因此,"营改增"后房地产开发企业税负增加部分 $\dfrac{R'-R}{S} = \left(S \times \dfrac{T}{1+T} - \sum\limits_{i}^{n} pC \times \dfrac{T_i}{1+T_i} - S \times t \right) \Big/ S = \dfrac{T}{1+T} - t - \left(p\sum\limits_{i}^{n} C \times \dfrac{T_i}{1+T_i} \right) \Big/ S$。代入"营改增"前后房地产开发企业适用的税率5%和11%,可以得出:$\dfrac{R'-R}{S} = 9.91\% - \left(p\sum\limits_{i}^{n} C_i \times \dfrac{T_i}{1+T_i} \right) \Big/ S$。对公式进行分析,公式的前半部分9.91%为税率的变化带给房地产开发企业税收负担变化的比例,由于税率的提高,房地产开发企业的税收负担增加。公式的后半部分 $\left[-\left(p\sum\limits_{i}^{n} C_i \times \dfrac{T_i}{1+T_i} \right) \Big/ S \right]$ 是恒负的,给房地产开发企业带来的是不确定的减税效应,即房地产开发企业的减税效应的大小受到企业能够获得的进项税额的多少 $\left(\sum\limits_{i}^{n} C_i \times \dfrac{T_i}{1+T_i} \right)$ 的影响,获得的进项税额中可抵扣的比

例（p），及可抵扣的进项税额占营业收入的比例 $\left(\left(p\sum_1^n C_i \times \dfrac{T_i}{1+T_i}\right)\middle/ S\right)$ 三方面的影响。

由此，我们可以得出，"营改增"后，房地产开发企业的税率确实升高，税率升高会造成企业的税负增加，但房地产开发企业从上游企业获得的可抵扣增值税进项税额给企业带来减税效应，房地产开发企业税收负担要综合税率和进项税额抵扣两部分来进行分析。当房地产开发企业获得的进项税额绝对量多，可抵扣进项税额比例较高，占营业收入比重较大时，房地产开发企业的税收负担就可能降低，反之，企业税收负担可能升高。

2. "营改增"对房地产开发企业的所得税影响。

假设房地产开发企业营业收入为 S，营业成本为 C，其中，土地成本为 C_1，开发成本为 C_2，增值税进项税可抵扣比例为 p，营业税税率为 t，增值税税率为 T，契税税率为 r，其他相关税金为 E。因房地产开发企业的土地增值税大部分集中于30%的税率档，为了简化计算，本节土地增值税税率选择30%。

"营改增"前，房地产开发企业需要交纳的税金为：

土地增值税 $= [S - C_1 - C_2 - 10\%(C_2 + C_1) - 20\%(C_2 + C_1) - Ct - C_1r - E] \times 30\% = 0.3S - 0.39C_1 - 0.39C_2 - 0.3C_t - 0.3C_1r - 0.3E$

营业税及附加 $= C \times t \times (1 + 70\% + 30\% + 20\%) = 1.12C_t$

契税 $= C_1r$

企业所得税 $= (S - C - 0.3S + 0.39C_1 + 0.39C_2 + 0.3Ct + 0.3C_1r + 0.3E - 1.12Ct - C_1r - E) \times 25\% = 0.25 \times [0.7S - (1 + 0.82t)C + 0.39(C_1 + C_2) - 0.7C_1r - 0.7E]$

"营改增"后，房地产开发企业需要交纳的税金为：

$$土地增值税 = \begin{bmatrix} S - C_1 - C_2 - 10\%(C_1 + C_2) - 20\%(C_1 + C_2) - \\ 0.12\left(\dfrac{T}{1+T}S - p\left(\sum_1^n C_{2i} \times \dfrac{T_i}{1+T_i}\right)\right) - E - \dfrac{C_1}{1+T}r \end{bmatrix} \times 30\%$$

$$= 0.3 \begin{bmatrix} S - 1.3(C_1 + C_2) - 0.12 \\ \left(\dfrac{T}{1+T}S - p\left(\sum_1^n C_{2i} \times \dfrac{T_i}{1+T_i}\right)\right) - E - \dfrac{C_1}{1+T}r \end{bmatrix}$$

$$\text{附加税、费} = \left(\frac{T}{1+T} \times S - \sum_{1}^{n} C_i \times \frac{T_i}{1+T_i}\right) \times (70\% + 30\% + 20\%)$$

$$= 0.12\left(\frac{T}{1+T} \times S - \sum_{1}^{n} C_i \times \frac{T_i}{1+T_i}\right)$$

$$\text{契税} = \frac{C_1}{1+T}r$$

$$\text{企业所得税} = \begin{bmatrix} S - C - 0.12\left(\dfrac{T}{1+T} \times S - \sum_{1}^{n} C_i \times \dfrac{T_i}{1+T_i}\right) - \dfrac{C_1}{1+T}r - \\ 0.3\begin{pmatrix} S - 1.3(C_1 + C_2) - 0.12\left(\dfrac{T}{1+T} - p\left(\sum_{1}^{n} C_{2i} \times \dfrac{T_i}{1+T_i}\right)\right) - \\ E - \dfrac{C_1}{1+T}r \end{pmatrix} - E - \dfrac{C_1}{1+T}r \end{bmatrix} \times 25\%$$

$$= 0.25\begin{bmatrix} \left(0.7 - 0.084\dfrac{T}{1+T}\right)S - \left(C - 0.084p\sum_{1}^{n} C_i \times \dfrac{T_i}{1+T_i}\right) + \\ 0.39(C_1 + C_2) - 0.7\dfrac{C_1}{1+T}r - 0.7E \end{bmatrix}$$

因此,"营改增"后企业所得税的税负变化:

$$= \left(-0.084\frac{T}{1+T}S + 0.084p\sum_{1}^{n} C_i \times \frac{T_i}{1+T_i} + 0.82C_t + 0.7\frac{T}{1+T}C_1r\right)\Big/S$$

由上面两组公式对比得出,"营改增"后,企业所得税税负变化主要取决于两个方面,一是由于"营改增"前营业税为价内税,包含在营业收入中,"营改增"后,流转税由价内税变为价外税,不计入营业收入中,且增值税税率较高,房地产开发企业的营业收入下降,房地产开发企业所得税税负下降为$\left(0.084\dfrac{T}{1+T}\right)$。二是"营改增"前营业税作为企业的成本可以在税前扣除,"营改增"后,增值税作为价外税,不得在企业所得税前扣除,带来$\left(0.084p\sum_{1}^{n} C_i \times \dfrac{T_i}{1+T_i}\right)\Big/S$ 及 $(0.82C_t)/S$ 两部分税负增加额。三是"营改增"后,因价内税营业税变为价外税增值税,房地产开发企业契税计税依据较改革前减少,所得税应纳税所得额减数减小,带来$\left(0.7\dfrac{T}{1+T}C_1r\right)\Big/S$ 税负增加额。在这三个方面的共同作用下,"营改增"后,企业所得税的增减变化并不能明确地通过公式分析得出结论,需要通过实地调研，对企业税收数据作进一步分析。

（三）"营改增"对房地产开发企业税负影响的样本分析

1. 样本企业的选取。

依据 wind 数据库的房地产企业的资料，随机选取 136 家房地产开发企业数据。按照房地产开发企业 2017 年上半年营业利润增长率排名，将136 家样本企业按照利润增长率平均分为高、中、低三类，并在每一类中随机抽出 10 家企业作为分析样本，以保证样本选取的随机性及分析结果的可靠性。根据样本企业的 2016 年度中报数据及 2017 年度中报数据，对比分析了房地产开发企业增值税税负以及所得税税负的变化。

2. 样本数据分析。

样本分析主要从增值税和所得税税负两个方面来分析房地产开发企业"营改增"前后税负的变化，通过分析样本数据可以得出："营改增"后，所得税税负升高的企业共 18 家，占样本数据的 60%，其中，利润增长率为负数的有 8 家，即在企业利润呈现负增长时，所得税税负上升的企业占样本数据的 26.67%。大部分企业所得税税负下降，少部分企业税负上升。

"营改增"后，增值税税负升高的企业共 18 家，占样本数据的 60%，其中，利润增长率为负数的有 11 家，即在企业利润呈现负增长时，增值税税负上升的企业占样本数据的 36.67%。大部分企业增值税税负下降，少部分企业税负上升。

"营改增"后，样本企业中共 15 家营业利润较 2016 年上半年增加，占样本总数的 50%。企业所得税税负上升的企业为 9 家，占样本数据的30%，其中，利润增长率为负数的有 2 家，即在企业营业利润下降时，企业税负上升的样本占总样本的 6.67%。大部分房地产开发企业的整体税负下降，少部分企业整体税负上升（见表4-2）。

表4-2　　　　　　　　　样本企业税负变化

公司简称	所得税税负变化	增值税税负变化	税金及附加税税负变化	利润增长率
*ST 宏盛	-9.73%	149.06%	15.98%	147.42%
中国高科	8.85%	0.53%	7.89%	379.59%

续表

公司简称	所得税税负变化	增值税税负变化	税金及附加税税负变化	利润增长率
北辰实业	− 0.22%	− 2.73%	− 0.94%	33.94%
大港股份	1.24%	− 0.39%	− 0.75%	32.79%
冠城大通	5.08%	− 0.25%	8.01%	191.28%
光大嘉宝	5.06%	3.03%	− 6.23%	54.32%
海航基础	5.54%	2.11%	4.63%	1062.19%
海南高速	− 3.22%	− 0.23%	− 1.26%	139.49%
中国武夷	4.79%	1.09%	2.13%	30.77%
华发股份	2.72%	− 0.12%	0.57%	70.11%
SST 前锋	− 4.21%	− 56.09%	− 5.58%	20.49%
保利地产	0.29%	0.99%	− 1.70%	− 8.75%
北京城建	0.27%	− 0.57%	− 0.93%	7.67%
滨江集团	4.60%	1.07%	− 3.25%	− 21.59%
迪马股份	− 0.26%	0.53%	− 1.85%	− 23.28%
福星股份	1.39%	1.35%	− 0.32%	12.36%
格力地产	− 0.03%	− 1.39%	4.51%	23.60%
光明地产	0.02%	0.59%	− 4.81%	2.42%
国创高新	0.44%	− 4.69%	0.00%	− 10.75%
黑牡丹	− 0.28%	1.26%	− 2.48%	− 13.32%
嘉凯城	7.48%	5.51%	0.94%	− 115.66%
大名城 B	3.18%	− 10.50%	− 12.68%	− 65.56%
市北 B 股	− 0.30%	1.77%	− 4.93%	− 32.84%
京能置业	− 5.15%	1.56%	− 11.94%	− 64.83%
西藏城投	− 0.10%	0.01%	− 3.94%	− 35.14%
苏州高新	7.23%	− 0.22%	0.01%	− 75.38%
新湖中宝	10.79%	− 0.10%	− 2.61%	− 71.89%
宁波富达	− 1.80%	1.03%	− 6.16%	− 59.61%
凤凰股份	3.67%	0.39%	− 0.32%	− 68.27%
中华企业	− 5.38%	0.07%	− 9.88%	− 53.31%

资料来源：Wind 数据库。

"营改增"后，房地产开发企业由于享受到政府给出的政策红利，企业税负相比营业税时代应该出现减轻的趋势。但是，通过样本数据分析可以推断出，"营改增"确实带给企业减负效应，大部分样本企业"营改增"后税负下降，半数样本企业营业利润增长。但也有部分样本企业在"营改增"后税负增加，营业利润下降，经营情况面临挑战。在政府给出税收红利政策的条件下，企业的税负不降反升的原因主要有行政性收费，由于不能取得抵扣凭证而不能抵扣进项税额、贷款利息不得抵扣进项税额、购进建材的进项税额由于不能全部取得抵扣凭证而抵扣不足、兼营业务为分开核算等，更重要的是房地产行业的企业财务人员对增值税计税方法的适应不够充分，增值税相比于营业税，计税方法更加复杂，对财务人员的要求更高。以上种种原因导致了部分房地产开发企业经营成本的增加，税负的增加，没有享受到"营改增"的政策红利释放。另外，"营改增"后，增值税是价外税，税款不在企业所得税前扣除，如果企业不能清楚地界定价内税和价外税的区别，会影响企业的定价，可能对企业所得税负也会产生影响。

数据显示，大部分房地产开发企业"营改增"后税负有不同程度的下降，少数企业出现税负的增加情况，出现税负增加的企业有可能存在对增值税的制度理解不透彻、借款数量较多、取得增值税进项税抵扣凭证不及时等情况。从房地产行业的总体来看，"营改增"后税负呈现下降趋势。

第三节 "营改增"对房地产税制的影响

一、"营改增"前后房地产行业流转税的变化

"营改增"后，房地产行业税制最主要的变化是从事房地产经营的纳税人由缴纳营业税全部改为缴纳增值税，增值税与原营业税相比，税收与价格的关系、计税方法、税率水平与后续税种的关系都存在差别。

第一，两个税种与价格的关系不同。营业税属于价内税，增值税属于

价外税，从理论上看，营业税和增值税都可以随着销售或转让价格而转嫁税负。但是，营业税是价内税，对于购买方来说，支付的价格中含有多少营业税是不明确的；而增值税由于进项税抵扣需要开具专用发票，专用发票上的价款和税款是分开列示的，购买方对于支付的金额能够准确掌握价款和税款。随着发票管理的日趋完善，普通发票上的价款和税款也在逐步分别列示。

第二，增值税和原营业税的计税方法不同。增值税是对销售或转让过程中取得的增值额计税，在实践中采取的是凭抵扣凭证来抵扣进项税的办法，取得了合法的抵扣凭证才能抵扣进项税，若不能取得抵扣凭证，即不能抵扣进项税，这也促使纳税人在交易过程中注重发票的获取，有利于税务机关"以票控税"的管理。而原营业税是对销售或转让的价格全额计税，没有扣除，因此，存在重复征税，而且流转环节越多，重复征税越严重。这也是"营改增"的重要原因之一。

第三，两个税种的税率水平不同。"营改增"之前，房地产行业营业税税率为5%，"营改增"后，房地产行业适用税率为11%，2018年5月1日起调整为10%。但从税率数值上来看，增值税的税率比原营业税税率要高，但是，营业税是全值计税，增值税是增值计税。而且"营改增"是具有减税效应的，假设从事房地产经营的纳税人相对于销售额有50%能够有进项税抵扣，则其税负与营业税相同，如果高于50%能取得抵扣凭证，则"营改增"后的税负会比原来有所下降，税负水平与取得的抵扣凭证的占比有较大关系。

第四，两个税种的收入归属不同。"营改增"之前，房地产行业营业税收入归属于地方，是地方政府财政收入的重要自称部分。"营改增"后，房地产行业增值税与其他课税范围的增值税税收一起归属于共享税，在中央和地方政府之间进行分配。为了弥补"营改增"后地方税收收入的减少，对增值税的分享机制进行了调整，过渡期增值税在中央和地方政府之间的分享比例由原来的75∶25调整为50∶50，这在一定程度上能够消除"营改增"对地方政府收入的影响，以维持地方政府行使职能的财政资金需要。

二、"营改增"后流转税与后续税种的关系变化

（一）"营改增"对企业所得税的影响

企业所得税是对企业取得的纯收益计税，是以企业取得的应税收入为基础的，扣除税法允许扣除的成本、费用、税金、损失和其他支出后的应税所得额为计税基础，乘以企业所得税税率计算出应缴的税款。其中，扣除项目中有一项是支出的税金，可以在企业所得税前扣除的税金是指除了增值税和企业所得税以外的企业缴纳的各种税金。企业所得税是按年计税的，税收管理实践中不是直接用应税收入扣除税法允许扣除的支出计算应纳税所得额的，而是在企业按照会计制度和准则计算的利润基础上，将不征税税收和免税收入、税法不允许税前扣除的项目和规定了扣除标准的项目以及加计扣除项目进行调整后得出计税基础的应纳税所得，据以计算税款。"营改增"前后，两个税种与企业所得税的关系不同。

"营改增"前，营业税属于价内税，在计算利润的时候可以扣除，在计算企业所得税时也是允许扣除的，因此，从事房地产行业经营的企业所缴纳的营业税可以抵减所得，减少企业所得。"营改增"后，增值税是价外税，增值税税款与利润没有直接计算关系，在计算利润和应税所得时，增值税不参与计算，即增值税不影响所得。对于经营企业而言，如果"营改增"前后，营业税税负与增值税税负相等，那么就企业所得税而言，"营改增"后税负是增加的，增加值即增值税税款乘以企业所得税税率；如果"营改增"后，企业缴纳的增值税比之前缴纳的营业税税负低，则有可能会抵消"营改增"对企业所得税的影响，抵消程度要看税负的变化情况，税负下降得越多，企业受益越大。

（二）"营改增"对土地增值税的影响

土地增值税是对在我国境内转让国有土地使用权、地上建筑物和附着物的单位和个人，以转让所取得的收入包括货币收入、实物收入和其他收入减除法定扣除项目金额后的增值额为计税依据征收的一种税。其中，法定扣除项目包括获取土地使用权的地价款、土地开发成本、开发费用以及支付的税金及附加。对于房地产开发企业还有地价款和开发成本 20% 的

附加扣除，对于存量房转让的，扣除项目包括房地产评估价和转让过程中的相关税金。从计税依据的计算方法看，与企业所得税的应纳税所得额的计算方法类似。"营改增"前，计算土地增值额可以扣除的相关税金包括营业税、契税、印花税、城市维护建设税和教育费附加，不涉及其他税种；"营改增"后，增值税属于价外税，计算土地增值额时增值税不可以扣除。所以，"营改增"对土地增值税的影响也体现在计税依据的计算上，这与"营改增"对企业所得税的影响机制相同。

土地增值税于1994年开征，主要征税目的是加强国家对房地产开发商和房地产交易市场的调控，抑制炒买炒卖土地获取暴利的行为，同时增加国家财政收入。因此，土地增值税采用超率累进税率征收，如果管理到位，调控功能较强。但是，由于土地增值税税制设计较为复杂，加上房地产开发周期较长，销售周期也很长，而且房地产开发商在销售房产时一贯采取预售的方式，这给土地增值税的计算带来了一定难度。在税收管理实践中，土地增值税一般采取预征制，按照销售收入和预征率预征税款，待项目销售完成进行清算。从征收实践来看，预征制依然成为主要的征收方式，对土地增值税的清算管理不到位，这也是国家税务总局几次下发通知催促加强土地增值税清算的原因。

房地产行业"营改增"后，不再缴纳营业税，改成增值额为基础计算缴纳增值税。虽然增值税与土地增值税对房地产市场的税种调控目标不同，增值税是普遍调节，土地增值税是特殊调节。但是，两个税种同属于增值税性质，计税依据也都是增值额，只是计税方法不同，这就在已有研究成果中部分专家学者认为土地增值税与企业所得税存在重复征税的基础上，又增加了土地增值税与增值税的重复征税。

鉴于土地增值税的管理实践难度较大，征收税款与制度设计不相吻合，名义税率偏高，调控效果不明显，建议整合增值税和土地增值税。增值税的税率设置是基本税率加低税率模式，"营改增"又增加了一些针对劳务和服务业的税率，也是为了体现国家调控政策。因此，建议取消土地增值税，将土地增值税的调控功能并入增值税或者消费税中。若取消土地增值税，可以提高房地产行业的增值税税率，比如适用基本税率征税，以弥补取消土地增值税的调节力度和税款收入；也可以在不提高房地产行业增值税税率的基础上，将土地增值税的功能并入消费税征收范围，这与目前的预征方法也基本相同。将土地增值税的调控功能转化到增值税或消费税也符合简化税制的改革方向和趋势。

（三）"营改增"对城市维护建设税和教育费附加的影响

"营改增"后，对城市维护建设税、教育费附加的影响主要是看"营改增"前后的税负变化情况。如果"营改增"后，增值税的税款相较于之前减少了，则城市维护建设税、教育费附加也随之减少，反之会有些许增加。

除此之外，"营改增"对印花税、契税、房产税、城镇土地使用税等其他房地产税种基本不产生影响。

第四节　现阶段房地产税制存在的问题

我国实施分税制以来，中央政府的收入集中程度越来越高，地方税收收入在地方财政收入、全部税收收入中比重呈下降趋势，而且随着"营改增"的全面推行，地方税体系越来越萎缩。房地产税收属于地方税，在现行的地方税收体系中，房地产税收对于组织地方政府收入、调节地方房地产市场起到了一定作用，但随着房地产市场的日趋繁荣，房地产税制改革的滞后，房地产税收对房产和土地的调控作用越来越弱。目前，房地产税制存在税种分布不合理、调控功能不突出、管理不到位等突出问题。

一、房地产税制的税种分布不合理

从我国房地产税制的税种分布来看，尽管相关税种数量占总体税种比例较大，却存在着"重交易、轻保有"和重复征税的现象，税种分布不合理，造成了一定的税负不公。

（一）房地产税收的税种主要集中在交易环节，保有环节税收调节缺位

在房地产开发与交易环节，即流转环节征收的相关税种有增值税

（"营改增"以前为营业税）、土地增值税、城市维护建设税、契税、耕地占用税、个人所得税、企业所得税和印花税；而在保有环节征收的相关税种则只有房产税和城镇土地使用税。

增值税对转让土地使用权和销售房地产的单位和个人征收；土地增值税是对有偿转让国有土地使用权及地上建筑物和其他附着物产权，取得增值收入的单位和个人征收的一种税；城市维护建设税是对从事经营活动，缴纳增值税、消费税的单位和个人征收的一种税；契税是以在中华人民共和国境内转移土地、房屋权属为征税对象，向产权承受人征收的一种财产税；耕地占用税是对占用耕地建房或从事其他非农业建设的单位和个人，就其实际占用的耕地面积征收的一种税，属于对特定土地资源占用课税；企业所得税是对我国境内的企业和其他取得收入的组织的生产经营所得和其他所得征收的一种税；个人所得税是以自然人取得的各类应税所得为征税对象而征收的一种所得税，是政府利用税收对个人收入进行调节的一种手段；印花税是以经济活动和经济交往中，书立、领受应税凭证的行为为征税对象征收的一种税；房产税是以房屋为征税对象，按照房屋的计税余值或租金收入，向产权所有人征收的一种财产税；城镇土地使用税是以国有土地为征税对象，对拥有土地使用权的单位和个人征收的一种税。

由于保有环节只有房产税和土地使用税对持有房地产和土地的行为进行税收调节，而房产税长期以来只对经营性房产征税，对居住性房地产免于征收。《中华人民共和国房产税暂行条例》实施于1986年，当时中国的住房市场以公有产权（国有或集体所有）为主，单位职工对所用房产只有使用权，并需交付一定量的租金，所以当时的房产税条例规定对居住用房产不征税。随着20世纪90年代的住房货币化改革，原有公有产权的住房经由职工购买变成了自有产权。房产性质的改变增加了人们的居住性资产，但是，由于当时收入水平普遍偏低，对于大多数人而言，房产主要用于满足自有居住条件。随着收入水平的提高，一部分先富起来的人有了改善居住条件的需求，中国的住房房地产市场逐步发展，伴随着收入水平的稳步提高，加上金融政策的贷款支持，越来越多的人有能力改善居住条件，住房房地产市场也因此越来越繁荣。由于房产税修正的滞后，缺少持有环节的税收调节，持有住房的数量和时间长度都不会增加持有过程的税收成本，从而催生出房地产的衍生功能——投资或投机功能，这是房地产税收的一个缺陷。炒房扰乱了正常的住房市场的供求关系，导致房屋价格越来越高，炒房者的收益也随之水涨船高，加剧了收入分配差距。这种现象体现了我国房地产税制"重交易、轻保有"的制度缺陷，税种分布的不合理，既不利于房地产资源的合理利用，优化资源配置，也不利于增进社会公平。

为了调控房地产市场秩序，2011年2月开始在上海、重庆进行房产税改革试点，探索对居住性房地产征收房产税的模式。但是，两个试点都只规定了对居住性增量房地产的课税方法，并没有触及到存量房地产，从税收要素的设计上缺乏公平性而饱受诟病，试点成效甚微，不具备推广价值。在市场经济条件下，税收是政府组织收入和调控经济的重要工具，房地产税收体系也应承担起对房地产市场的调控功能。因此，需要进一步梳理房地产税制的功能定位、税种结构的协调性，从而更好地发挥其调节经济和组织收入的作用。

（二）房地产税收体系的税种之间存在重复征税

在房地产流转环节，根据企业所得税法的规定，房地产转让行为要按取得的收入扣除税法允许扣除的支出后的所得乘以适用税率缴纳企业所得税。按照土地增值税条例的规定，转让土地使用权及地上建筑物和附着物的纳税人，要按土地增值额计征土地增值税。"营改增"后，转让房地产的纳税人需要就增值额缴纳增值税。都是对增值额计税，增值税与土地增值税也存在重复征税的嫌疑；在房地产保有环节，由于房屋建造在土地之上，房屋价值与土地价值息息相关，但在我国却针对房产与土地分别设立税种征税。城镇土地使用税以纳税人实际占用的土地面积为计税依据，房产税以房屋的计税余值或租金收入为计税依据，这样一来包含在房产价值中的地价部分就不仅从价征收了房产税，又从量征收了城镇土地使用税，存在一定程度的重复征税。重复征税的存在说明我国的房地产税制改革滞后于房地产市场的发展，这会在一定程度上造成税负不公，也会让纳税人产生逃避纳税义务的心理预期，不利于我国房地产市场的健康发展。

二、现有房地产税收的收入功能不强

我国现行的税收体系中主要针对房地产课征的税收有房产税、契税、土地增值税和土地使用税，其他税种属于一般税，但课税范围涉及房地产行业。由于房产税长期以来只对经营用房产征税，对居住性房产长期不征税，而且对自用经营房产征税以房产原值为基础，与市场价格脱节，因此，房产税的功效在组织收入和调控房价方面均受到影响；契税只在交易环节征收，由承受人支付，在组织收入方面不够持续；土地增值税是专门为调控房地产开发和交易征收的税种，由于计算相对复杂和管理不到位，很多地方的房地产开发企业都不同程度地存在欠税情况，因此，对地方收入的贡献也受到影响。

统计数据显示，2007～2016年，我国房地产流转环节与保有环节税收合计数逐年增长，占税收总收入比重也呈缓慢增长趋势。总体来看，房地产税收占税收收入总额的比重较低，且房地产流转环节税收占比远高于保有环节税收占比。以2015年为例，房地产税收占税收收入总额的比重为15.24%。其中，流转环节的房地产税收收入占税收收入总额的比重为11.88%，持有环节的房地产税收收入占税收收入总额的比重为3.36%（见表4-3、表4-4）。

表4-3　　2007～2015年（"营改增"以前）房地产流转环节税收收入分析

单位：亿元

年份	营业税	土地增值税	契税	耕地占用税	合计	税收总收入	流转环节税收入占比（%）	地方财政收入	占地方财政收入比重（%）
2007	1791.12	335.36	1206.25	185.04	3517.77	45621.97	7.71	23572.62	14.92
2008	1719.33	447.37	1307.53	314.41	3788.64	54223.79	6.99	28649.79	13.22
2009	2368.80	606.67	1735.05	633.07	5343.59	59521.59	8.98	32602.59	16.39
2010	3093.94	1106.55	2464.85	888.64	7553.98	73210.79	10.32	40613.04	18.60
2011	3590.41	1791.57	2765.73	1075.46	9223.17	89738.39	10.28	52547.11	17.55
2012	3901.16	2286.44	2874.01	1620.71	10682.32	100614.28	10.62	61078.29	17.49

续表

年份	营业税	土地增值税	契税	耕地占用税	合计	税收总收入	流转环节税收收入占比（%）	地方财政收入	占地方财政收入比重（%）
2013	5173.65	2770.07	3844.02	1808.23	13595.97	110530.70	12.30	69011.16	19.70
2014	5392.32	3202.70	4000.70	2059.05	14654.77	119175.31	12.30	75876.58	19.31
2015	5802.77	3041.34	3898.55	2097.21	14839.87	124922.20	11.88	83002.04	17.88

注：将财政年度决算表中契税项视为房地产流转环节所缴契税；地方财政收入是指地方本级收入，不含中央税收返还和补助收入。

资料来源：《中国统计年鉴》（2008～2017 年）和《中国税务年鉴》（2008～2016 年）。

究其原因，是因为我国房地产税制不科学。长期以来，针对房地产保有环节的房产税与城镇土地使用税的征税范围较窄，两者的征收局限于城市、县城、建制镇和工矿区，并没有将农村及所辖的行政村包括在内，并且只对经营用房产和土地征税，使得居住性房地产持有环节的房地产税收几乎为零。不科学的税收制度致使居民持有大量房产不需要支付任何税收成本，而随着房地产价格的不断走高来获取高额收益，不断扩大居民收入差距。

随着我国经济的高速发展，当前，我国很多城郊结合部的土地，虽没列入房产税和土地使用税的征收范围，但其利用早已"城市化"，城乡差距逐渐缩小，城乡土地价格差异日益缩小，同等用地却税负不均，违背了公平税负、普遍纳税的原则。此外，除上海、重庆两地试点以外，目前，我国的房地产税一般只针对经营活动所使用的房地产征税，个人自有居住用房被排除在征税范围之外。即便是上海、重庆两地试点，方案设计也不够完善，大量的存量房依然在税外游离，而且免税条件也较为宽松，发挥房地产税收的收入功能作用有限。

表 4-4　　　　　2007～2016 年房地产保有环节税收收入分析　　　单位：亿元

年份	房产税	城镇土地使用税	合计	税收总收入	占税收总收入比重（%）	地方财政收入	占地方财政收入比重（%）
2007	575.46	385.49	960.95	45621.97	2.11	23572.62	4.08
2008	680.34	816.90	1497.24	54223.79	2.76	28649.79	5.23

年份	房产税	城镇土地使用税	合计	税收总收入	占税收总收入比重（%）	地方财政收入	占地方财政收入比重（%）
2009	803.66	920.98	1724.64	59521.59	2.90	32602.59	5.29
2010	894.07	1004.01	1898.08	73210.79	2.59	40613.04	4.67
2011	1102.39	1222.26	2324.65	89738.39	2.59	52547.11	4.42
2012	1372.49	1541.72	2914.21	100614.28	2.90	61078.29	4.77
2013	1581.50	1718.77	3300.27	110530.70	2.99	69011.16	4.78
2014	1851.64	1992.62	3844.26	119175.31	3.23	75876.58	5.07
2015	2050.90	2142.04	4192.94	124922.20	3.36	83002.04	5.05
2016	2220.91	2255.74	4476.65	130360.73	3.43	87239.35	5.13

注：将财政年度决算表中契税项视为房地产流转环节所缴契税；地方财政收入是指地方本级收入，不含中央税收返还和补助收入。

资料来源：《中国统计年鉴》（2008～2017年）和《中国税务年鉴》（2008～2016年）。

随着城镇化进程和住房改革的不断推进，我国房地产商品化程度也在不断地提高，房产购买的主体结构出现了重大变化，个人购房比重逐渐上升，房产已成为家庭财富的主要构成部分。允许有一定的免税面积并不意味着放弃对所有自有居住用房免除房产税，完全放弃对自有居住用房征收房产税相当于国家放弃了调节收入分配的税收手段，限制了房地产税收收入的正常增长，而且原来的房产税与土地使用税设计背景与现实情况相比变化较大，因此，要想更好地发挥房地产税收的收入功能，还是需要适当地扩大当前的房地产税的课税范围。

由于房地产税制与房地产市场的发展脱节，房地产税收收入较低，在满足地方政府财政资金需求方面较差，从而造成地方政府对土地出让金的依赖，即土地财政的由来。以2015年为例，房地产税收收入占地方财政收入的比重为22.93%（见表4-3、表4-4），当年土地出让收入为33657.73亿元，占地方财政收入的比重为40.55%（见表4-3、表4-4、图4-8）。而土地出让收入最高的2014年，土地出让收入为42940.30亿元，占地方财政收入的比重高达56.59%，而当年的房地产税收收入占地方财政收入的比重仅为24.38%。

从收入的结构来看，房地产税收收入占地方税收收入的比重较低，而地方财政对土地出让金的依赖程度较高，但土地资源稀缺性决定了土地收益的可持续性较差。因此，完善房地产税收体系，稳定地方税收收入，对于地方税制建设有着重要意义。

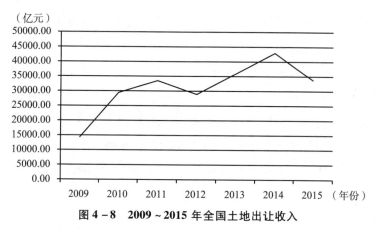

图 4 – 8　2009 ~ 2015 年全国土地出让收入

资料来源：Wind 数据库。

三、房地产税收的调控作用较弱

在房地产保有环节，利用房产税与城镇土地使用税税收进行调控的关键，是要对土地和房产的增值部分进行调节，以实现自然增值部分"涨价归公"的目标。但目前这两个税种的设计，由于计税依据不够合理，不能充分反映土地和房产的现有价值，房地产税收的调控作用较弱。

（一）现有税种的税制要素设计不合理，调控效用较弱

我国现行的房产税计税依据是房屋的计税余值或租金收入，其实这反映的是一种历史成本，没有根据市场价格定期对财产重新评估，不能反映财产的现有价值，导致税基不能随着经济条件变化而变化。改革开放以来，我国经济连续数年呈现出高增长状态，土地和房产的价值大幅增加，特别是一些城市中的房地产市场价远远高于购置价，仍以房屋余值为计税依据很显然大大缩小了税基。城镇土地使用税以纳税人实际占用的土地面

积为计税依据，无法体现对土地级差收益的调节，计税依据与土地的现有价值严重背离，税收收入不能随土地的价值增加而增加，难以发挥税收调控作用，无法达到促进集约利用土地资源的目的。而且，房产税对住房长期免税的政策使得住房所有者在持有房产期间基本不纳税，这就在一定程度上增加了商品住房的投资属性，导致房地产市场中投资性住房需求的增加，从而推动房价的上涨。而且在房地产市场供求相对平衡或者供不应求的状态下，集中在开发环节和交易环节的税收会较容易随房价或租金转嫁给购房者或租房者，不利于房地产市场的健康发展。

除了房产税和城镇土地使用税，在流转环节的土地增值税的调控作用也甚微，实施不够到位。从理论上看，土地增值税的超率累进制设计，可以在房地产税调节缺位的情况下，实现土地和房产"涨价归公"的目标。设计之初，我国将土地增值税设为四级超率累进制，但由于各种原因一直难以严格进行清算，在实际操作中普遍实行较低税率的预征制，导致增值收益往往为开发商和个人获取，或形成官员与企业间"设租寻租"的弹性、灰色地带，缺乏"公平、规范"的操作保障。

（二）缺乏对遗产继承和赠与的税收调控

遗产与赠与税是1994年税制改革时列入开征计划的，但是一直没有开征。遗产与赠与税的长期缺位，导致房产的继承者（或受赠者）不需要承担任何税收负担或者承担少量税收而取得大量财富，加剧社会财富分配的不公。

综上所述，现行房地产税收体系，流转环节税收多而持有环节、继承环节税负轻，缺乏能够调控存量资产的直接税，税种之间在调控房地产市场发展方面的协调性不强，缺乏动态评估机制，不能充分反映土地的级差收益和房地产的时间价值，不利于随着经济的发展、房地产的增值而相应增加税收收入和很好地发挥其调节经济的作用。

四、税收管理不到位

我国房地产税制的税收管理还不够到位，与房地产税征管有关的配套制度和措施还在不断完善之中。

（一）对现有税种的管理还存在漏洞

税收管理的水平一定程度上决定着税收职能的实现程度。在税制建设比较完善的情况下，税收管理水平越高，税收的收入和调节职能也应该实现的越好。但是，我国目前对房地产税收的管理还存在一定的问题。一是有些税种的实际征收率较低。如房产税条例规定，房产出租收入应缴纳房产税，但是，由于税务机关对于住房出租信息收集存在一定的难度，所以实践中实际征收率很低；土地增值税亦然，虽然国家税务总局多次发文要求地方税务机构清理土地增值税，但是，由于受计算复杂等原因的影响，很多地方的土地增值税征收率也较低。二是已经形成的税收中还存在很多欠税。地税局网站的欠税公告显示，欠税涉及的主要税种包括营业税、房产税、城镇土地使用税、城建税、印花税、土地增值税等。欠税不仅会影响地方财政收入的实现，同时也会削弱税收对房地产市场以及地方经济的调节作用。

（二）房地产登记信息的共享性还有待进一步完善

首先，完善的土地管理和房屋产权管理是房地产税征收管理的基础，当前我国的财产登记制度不够严密。我国从2015年3月1日起正式实施《不动产登记暂行条例》，实施以土地为核心的不动产统一登记制度，将分散在多个部门的不动产登记职责整合由一个部门承担，建立不动产登记信息管理基础平台，实现不动产审批、交易和登记信息在有关部门间依法依规互通共享。2018年6月，不动产登记平台已实现全国共享。但从条例本身来看，仍有一些不利于房地产税征收管理的部分。当前不动产登记遵循的是当事人自愿原则，在条例实施后，仍有一部分房屋产权人由于一些主客观原因未进行登记。同时，小产权房等违法建筑也不在不动产登记范围。这些因素都影响了房地产税征管的力度，限制了税收管理工作的全面展开。

（三）房地产价格评估的动态机制不完善

从上海、重庆两地试点的房产税细则来看，未来以房产评估价值为计税依据势在必行，评估价值能更好地反映财产的现有价值。2017年11月，财政部部长肖捷在《党的十九大报告辅导读本》中谈及房地产税时，

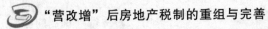

明确表示未来的房地产税将按照房屋评估值征收。要按照"立法先行、充分授权、分步推进"的原则，推进房地产税的立法和实施。对工商业房地产和个人住房按照评估值征收房地产税，适当降低建设、交易环节的税费负担，逐步建立完善的现代房地产税制度。

目前，由于国内资产评估市场还不够成熟，加之我国房地产市场的独特国情，针对房地产的价格评估机制不够完善，我国税务部门缺乏专门的房地产评税机构和专业的评税人员，独立的第三方房地产评估机构、评估人员的素质又难以适应税收征管的需要。虽然一些地方已经在试行房地产评估计税方法，但是评估的方法、评估的价格透明度较差。而且，房地产市场价格的变化会影响到按照评估价计税的税款，因此，动态的价格评估机制才能适应房地产税制改革的需要。

————————— 第五章 —————————

主要国家（地区）的房地产
税制设计与经验借鉴

　　在经济全球化发展的背景下，一个国家的税制建设和发展趋势会或多或少地受到其他国家税制建设、改革或发展的影响。我国的房地产税制长期以来"重流通、轻保有"的建设模式不利于房地产市场的健康发展，衍生出了房地产特别是居住性房地产的投资（投机）功能，增加了房地产市场的发展风险。从国际视角来看，世界上有些国家（地区）房地产税制比较完善，能够为我国房地产税制的改革和完善提供有益经验，比如，美国、英国、日本、韩国、新加坡和印度，房地产税制均有可以借鉴的经验。因此，本章内容主要选取了有代表性国家（地区）的房地产税制进行了分析，探寻有益于我国房地产税制建设的有益经验。

　　新兴发达国家中，美国、加拿大的房地产税制比较完善，老牌发达国家中英国的房地产税制较为完善，所以欧美发达国家以美国、英国、加拿大为代表进行分析；而巴西是南美洲最大的国家，作为一个移民国家，巴西历史悠久，税收制度在发展中国家较为典型。亚洲国家与我国近邻，房地产市场发展有着相似的历程，因此分别选取发达国家和发展中国家的房地产税制进行分析，主要分析了日本、韩国、新加坡和印度的房地产税制特点和经验。我国香港地区的房地产税制也较为完善，在房地产税制建设过程中有可供借鉴的经验，本章一并进行分析探讨。

第一节 欧美国家的房地产税收制度

一、美国的房地产税收制度

美国是世界上经济最发达的国家之一，财产税在美国政府尤其在地方政府收入中一直占有非常重要的地位。财产税是直接税，关系着每个财产所有人的切身利益，所以，一直以来都为民众广泛关注。

（一）美国房地产税制概况

在美国，按照不同的征税环节将房地产项目的税收分为三类，即取得环节、持有环节和转让环节（见表5-1）。房地产的取得方式包括购买、通过获得遗产或获赠等取得方式。购买房地产是由取得收入的一方纳税，既卖方纳税，取得方不纳税。而通过获得遗产或获赠方式取得的房地产的产权人应该按照遗产税与赠与税税法缴纳税款。持有环节是对拥有房地产的人征收税款，只要拥有，无论是否取得收入都必须缴纳税款。转让环节是对转让房地产并取得收入的法人和自然人征税，按照纳税人性质的不同可以分为公司所得税和个人所得税两种。

美国的房地产税制结构较为完整，但是由于我国房地产税收持有环节缺位，因此，本部分内容主要选取持有环节财产税中的不动产税进行了分析，总结有益经验。

表5-1 美国财产税税收体系

	取得环节	遗产税
财产税		赠与税
	持有环节	财产税（不动产税、动产税）
	转让环节	所得税

（二）美国不动产税的课征制度

1. 纳税人。

美国的财产税本身是对持有环节拥有的财产征税，以不动产税为主。

因此，不动产税的纳税人是拥有土地和房屋权属的法人和自然人。如德克萨斯州规定，房地产所有人、实际使用人或者房产控制人（包括承租人、保管人及受托人）为财产税的纳税人。

2. 课税对象。

财产税中房地产税的课税对象是纳税人所拥有的土地和地上建筑物。这里所说的土地是一个广义的概念，除了包括土地本身还包括地上资源、地下资源、地上附属设施、地下附属设施等。各州的审计专员办公室将不动产分为如下几类：一是家庭住所；二是商业用不动产；三是工业不动产；四是空地；五是合规的农业用地（包括灌溉种粮土地、干旱土地、瘦地、自然牧地、改良牧地、林地、其他农用地等）；六是非合规农业用地；七是油气和其他矿藏；八是其他。①

3. 税基。

房地产税的税基并不完全等于市场价值，美国房地产税是以房地产的合理价值为计税依据。房地产税是对房地产所有者拥有的财产的保有环节征税，而不是对年度经济流量征税，所以房地产的税基即房地产的价值是不能够客观得到的，必须接受相关部门的评估，因此不动产价值的评估方法和评估程序就成为不动产税收制度的重要组成部分。美国各州和地方政府以市场领域进行有选择性的房地产为研究基础，根据比较丰富和完整的房地产评估资料，通过对大量相关数据的计算、应用恰当的分析技术、相关知识、技能和经验，对特定所有权拥有者未来收益和不动产价值进行预期和估算得到房地产的评估价值，美国的不动产评估价值既是特定资产评估，也是特定日期的评估。② 不动产价值中包括土地和房屋两个部分，土地作为资源类产品是不贬值的，不动产房屋在使用中会出现折旧是贬值的不动产，因此在评估过程中要将两者区分并估算出适当的贬值比率和不同时点的资产价值，进而推算出不动产价值。并且计税价值的评估与房地产税收的征管是分开的。

由于美国实行联邦、州与地方之间完全的分税制，房地产税作为地

---

① ② 雷蕾：《美国不动产税研究》，人民出版社 2013 年版。

方税种在各州的核定价值的计算标准都不尽相同，各州规定不一，从20%～100%不等。如新泽西州的房产税是以房产市场价值为依据核定计税价值，而纽约州是按照房产全部价值的一定比例，核定应税房地产的计税价值。在实际估价过程中估价和市值往往相差较大，这主要是由于地方政府要求低估大额房地产价值，以利于吸引外地资本，一般只将估价定为市价的30%～75%，即房地产税基是真实市场价值的30%～75%。如加利福尼亚州房地产税法规定房产税的课税依据是房地产的市场价格，但仅以当地政府专门从事房地产价值评估部门所确定的市场价的40%作为课税价格。[①]

4. 税率。

美国没有统一的房地产税税率，税率由地方政府根据本年度财政支出预算和税基评估机构确定的税基价值综合确定。地方政府根据当地社会和经济发展的需要，确定本年度财政支出总额；税基评估机构确定财产税基价值；地方政府根据年度财政支出总额和辖区财产税基价值，倒算出该年度的财产税税率。因此，该税率是不断变化的，但一般不超过法定幅度（约2%）。

5. 税收优惠。

美国宪法要求由州立法规定房地产税的减免项目，但部分州政府允许其辖区内的地方政府决定某些税收减免项目。美国房地产税税收优惠的主要目的是为特定用途房产或特殊群体提供优惠，以减轻其负担，对特殊用途的土地进行经济利益补偿。房地产税的免税政策既可以给予个人或机构，也可以给予特定种类的财产。各级政府拥有的房地产与设施、公共道路、公园、学校、军事基地以及宗教组织和非营利机构等拥有的房地产均免缴房地产税，各县、市（镇）约有超过一半的房地产不用纳税。

美国主要的税收优惠政策可以分为：税收限制条款、不同土地用途房地产税的优惠待遇、自住用房的税收优惠。

[①] 广西壮族自治区地方税务局课题组：《中美房地产税制的比较研究》，中国财政经济出版社2011年版。

（1）税收限制条款主要分为税率限制、税收收入限制、收入或支出限制、充分披露真实税率要求、评估限制。

（2）不同土地用途房地产税的优惠待遇。土地用途主要可分为五大类：农用地或农田、自留地或开放空间用地、林地或木材生产用地、古迹用地、公园或游憩用地、其他用地。此优惠政策是用于促进保护现有优先用地的土地使用政策的一种工具。根据土地的用途评估价值，由州政府决定评估价值，采取降低评估比率或部分或全部税收免除的优惠政策。

从实质上来看，财产税的分类是针对某些财产所有者所给予低税率的优惠，其目的并不是收取更多的税收收入，而是一种税收政策工具。州立法者使用财产分类制度为的是将收取的财产税税额在不同类型的财产所有者之间进行分配，通过转移税收负担以达到政府所期望的某种社会目标。例如，对居民和家庭经营的农场减税，或者通过减税刺激商业的新开张或者扩张。

（3）自住用房的税收优惠。对自住用房房地产税的优惠是各州缓解业主和租房者的税收负担的一种常用手段。很多州对自住用房税收优惠实行的是多种优惠结合使用的政策。每种优惠政策所针对的受益人群不同，优惠政策涉及不同年龄段、是否为退伍军人身份、是否是无能力人士、是否是寡妇以及其他等不同的纳税人群体。具体做法包括：住宅抵免与豁免、"断路器"政策和延迟纳税等。

住宅抵免（credit）与豁免（exemption）。住宅抵免是指从纳税人应缴纳的财产税税额中扣除一定数额。主要有三种类型，最普遍的一种是评估值超过一定数额之上才支付财产税。例如，艾奥瓦州规定房屋评估值在4850美元以上的才纳税，适用税率为2%，实际上减税97美元。第二种类型是大多数州在20世纪70年代末采用的，是从应纳财产税税额中减掉一定百分比直到封顶数额。例如，明尼苏达州实行的就是从应纳财产税税额中扣减58%，封顶数额为650美元。还有一种类型因为缺乏公平性，如今使用的州很少了，就是对所有的房主扣减相同数额的财产税。例如，蒙大拿州，曾经采用对所有房主一律统一扣减64美元，但是早就取消了。

住宅豁免则指在计算财产税应纳税额前从评估价值中减掉一定的数额①。例如，佛罗里达州允许从评估价值中扣除25000美元。除了堪萨斯和密苏里以外的所有州和哥伦比亚特区都提供某种形式的住宅豁免。其包括全面豁免和部分豁免。很多全面豁免法令是在大萧条时期通过的，目的在于保护农场主免于破产，但免税额很小。实际上，很多人将住宅豁免看成是财产分类方式中的一种限制形式。在1965年时，美国只有12个州实行，但在20世纪60~70年代增长迅速，80年代初，接近40个州包括哥伦比亚特区都有一些住宅豁免项目。21世纪初，只有堪萨斯和密苏里没有住宅豁免了。其中，18个州的住宅豁免适用于所有财产的所有者，44个州为一部分财产所有者（例如，复员军人或者老人）提供豁免。②

"断路器"政策是一种财产税抵免，指如果实际财产税额超过收入一定的比例，则给予纳税人退税或所得税减免。把财产税税额占收入的比例比喻成电流，电流太高时就造成断路③，因而得名"断路器"政策，其设计机理是让财产税税额与收入之比较高的人得到较多的税收返还。在这项政策下，房主会得到他所交的财产税部分数额的税额返还或者抵免。

延迟纳税。很长时间以来，很多低收入且有困难支付他们自己房屋财产税的老年人都有丧失房屋的危险。住房抵免（homestead credit）试图解决这个问题，但是因为不仅仅是年长之人享有，受益者过于宽泛。1981年，威斯康星州出台了一个财产税减免的法律（1981年，第二十章，section1125m），一个新的项目就出台了：年龄65岁以上的每年收入不超过20000美元，因自己的房子而欠税超过5000美元，就可以将房屋留置给税务局换来每年的贷款来支付财产税。贷款到期时就是转交房屋之时，对于共用的房屋要等到最后的共有人去世以后再转交。这项措施使得老年人不必再担心随时会失去住所。

---

① Steven D. Gold. Circuit-breakers and Other Relief Measures [C]. Capital City Press, Montpelier, Vermont. 1983：149

② 石坚、陈文东：《房地产税制的国际比较》，中国财政经济出版社2011年版。

③ 威廉·邓肯、约翰·因格，丁成日译：《减轻财产税负担的其他方法》、《财产税与地方政府财政》中国税务出版社2005年版。

（三）税基的评估①

1. 评估机构。

美国地方政府的评估机构是地方政府直属机构或地方财政部门下属的职能部门，税基评估的职责大多在政府内部（但与征税部门分开）。各州没有统一的税基评估机构，税基评估机构一般都设在郡，其工作职责是负责管辖地区的土地建筑物市场价值的评估，按照地方规定税率计算纳税人应纳税额，通知纳税人的税务部门申报缴纳。税基评估官是国际估税官协会（IAAO）的会员。国际估税官协会的会员共分为五种资格，都需要通过考试取得。不同资格的会员有不同的考核内容。税基评估官的后续教育由总部设在美国的国际评估关协会具体组织实施。

2. 评估方法。

运用三大评估方法原理建立相应的评估模型，同时运用多元回归分析、神经网络分析、回归分析和时间序列分析等数据统计技术和相关技术对评估模型进行反复校准。这三大评估方法为比较法、成本法、收益法。在实际运用中对同一房地产进行评估三种方法可以分别使用，也可以同时运用，然后按照市场可比原则进行比较，最后由评审人员确定计税价值，对土地和建筑物则分别评估，以确定土地和建筑物的适用税率。

目前，美国广泛应用计算机辅助批量评估系统（CAMA）和地理信息系统（GIS）作为房地产评税价值的技术支撑系统。各州、各地方政府的房地产评税实践中已得到广泛应用。CAMA 是通过计算机收集信息、建立模型，在某一日期使用普遍数据标准化方法和统计检验评估一批房地产价值的过程。批量评估的方法可以大量节省征税成本和时间，如果采用中介专业评估人士对所有财产项目进行逐个评估，再按其评估值征税，不仅时间长，征税成本高，其评估结果受人为和主观因素的影响也会更大，采用批量评估得出的财产市场价值与财产实际出售价值相差不大，误差总体上在 2% 以内。

---

① 蔡红英、范信葵：《房地产税国际比较研究》，中国财政经济出版社 2011 年版。

（四）美国房地产税制的特点

1. 美国房地产税率是不固定的。

房地产税的税率是根据预算和税基变化情况而不断变化的。总税率的确定是州政府对财产征税税率与地方政府对财产征税税率的加总，州政府一般通过税法把房地产税税率确定为某个确定值或某个范围，并在税法没有修改的前提下保持不变。

2. 房地产税计税价值的评估与房地产税收的征管分开。

在美国实行联邦与州之间完全的分税制，而且房地产税作为地方税，各个州之间的政策与法律不尽相同，因此各州对房地产税价值的计算核定标准会有不同。为了稳定和控制房地产的税负水平，防止计税价值增速过快，美国部分州以法律形式规定了计税价值年增长指标。

3. 征管程序方便严谨。

美国多数州的房地产税的征管程序为：（1）核税官员按照市、镇政府统一要求及规定时间、核定所管辖区域内房地产税的计税价值；（2）市、镇地方政府根据房地产计税总价值及本地的预算情况确定税率，报州政府批准后，责令地方税务局执行；（3）征收官员根据确定好的房地产计税价值和税率计算出应纳税额，打印出纳税人的税单，通过邮寄等形式寄给纳税人，并将税单送到银行等金融机构或把原始税单发给银行等金融机构，由其代征收房地产税；（4）纳税人收到税单后，按税单上列明的应纳税款开具支票，在规定时间内连同税单寄回征收机关。或者纳税人委托或通过银行等金融机构代为缴纳，只有极少数纳税人直接到征收机关上门纳税。

二、英国的房地产税收制度

英国是全球最早完成现代化和工业化的国家，作为资本主义发达国家，社会的贫富差距大、财富分配不均的现象始终存在，但是其健全和完善的税收体制有效地调节了贫富差距和财富分配。尤其是在征收房地产税方面，有效地解决了收入分配不均衡的问题，同时稳定了经济增长。

（一）英国房地产税制概况

英国开征房屋税的历史较长，最初是按家中炉灶数目征收炉灶税，后改为按房屋窗户多少征收窗户税。1778 年，改按房屋租赁价格征收定额税，1834 年废止该税。1851 年，开征了对民用住房和营业用房的房屋税。1989 年起，英国政府改革地方税制，将房屋税改为营业房产税和社区税（人头税）；社区税征收数额由地方政府确定，并按成年人数定额均摊。①由于地方政府征收的数额过高，而个人收入差距悬殊，该税的弊端日渐明显，遭到朝野的上下反对，平民百姓不满。英国政府经过几年的评估，于 1993 年 8 月 1 日起执行新的住房财产税，废止原社区税。现行房屋税包括住房财产税和营业房屋税。

（二）英国房地产税制的课征制度

1. 住房财产税。

（1）课税对象及纳税人。英国的住房财产税是对居民的住宅，包括楼房、平房、公寓、出租的房屋、活动房以及可供住宅用的船只，依据其资本价值征收的地方税种。其纳税人为年满 18 岁的住房所有者或承租者。

（2）计税依据及税率。目前，英国住房财产税的评估价值标准是以 2005 年 4 月 1 日住房的市场价值为依据的。由英国政府国内税收局所属房屋估价机构进行估价。一般房屋经估价后，一定时期内不重估，但是，如果房屋价值发生重大变化则要对其进行重新估价。为了方便起见，根据价值评估机构的评估，英国政府依据应税住宅价值高低划分为 A - H，共 8 个价值等级（见表 5 - 2）。而住房财产税税率不是全国统一的，而是由各地议会根据各地区政府当年预算开支情况以及从其他渠道可获得收入的差额来确定的。各等级住宅的纳税额每年都会调整，从近年来看，住宅税增长率一直高于物价增长率和工资增长率。

表 5 - 2　　　　　　　英国各地区居住性房地产价值分级标准　　　　单位：英镑

分级	英格兰	威尔士	苏格兰
A	<40000	<30000	<27000
B	40000～50000	30000～39000	27000～35000

---

① 蔡红英、范信葵：《房地产税国际比较研究》，中国财政经济出版社 2011 年版。

分级	英格兰	威尔士	苏格兰
C	52000 ~ 68000	39000 ~ 51000	35000 ~ 45000
D	68000 ~ 88000	51000 ~ 66000	45000 ~ 58000
E	88000 ~ 120000	66000 ~ 90000	58000 ~ 80000
F	120000 ~ 160000	90000 ~ 120000	80000 ~ 106000
G	160000 ~ 320000	120000 ~ 240000	106000 ~ 212000
H	> 320000	> 240000	> 212000

资料来源：Citizens Adviee Bureau. U.

另外，8 个等级在不同的地区，具体纳税数额也是不同的。同一地区同一价值的房产课征相同的税额；不同价值的房产，以 D 级住宅课税标准的一定比率，课征其他等级房产（见表 5 - 3）。[①]

表 5 - 3　　　　　　　各级住宅税与 D 级住宅税的比例

等级	A	B	C	D	E	F	G	H
比例	6/9	7/9	8/9	1	11/9	13/9	15/9	2

资料来源：Valuation Office Agency of the Inland Revenue. UK.

（3）减免项目。英国的住房财产税各地都有减免的项目，并非所有的住宅都要缴纳全额房产税，减免项目主要有折扣、伤残减免和特定优惠三类。

折扣。住宅税全额课税的依据是一处住宅至少有两名成年人居住，如果只有一位是成年人的，可享受住房价值额 25% 的税收折扣；若是无人居住的住宅或居民的第二套及以上住宅，且居住者中只有一位是成年人的，可享受住房价值额 50% 的税收折扣。

伤残减免。对残疾人的住宅，可以降低其住房价值应纳税等级，给予适当的减税照顾。

对特定纳税人的优惠。住房财产税的优惠最高可达 100%。没有收入

[①] 蔡红英、范信葵：《房地产税国际比较研究》，中国财政经济出版社 2011 年版。

支持或低收入的纳税人，如未成年人、学生、医士、学徒、医院或疗养所内的病人、照顾残疾人的保姆、宗教人士、国防外交人员及社区税豁免者等，则免除住房财产税，同时还规定某一成年人与医士居住在一起，可享受住房价值额25%的税收折扣。

2. 营业房屋税。

（1）课税对象及纳税人。营业房屋税，其课税对象为不用于住宅的营业性房产，包括企业法人营业用房屋、其他法人和个人营业用房屋。营业房屋税的纳税人是非住宅用房屋的所有人。与住宅财产税不同的是，英国的营业房屋税为中央税种，地方征缴上交中央财政，并划入专项基金。然后中央根据各地的人口基数，把这些资金以转移支付的方式，以一定的比例分配到各地区。返还后的资金约占中央转移支付的25%左右，占地方总财政收入的15%以上。

（2）计税依据及税率。营业房屋税的应税价值——税基，由英国国内收入署的估价部门对纳税人财产按视同出租的租金收入进行估定，每过5年重新估定一次。营业房屋税的应税价值是指营业房产在规定日期（估价日期）房产公开市场租金。如2010年4月1日营业税基的估价是以2005年4月1日公开市场租金的估价为基础重新估定的。营业房产税实行全国统一税率，由英国财政部根据上一财年的税率及通货膨胀率来确定，并逐年核定和变更，一般在每年的4月1日颁布实施[1]（见表5-4）。同时，法律规定税率提高幅度不得超过全国平均通货膨胀指数。

表5-4　　　　　　　　2000～2005年英国营业房屋税税率　　　　　　单位：%

财年	2000年/2001年	2001年/2002年	2002年/2003年	2003年/2004年	2004年/2005年
税率	41.6	43	43.7	44.4	45.6

资料来源：Valuation Office Agency of the Inland Revenue. UK.

（3）减免规定。英国营业房屋税规定对工业、运输业的空置房屋免税；农业用房屋、教堂、公园以及为残疾人提供服务的房产免税；慈善机

---

[1]　石坚、陈文东：《房地产税制的国际比较》，中国财政经济出版社2011年版。

构拥有房屋免征 80 万税额；空置的房地产拥有一定的免税规定：工业建筑及年租金小于一定限额的小型房产在空置期内的税免征（见表 5 – 5）。其他房屋空置超过 3 个月的，减半征税。地方政府有权扩大减免范围，但减免税额的 25% 将由地方政府承担。

表 5 – 5　　　　　　　　属于免税范围的空置财产的租金限额　　　　　　　单位：英镑

标准颁布的年份	1990 年	1995 年	2000 年
年租金限额（英镑）	1000	1500	1900

资料来源：Citizens Adviee Bureau. U.

（三）英国房地产税制的主要特征

1. "重持有、轻流通"。

英国的房地产税征收体系中，十分重视对房地产保有税类的征收，包括住房财产税和营业房屋税，两项税收之和在地方财政总收入中所占比重达到 30% 以上，是最大的收入项目。但对房地产取得税类所征收的税收仅占其 1% ~2%。重视房地产保有环节的税收，轻视取得环节，有利于房地产的流动，避免业主因空置房产而低效利用。

2. 完善的房地产税法体系及健全的评估制度。

英国政府十分重视房地产的税收立法工作。英国议会先后多次通过不动产税改方案，所涉及关于不动产的法律有《城乡规划法》和《土地赔偿法》等。据统计，英国国内税收局下属的房地产价值评估机构每年所汇总起来的房地产交易信息达到 200 万条起[1]，从而形成了完善的英国各地区的房地产估价系统。

3. 地方财政收入的主要来源。

英国的房屋税完全由地方政府进行征收，以英格兰地区为例，住房财产税在地方本级收入中的比重高达 45% 左右，在地方财政总收入的比重也在 15% 左右。地方政府通过房屋税筹集充足的财政收入，以此用于地

---

① 蔡红英、范信葵：《房地产税国际比较研究》，中国财政经济出版社 2011 年版。

方基础设施建设和教育事业等。营业房屋税在中央政府向地方转移支付资金中的比重高达25%左右，占地方财政收入的15%~20%。因此，表明营业税在地方财政收入体系中的地位也十分重要。

4. 遵循市场经济原则和低税原则。

英国房地产税制效率原则有利于实现居民的分配效应，利于其房地产税效率的有效资源配置，以达到其房地产市场合理发展的作用。同时，在英国的房地产税制改革过程中，充分考虑社会公平问题，在税制上贯彻实施了低税、减税、免税的原则，贯彻房地产中性的原则，极大程度上保证了税收的公平性。

三、加拿大房地产税制

（一）加拿大房地产税制概况

加拿大是一个幅员辽阔、国土面积位居世界第二的超级大国。房地产税是加拿大最悠久的税种之一，已经有100多年历史，其"宽税基、低税率"的税收原则及完备的房地产价值评估体系，使加拿大成为诸多国家房地产税收改革的参照典范。加拿大是联邦制国家，其政府由联邦、省（地区）和地方三级政府组成。在税收管辖权上，加拿大实行分权分税的财政管理体制。省级政府和地方市政区政府负责行政区域内房地产税的征收和管理工作。

加拿大的房地产税在设计之初就将税收公平放在了最重要的位置，房地产税的征税对象几乎涵盖了所有类型的房产和地产，甚至设备和设施。减少不公平免税政策、对符合课税条件的纳税对象普遍以低税率征税，这不但能很大程度上体现税收公平原则，还可以在保证税收总额既定的基础上降低个人税负。

除了房地产税，加拿大的房地产税制还包括土地转让税、销售税和资产增值税。

（二）加拿大房地产税制的构成

1. 房地产税。

由于房地产税应税范围较大，单个纳税人的税收负担相对减轻，税收的公平性和合理性得到了体现。在加拿大政府统一制定的财税政策下，各省及地方政府可以自主开征房地产税。

（1）课税对象。加拿大房地产税征税的主要对象是土地、地上建筑物及永久性的构筑物。大部分省区，除征收营业性房地产税外，对市政区居民、农村居民住宅也同样征收，还有的省对农地和林地也征税。由于加拿大幅员辽阔，地区之间经济发展不平衡，各省和地方财政对房地产税的依赖不同，因此，各地对房地产税征税对象的定义也不尽相同，在一些省和地区，附着于房屋及土地上的机器、设备及其他固定物也被列入房地产税的征税对象；有的省还将电力、通讯、天然气和石油管线等线性财产纳入征税范围。房地产税的征税对象几乎涵盖了所有类型的房产和地产，甚至设备和设施。

（2）纳税人。在加拿大任何一个税收管辖区内，每一个土地、房屋、建筑物的所有者和国有土地的占有者都是房地产税的纳税人，有义务依据《估价法》和《房地产税法》的要求接受评估机构对应税不动产的评估并据以缴纳房地产税。

（3）计税依据。计税依据是不动产的当前市场价值，该价值由市政房产估价公司统一评定。依据市场价值评估之后的应税房地产价值总额增大，在房地产税收总额既定的情况下，房地产税的税率就相应降低。税率方面，加拿大同美国相似，均是由省或地方政府根据各地区财政支出需要自行核定。

（4）税率。加拿大全国范围内并没有统一的房地产税税率，这是因为房地产税是地方税种，税率由省或地方政府根据本地区财政需要而定。房地产税税率的确定方法与其他税种完全不同，由于房地产税属于从价征收的税种，因而，税负的高低既与业主的支付能力无关，也不直接与业主的收益情况挂钩。税率的确定过程一般是省或地方财政管理部门先匡算出地方财政支出同房地产税收入以外的其他收入之间的差额，进而确定年度房地产税应纳税款总额，再依据应纳税款总额和辖区内应税房地产评估价值总额的比例确定当年房地产税税率。加拿大的房地产税税率包含密尔税率（mill rate）和百分比税率两种。密尔税率通常以财政收入中应纳房地产税总额与应税不动产评估价值总额的比值乘以 1000 来表示。在实践中，各省和地区可以根据自身需要和便利情况，确定采用密尔税率还是百分比税率①。

（5）税收优惠。各省对房地产税采取的不同免税措施，使加拿大各地之间的房地产税制有很大差异。大多数房地产税免税规定都是通过省级立法强制实行的，地方政府（市政区）也有权力批准对特定财产给予免税。尽管各省的免税规定有区别，但下列种类的房地产在多数省都获得了免税：联邦、省（地区）和市政区三级政府自用的房地产，学校、学院、大学、公立医院、墓地、教堂、宗教团体等拥有的房地产。除了直接实施免税之外，加拿大房地产税的优惠政策还表现在对不同类别的房地产设定不同的税率、延期缴纳税款、补助或退税以及通过所得税制度实行抵扣等措施。

2. 土地转让税。

土地转让税是房地产交易税，属于地方税收，包括省土地转让税和市土地转让税。无论新房旧房政府都要征收这个税项，省和市的土地转让税均采用的是累进税率。具体规定为：购房价格中的前 \$5.5 万缴 0.5%；\$5.5 ~ \$25 万缴 1%；\$25 ~ \$40 万缴 1.5%；\$40 万以上缴 2%。②

另外，税法规定，初次在加拿大购房者可以享受一定的土地转让税优惠，减免幅度最高可达 2000 加元。

3. 销售税。

在加拿大进行任何消费，几乎都要缴纳 HST（统一销售税），仅有个别省份例外。购买新房必须缴纳 13% 的 HST，但是，为了安抚消费者，政府为售价在 40 万以下的部分提供了高达 2.4 万的退税。购买和销售二手房无须缴纳 HST，仅需缴纳与房地产交易相关的各项服务费用的 HST 即可。也就是说，卖方需要为律师费、经纪人佣金、搬家费等支付 HST，买方则要为验房费、律师费、评估费、按揭违约保险等支付 HST。③

---

① 蔡红英、范信葵：《房地产税国际比较研究》中国财政经济出版社 2011 年版，第 14 ~ 24 页。
②③ 加拿大房产税收政策详解，http://m.loupan.com/hwdc/news/201807/3351166，2018.7.24

4. 资产增值税。

资产增值税是对房地产产权发生变更时对房地产增值部分计征的一种税。对于加拿大居民来说，自住屋（main residence）在出售时是可以免交资产增值税的。但是，投资用房或非居民则必须为房产的增值部分纳税。如果一个人名下只有一套自住住宅，那么，该物业增值的部分不用上缴资本增值税。但是，税法规定，任何家庭在任何一年仅能将一套物业指定为自住屋。[①]

子女继承父母生前的房产时也需要缴纳增值税，如果父母去世时将自己的主要住宅作为遗产留给子女，不存在税务问题。但是，如果子女已经拥有一套主要住宅，则从继承之日起，必须指定其中之一作为投资物业，该物业将来转移时会有税务问题。加拿大税法有一条规定：死亡时视同出售（deemed dispositions upon death）。意思就是，人去世后，名下的资产需要清算，增值部分视同实现了销售，则需要申报交税，而且缴的税很可能是他一生中缴过的最高税款。这对继承人来说是一笔不小的负担。[②] 因此，不少继承人因无力支付税费才不得不将这些物业挂牌出售。

（三）加拿大房地产税制主要特征

1. 房地产税收是地方政府财政收入的主要来源。

加拿大房地产税收，至今仍然是地方财政收入的一项重要来源，占到财产税收的40%左右。加拿大的地方财政收入高度依赖房地产税，地方政府分用途类别征收房地产税，在大多数省和地区，房地产税收入用于政府服务提供公共服务，还用于学校教育支出。每年年初，地方政府根据本年度的计划支出情况制定年度预算，确定每个政府部门和国有企业的本年度的预算支出情况。根据地方财政收入的不同取得来源，与本年度的支出预算进行一一对应，差额部分为房地产税年度收入总额[③]。因此，地方政府非常重视房地产税收，这也是房地产税在加拿大能够蓬勃发展的重要原因。

2. 地方立法确保征管顺利进行。

在加拿大，各地方都正式立法来保障税款的顺利征收。例如，在安

---

①② 加拿大房产税收政策详解，http://m.loupan.com/hwdc/news/201807/3351166，2018.7.24

③ 金维生：《加拿大房地产税的征管及特点》，载《涉外税务》2004年第9期。

大略省分别有《房地产税纳税人公平法》《继续保障房地产纳税人权益法》进行税收保障；在哥伦比亚省，分别有《地方政府法》和《偏远地区房地产税法》来明确费用的收缴管理和特殊情况下税种的执行细则①。除此之外，加拿大政府每年都会发布关于房地产税征收及使用情况的详细报告，向社会公开、接受公众监督。由此可见，加拿大完备的税收体系不仅体现在其税种的设置上，更体现在国家全面的税收征管配套制度中。

3. 建立科学有效的房地产税估价制度。

在大多数的省和地区，虽然对房地产重新估价的时间间隔不同、所采用的估价基准年份不同，估价方法也有差异，但各省在确定评估原则的时候，不约而同地都选择以房地产的市场价值作为评估值来征税。加拿大的房地产税评估工作主要依据《房地产税法》《不动产法》《评估机构法》及各省的《房地产估价法》，这四部法律赋予了地方政府或物业估价局对不动产进行估价的权力。

同时，加拿大设有专业的、值得信赖的市政物业评估公司（简称MPAC），它是省和地方政府资助的非营利性公司，其职责就是为政府、房地产税纳税人提供公正、准确的房地产评估价值。该公司会通过对公共设施、小区医疗及教育水平、交通便利程度等因素进行综合考查，进而采用市场比较法、成本法和收益法对房地产市场价值每年进行一次评估。对已收到的房产价值评估通知书有异议的纳税人，可以向市政物业评估机构申请复议，而该复议程序也是完全免费的。

4. 已经建成卓有成效的房地产税评估争端解决机制。

由于加拿大的房地产税估价工作采用了计算机辅助批量评估，因此，因房地产个性因素造成的估价结果差异是不可避免的。如何解决估价争议问题将影响以房地产税估价方法确定税基工作的存在及发展。随着房地产税评税制度的建立，加拿大各省和地区结合各地的实际情况，建立起了卓有成效的评估争端解决机制。

---

① 金维生：《加拿大房地产税的征管及特点》，载《涉外税务》2004年第9期。

四、巴西的房地产税制

（一）巴西的房地产税制概况

巴西实行联邦、州和地方三级课税制度，税收立法权和征收权主要集中在联邦。巴西联邦税收立法有两种不同的程序：一种是联邦税务局提出建议，经财政部批准后报总统同意，提交国会讨论通过；另一种是由国会下设的财政委员会提出税收议案，交国会审议通过形成法律，交由税务机关执行。税务机关执行中不受任何干预。

巴西是南美洲税负较重的国家之一，共有各种捐税 58 种，房地产税收分属于联邦、州政府和市政府。其中，农村土地税属于共享税，遗产与赠与税归属于州政府，城市房地产税和房地产转让税归属于市政府。

（二）巴西的房地产税收制度

1. 农村土地税（ITR）。

农村土地税由联邦政府制定税收政策，农业部门负责征管，税额按原始土地在用于农业生产时产生的价值计算，税率按累进原则设计。税收收入 80% 归当地政府，20% 归农业部农垦局。征收目的除财政收入外，还在于促进土地的合理使用。

农村土地税前纳税人是农业用地的使用者。课税对象是用于种植庄稼、饲养牲畜及农业企业使用的农业用地。计税依据是农业用地本身的价值。在每年 1 月 1 日不属于城市范围的农村土地，应按裸地价值计征农村土地税。计税时根据土地面积及其使用比率将土地分为三类，根据土地面积与使用程度而异，税率在 0.03% ~ 20% 之间。例如，5000 公顷以上的土地，使用程度为 80% 以上，税率为 0.45%；如使用程度在 30% 以下，税率为 20%。

农村土地税税法由联邦政府制定，由农业部有关部门管理。此税有以下特点：一是以土地价值为计税依据，只要占有农业用地就要纳税，防止土地荒废；二是低税率。此税只在于激励土地使用者提高土地的利用，而不是要增加纳税人的负担；三是奖惩分明，受奖励和惩罚的纳税人之间税收负担相差数倍，因而鲜明地体现了政府的奖限政策。可见，农村土地税主要是为了促进土地合理、有效使用。

2. 遗产和遗赠税。

遗产和遗赠税（Imposto de Transmissao Causa Mortis e Doacao）是巴西对因继承或赠与而取得财产的个人征收的一种税。税法规定，巴西各州及联邦区有权征收遗产和赠与税。纳税地点为不动产所在地，动产、金融证券及债权为捐赠人所在地或凭证出具地。联邦议会规定最高税率为8%。

3. 城市房地产税（IPTU）。

在巴西，城市房地产税分为城市土地税和城市房产税，具体名称是城市房地产税（IPTU – Imposto de Propriedade predial e Territorial Urbana）。房地产税作为一个税种立法。

（1）城市土地税的税制要素。城市土地税是对城市无建筑的土地所有者课征的地价税。城市房产税是对城市房地产的所有者课征的土地税。税法规定，巴西不动产税税率因市而异。巴西城市土地税的税率大多在2%～3.5%。城市房产税的税率为比率税率，且各州不同，2000年为0.3%～3%。房地产税根据建筑面积、占地面积和价值计算。城市土地税计税依据是投资购买的地价。城市房产税的计税依据是房地产的评估值。

（2）房地产评估。巴西采用的评估方法主要是成本法与市场比较法相结合的办法，每年评估一次。由市政府组成一个评估团进行评估。评估团由市议会、市政府、房地产中介公司共同派人员组成，一般为15～20人，评估工作时间为60天。纳税人如对评估结果有争议，可向征收部门反映，如得不到解决，可上诉到法院。

（3）房地产税的管理。巴西房地产税按年征收，大部分城市在1～3月，但可分期交付。市政府每年可以根据房产价值的变化调整一次税收，但必须在次年的前3个月内做出通知，让房产拥有者知道其升值而变化的赋税额；否则，房主可以不交且上告。

巴西中央政府作出统一减免房地产税收的特殊规定，例如，公共设施、自然灾害、政府征用土地、自然保护区土地和为保护历史建筑风格的建房以及对长期没有利用的土地由政府统一征用分给无家可归的人等情形。同时，市一级政府也可以根据各自实际决定减收一些房产税收，比如，在圣保罗拥有70平方米以下的房产可以不交税，退休人员唯一的房产不交税。

4. 不动产转让税（ITBI）。

不动产转让税（ITBI – Imposto de Transmicao de Bens Imoveis）是巴西市政府对城市不动产按评估价值征收的一种税。税法规定，巴西不动产税税率因市而异，一般税率为 2% ~ 6% 不等。如里约热内卢市税率为 2%。

（三）巴西房地产税的特点

巴西房地产税的税制体系较为完整，主要对持有环节和转让环节征税，持有环节涉及农村土地税、城市房地产税；转让（继承）环节涉及不动产转让税、遗产和遗赠税。巴西房地产税注重对土地的节约和充分利用，对不同利用水平课以不同的税收，利用率越低，税负越重。房地产税注重调控房地产的居住功能，而房地产转让税注重对转让收益的调节，从而进一步调节财富分配。

第二节 亚洲国家的房地产税制

一、日本的房地产税收制度

日本房地产税可以追溯到江户时代，当时的年贡、地租作为国税的主要收入来源，是对农作物收成征收的一种收益税；继地租之后的固定资产税经过一段时期的演变，1950 年，根据"肖普建议"，计税依据改按房地产评估额，成为地方主体税种之一。目前，日本的房地产税制已形成针对房地产取得、保有、转让的均衡征税体系，对我国房地产税制有一定的借鉴意义。

（一）日本的房地产税制的构成

1. 日本房地产取得课税。

（1）印花税。土地买卖的现金收据金额超过 3 万日元时要缴纳印花税（个人出售土地则不在此例），通常由买卖双方折半负担。未贴印花或未贴足印花的，通常征收 3 倍的罚款；未加盖戳记的，征收与应贴印花同等金额的罚款。印花税针对房地产流转环节课征，买卖双方必须在书立合同上贴足印花，并在其上加盖戳记。合同的形式有多种，在正式合同之前，还有临时性合同，都需贴印花。

（2）注册执照税和不动产取得税。日本实行财产登记制度，即取得土地房屋的人为保全其权利而进行登记。该制度是日本对房地产取得和保有环节征税的基础。土地和房屋在市町村"房地产征税台账"上分开登记，并向一般市民公开。作为一项法定行政服务，自 2003 年起，除纳税人外，同时允许租地人、租房人和其他相关者公开阅览台账登记的全部内容。这项政务公开活动使纳税人有机会比较自己与同一市町村内其他人的房地产评估额，如对评估不服，可以向市町村的专门机构提出审查请求或向法院起诉。

进行登记时，取得房地产的人必须缴纳注册执照税。注册执照税的计税依据为房地产评估额、债权金额和不动产个数。其税率根据登记的种类如所有权保存登记、所有权转移登记、租赁权的设定、转租或转移登记、临时登记、抵押权设定登记、土地房屋分块分期登记以及登记注销等分别设定，如所有权保存登记税率为 4‰，对符合一定条件的新建住宅适用 1.5‰的税率，为促进房地产的流转，对新建住宅和二手房转移登记则适用优惠税率。

此外，房地产取得者还须缴纳不动产取得税，该税属于都道府县税。县税务所凭借房地产登记证明，到现场进行核实后，向纳税人送达纳税通知书并征税。征税日期为买卖合同上所有权发生转移的日期，即取得房地产的日期。不动产取得税的标准税率设定为 4%，其减轻税负的方法是变动计税依据，如 2004 年以房地产评估额的 1/2 作为计税依据，并减按 3%征收。除因继承、遗赠、信托、转让担保、土地规划换地等取得的房地产不征此税外，因买卖、交换、赠与、新建、增改建等取得的房地产都需征此税。其免征对象为取得费低于 10 万日元的土地、低于 23 万日元和 12 万日元的房屋和构筑物，以及用于公共和公益目的的道路用地及墓地等[①]。

---

① 孙德轩、宋艳梅：《日本房地产税制经验及借鉴》，载《税务研究》2011 年第 11 期。

"营改增"后房地产税制的重组与完善

（3）消费税。在日本，土地的出售不征消费税，而用于宅地的土地平整工程则需征消费税，这部分消费税添加在每块土地出让金之上，最终转嫁给消费者。对房屋的新建工程款和购入款，由工程承包商、不动产商缴纳消费税，最终转嫁给建筑商和购房者。不动产商介绍房地产买卖收取的中介费也需要缴纳消费税，税负最终转嫁给委托人。

（4）继承税与赠予税。

日本继承税和赠予税目前均采用10%～50%的6档累进税率。征税对象包括土地、房屋、有价证券、现金、存款等，其中继承税来自房地产的应税财产占60%～70%，占直接国税的3.4%。两者的计税依据是房地产的评估额。评估标准根据市价（指在纳税期内由不特定多数当事人进行正常自由交易时成立的价格）。免征继承税的财产包括墓地和供宗教、慈善、学术等公益事业用的财产。

2. 日本房地产保有课税。

（1）固定资产税。固定资产税是市町村级政府对超过一定数额的固定资产，以评估价为计税依据征收的一种税。

征税对象及纳税人。日本在改革地租、房屋税时，明确了固定资产税的征税主体为市町村，其收入全部归市町村支配，并将房地产的征收范围扩大到折旧资产（房地产以外供经营用的资产）。固定资产税实行台账征税原则，市町村政府对土地、房屋、折旧资产分别设有征税台账和补充征税台账，后者是为遗漏登记的房地产实际所有人或使用人准备的，凡是在台账上注册登记的房地产所有人均为固定资产税纳税人。

计税依据及税率。固定资产税的计税依据按照房地产市场评估价，原则上三年固定不变，从形态上区分为基准年度评估额和比照基准年度评估额，以区别不同情况、不同用途的房地产，通过合理调整计税依据、公平税负。固定资产税的标准税率为1.4%。日本对公益事业、住宅用地（灾区）等采取了一系列按照各种财产评估额给予一定比例减除的优惠措施，并通过设定期限加强某些领域优惠措施的执行效果。

免征点及减免税制度。固定资产税采用免征点制度，免征点为土地30万日元、房屋20万日元、折旧资产150万日元。免税范围则包括：政

120

府、皇室、邮政部门、自然资源机构、土地改良区、宗教法人、墓地、公路水路、国立公园和国家风景保护区、国家重点文化历史名胜、重点传统建筑群保存区、学校法人、社会福利及公益设施以及城市更新机构取得的土地等。固定资产税的减免优惠则主要集中在一定面积的新建住宅、新建租赁住宅、市区再开发工程建筑以及供老年人居住的优质租赁住宅上。

评估及价格确定。日本房地产评估实行市町村长负责的房地产估价师制度。其步骤是，首先，由市町村估价师做出实地调查后将评估结果提交市町村长，估价师评估所依据的是国土交通省土地鉴定委员会每年1月1日确定的公示地公示价格；之后，市町村长根据全国统一的房地产评估标准和实施方案确定房地产价格，并及时在房地产征税台账上登记后公示，同时将记载有各地区标准地价的路线价图供一般阅览。

市町村房地产评估根据土地用途（商业、工业、住宅、观光、农田等）和距离城市中心部的位置，在每一情况类似地段（街道、交通、居住环境等）选出标准地和标准田。标准地价格以地价公示价格的70%为尺度，并根据市场价进行调整。路线价采用画地计算法对宅地进深、宽度、形状、街道等进行修正后反映在评估价格上。

宅地和房屋评估采用不同的方法，在人口集中的商业区、办公区、住宅区、工厂区设置路线价，对市区以外的宅地评估按照评估额乘以各地段相应倍率的方式；房屋评估则通常采用以再建筑价格为基准的评估方法，即评估时先求出在同一场所新建房屋所需的建筑费用，再根据房屋现状，减除房屋的折旧和损耗。对农田和市区化农田也采用不同的评估和征税方法。普通农田按照买卖价格评估，市区化农田比照类似宅地价格评估。对宅地的税负调整通常根据负担水平确定相应的调整系数，商业地比照宅地，地价下降时调整系数向下调整。

征收管理。固定资产税的核定征收日为每年的1月1日，征税与否要根据征收日当天房地产的状况而定。因此，即使在征收日之后房地产因火灾等事由消失，当年固定资产税也要按全额来征收，不予退还。相反，征收日之后拥有的房地产不征当年的固定资产税。征收有效期限为自法定纳税期限起5年以内。纳税期为2月、4月、7月、12月，记载有各期应纳税额和纳税期限的纳税通知书于法定纳税期前十天送达纳税人。提前纳税的纳税人，市町村政府给予其奖励。根据市町村条例，因天灾、生活贫困接受补助以及其他特殊情况的人可以享受减免税优惠。

（2）城市规划税。城市规划税的纳税人和征收方法的规定均与固定资产税相同。不同的是，城市规划税的征税对象为城市化区域内和开发区内的房屋和土地，征收的税款专项用于该区域内的城市规划事业。折旧资产不包含在征税对象范围内。计税依据对住宅用地也设置了优惠措施，最高限制税率为 0.3%，对新建住宅一般不设减免税措施，但东京例外。

3. 日本房地产转让课税。

日本对个人和法人的房地产转让收益均征收国税和地方税，但征收方法有所差异。首先，普通个人转让房地产的收益只需缴纳个人所得税和个人居民税。房地产保有期以 5 年为界限，对个人超过 5 年的长期转让收益征收 15% 的个人所得税和 5% 的个人居民税，对不超过 5 年的短期转让收益征收 30% 的个人所得税和 9% 的个人居民税。通过对短期或超短期房地产转让收益课以重税，抑制以获取土地升值利益为目的的投机行为。房地产转让收益按照分类课税的方法，对总收入减去取得费（各种税费、贷款利息）、转让费（各种损失费、中介费、违约金）、扣除额（3 千万日元）之后的余额征收。其次，专门从事不动产业的个人转让房地产的收益不属于转让所得，而纳入经营所得，与此类似的情况，如农户或职员在自有土地上建造房屋后转让的收益，纳入杂项所得，均采用综合计税方式。上述两种所得视规模还须缴纳事业税；此外，从事房地产租赁业（属于以营业为主的工商业范畴）的个人也须缴纳事业税。个人事业税对工商业、畜牧水产业和自由职业征收，税率分别为 5%、4% 和 5%[1]。对法人的房地产转让收益首先计算出法人税税额，方法是先对销售收入和成本费用进行核算，求出税前利润，并作出相应的税务调整后，按当期收入额乘以适用税率来计算。法人税对资本金超过 1 亿日元的法人，适用税率为 30%；资本金低于 1 亿日元的法人；按年收入额低于 800 万日元的部分适用税率为

---

① 蔡红英、范信葵：《房地产税国际比较研究》，中国财政经济出版社 2011 年版。

22%；超过800万日元的部分适用税率为30%。法人居民税的计税依据也是上述法人税的税额，地方政府对法人税税额按照一定的比例（5%的都道府县民税＋12.3%的市町村居民税＝17.3%）以及按法人规模（资本金和从业人员）定额征收法人居民税。此外，法人转让房地产还须缴纳事业税，计税依据为经营所得。法人事业税不区分行业种类，对全部经营所得征收，分别采用5%、7.3%、9.6%的比例税率。① 无论个人还是法人，计算事业税时均可以作为费用，从翌年的个人及法人税额中向后结转扣除。

（二）日本房地产税制的特点

1. 构建了对房地产取得、保有、转让各环节协调征税的体制。

日本房地产税制吸取了国际通行做法，形成了对房地产取得、保有、转让各环节协调征税的体制。通过设计合理的房地产税制来促进房地产流通、满足供需平衡、抑制投机，始终是房地产税制研究的课题。对房地产价值追求合理税负的关键是房地产转让课税和保有课税的相结合，从而发挥税收的相乘效应。从长期看，转让和保有税率过高或过低均对经济产生不利影响：税率过高在地价上升期会降低需求、阻碍流通，在地价下降期造成房地产供大于需，供需不平衡导致房地产交易冻结；相反，税率过低则起不到抑制投机的作用。因此，为了减少税制对房地产交易和地价波动的负面影响，应该保持税制的稳定。在地价上升期对投机色彩较浓的短期转让所得重课，而对投机色彩较轻的长期转让所得轻课，以达到抑制投机，优先居住的目的。

2. 房地产税划归地方税体系，是地方财政收入的重要来源。

日本的房地产税收基本上划归道府县和市町村地方政府。在房地产税收中地价税、继承税、印花税和登录许可税归中央政府，不动产取得税归道府县，特别土地保有税、都市规划税、固定资产税归市町村。房地产税收是市町村级政府的主要收入来源，占税收收入的40%左右，日本市町村级政府来源于特别土地保有税、都市规划税、固定资产税的税收逐年

---

① 唐明：《日本房地产税制改革及其启示》，载《涉外税务》2007年第7期。

上升。

3. 对土地和房屋分别课征采用不同的税种和税率。

土地和房屋虽然都是不动产，但两者的自然属性和经济属性具有较大区别。土地具有稀缺性、不可再生性、耐久性等特征，房屋是附着于土地之上的建筑物，其房屋的一些特性是由土地派生出来的。同时从税负性质来看，土地税负一般由土地所有者负担，难以转嫁给他人房屋税负，在实际中可能会转嫁给房屋租赁者或使用者。因此，日本对土地和房屋采取分别课税的办法，对土地课税的税种有地价税、特别土地保有税、登录许可税不动产取得税等。在土地税和房屋税的税率上，土地税的税率比房屋税的税率高，一方面，以体现社会财富的公平分配、税负公平合理的基本原则；另一方面，充分发挥土地税特殊的调控作用，达到保护土地资源，优化土地利用结构，抑制土地投机和提高土地利用效率的目的。

二、韩国的房地产税收制度

（一）韩国的房地产税制课征制度

1. 不动产取得环节的主要税种。

（1）取得税。取得税是对取得房地产、车辆、机械设备、树木、飞机、船舶等实物的所有权以及取得矿业权、渔业权、高尔夫球会员权、公寓会员权、综合体育设施利用会员权等权利而课征的一种地方税。纳税义务人为通过购买、交换、继承、赠与、捐赠、对法人的现物出资、建筑、填充共有水面以及围海造陆等方式取得上述实物财产所有权与权利的取得者。

取得税的课税对象是土地和建筑物的，计税依据为取得当时的价额（用年付方式取得的为年付金额）。"标准税率"为取得对象价款和年付金额的2%，各地方自治团体可依据条例在标准税率50%的范围内进行加减调整，对于政策目的的6%和10%的"重课税率"，则不得进行加减调整。取得别墅、高尔夫球场、高级住宅、高级娱乐场所和高级船舶时为标准税率的5倍；依据首都圈整备计划法在过密抑制圈域（产业团地和工业地区除外）内新设或增设工厂而取得事业用课税对象时，为标准税率的3倍；

在过度抑制圈域新建、扩建本店或主要营业场所的事业用房地产时，为标准税率的 3 倍。[①]

（2）注册税。注册税是对注册有关财产权或其他权利的变更事项而课征的带有手续费性质的税。征税对象是对财产权或其他权利的取得、转让、变更、消灭事项的注册，纳税义务人是注册者。在房地产登记时，注册税分为两部分：一是以金额作为课税标准，按定率税课征的部分；二是以登记注册行为本身作为课税标准，按定额税课征的部分。税率根据房地产、车辆、机械设备、船舶、航空器、法人设立和商标权等不同的课税对象而有所不同（见表 5 - 6）。

表 5 - 6 　　　　　　　　　对房地产登记的注册税标准税率

行次	课税对象		税率
1	继承取得	农地	房地产价额的 3‰
		其他	房地产价额的 8‰
2	继承以外的无偿取得		房地产价额的 15‰
3	非营利经营者的无偿取得		房地产价额的 8‰
4	1～3 之外的取得	农地	房地产价额的 1%
		其他	房地产价额的 2%
5	所有权保存登记		房地产价额的 8‰
6	共有、合有、总有物的分割		房地产价额的 3‰
7	除 1～6 之外的登记		每件 3000 韩元

资料来源：石坚、陈文东：《房地产税制的国际比较》，中国财政经济出版社 2011 年版。

（3）印花税。印花税的纳税人为创建、转移和变更财产所有权而订立相应文书的单位和个人。课税对象为关于房地产、船舶、航空器等所有权转移的合同书，以及证券、存款等各种权利证书，税率因记载金额大小采取累进税率（见表 5 - 7）。

[①] 石坚、陈文东：《房地产税制的国际比较》，中国财政经济出版社 2011 年版。

表 5 - 7　　　　　　　关于房地产、船舶、航空器所有权转移的税率

记载金额（韩元）	税率
1000 万 ~ 3000 万（含）	2 万韩元
3000 万 ~ 5000 万（含）	4 万韩元
5000 万 ~ 1 亿（含）	7 万韩元
1 亿 ~ 10 亿（含）	15 万韩元
10 亿以上	35 万韩元

资料来源：石坚、陈文东：《房地产税制的国际比较》，中国财政经济出版社 2011 年版。

（4）地方教育税。地方教育税是一种附加税，注册税（汽车注册税除外）、休闲税、居民税均摊、财产税、对非营业小汽车的汽车税以及香烟消费税的纳税义务人负有缴纳地方教育税的义务。在地方教育税的课税标准和税率中，附加于注册税与财产税上的税率为各自税额的 20%。地方自治团体在地方教育投资财源周转必要之时，可以根据该地方自治团体条例的规定，在标准税率 50% 的范围内对地方教育税税率进行加减调整。

2. 不动产持有环节的主要税种。

（1）财产税。财产税对土地和建筑物普遍征收，即只要拥有不动产就要缴纳。课税对象是土地、建筑物和住宅。对土地、建筑物和住宅的财产税课税标准为市价标准额，由于在 2005 年末引进了住宅公示价格制度，为解决由此引发的财产课税标准一时间急增的问题，韩国采取了逐年提升课税标准的办法。即对于土地和建筑物，在 2006 年适用市价标准额的 55%，自 2007 年开始每年提高 5%，自 2015 年开始为市价标准额的 100%。对于住宅，在 2006 年和 2007 年为 50%，自 2008 年开始每年提高 5%，自 2017 年开始为市价标准额的 100%。财产税对不同的课税对象采取不同的税率。

（2）城市计划税。城市计划税的纳税义务人是对土地、建筑物和住宅负有财产税纳税义务人，课税对象是土地、非居住用建筑物和住宅。课税标准是按照土地、建筑物和住宅等直接适用相应财产税的课税标准额，税率是

单一的比例税率，税率标准为1.5‰，也可根据特别市、广域市、市、郡的条例，对相应年度城市计划税的税率做出调整，但税率不得超过2.3‰。

（3）共同设施税。共同设施税是为了充当消防设施、污物处理设施、水利设施及其他公共设施所需费用而对设施受益者征收的税种。建筑物或船舶的所有人为共同设施税的纳税义务人，课税对象是土地和建筑物及船舶。课税标准是土地、建筑物及船舶的价格，但是，采取逐年增加的方式，在2006年适用公示地价和住宅公示价格及非居住用建筑物的市价标准为55%，自2007年开始，每年提高5%，自2015年开始为100%。消防共同设施税适用0.05%～0.13%的超额累进税率，污物处理设施、水利设施以及其他公共设施适用标准税率为0.023%的单一比例税率，同时消防共同设施税对火灾危险建筑物的适用税率是一般税率的2倍。

（4）综合房地产税。综合房地产税主要是针对土地和住宅的税种，即对于住宅，将土地和建筑物合起来课征综合房地产税，对其他土地课征财产税。纳税义务人是各户的主要住宅所有人和土地所有人，课税对象是课征财产税的住宅和土地。住宅的课税标准是按照各个纳税义务人对住宅公示价格进行合算的金额上扣除6亿韩元；对综合合算课税对象的综合房地产税课税标准是在各个纳税义务人对相应课税对象的公示价格进行合算的金额上扣除3亿韩元；对特别合算课税对象的综合房地产课税标准是在各个纳税义务人对相应课税对象的公示价格进行合算的金额上扣除40亿韩元。

对住宅的综合房地产税适用四阶超额累进税率（见表5-8），对土地的综合合算课税对象与特别合算课税对象的综合房地产税率同样采取超额累进税率（见表5-9），为防止暂时性税负增加，韩国确定了各年度课税标准的适用比率和相应税率，并逐年增加，如表5-10所示。

表5-8　　　　　　　　　　　住宅的综合房地产税税率

课税标准（韩元）	税率
3亿（含）以下	10‰
3亿～14亿（含）	15‰

续表

课税标准（韩元）	税率
14 亿~94 亿（含）	20‰
94 亿以上	30‰

资料来源：石坚、陈文东：《房地产税制的国际比较》，中国财政经济出版社 2011 年版。

表 5 – 9　　　　　　　　　土地的综合房地产税税率

综合合算课税对象		特别合算课税对象	
课税标准（韩元）	税率	课税标准（韩元）	税率
17 亿（含）以下	1%	160 亿（含）以下	0.6%
17 亿~97 亿（含）	2%	160 亿~960 亿（含）	1%
97 亿以上	4%	960 亿以上	1.6%

资料来源：石坚、陈文东：《房地产税制的国际比较》，中国财政经济出版社 2011 年版。

表 5 – 10　　　　　　　　住宅和土地课税标准适用比率

住宅课税对象	综合合算课税对象	特别合算课税对象	
2006 年：70%	2006 年：70%	2006 年：55%	2011 年：80%
		2007 年：60%	2012 年：85%
2007 年：80%	2007 年：80%	2008 年：65%	2013 年：90%
		2009 年：70%	2014 年：95%
2008 年：90%	2008 年：90%	2010 年：75%	

资料来源：石坚、陈文东：《房地产税制的国际比较》，中国财政经济出版社 2011 年版。

3. 不动产转让及租赁环节的税收。

（1）转让所得税。转让所得税是对在拥有房地产期间产生的资本利益，转让该房地产时课征的国税。纳税义务人是在国内拥有住房或一年以上居所的个人和非居住者。课税对象是转让房地产、房地产相关权利、股份或股权，营业权、会员权等发生的转让所得。居住者转让所得的课税标准区分为综合所得及退职所得的课税标准进行计算的。

税率除了一般转让所得税税率标准（见表 5 – 11）之外，对于持有期间在 1 年以上、2 年以下时税率为 40%，持有期间不到 1 年时为 50%；属于 1 户 3 住宅时为 60%，属于 1 户 2 住宅时为 50%；非事业用土地转让的税率为 60%，未登记转让资产的税率为 70%。[①]

表 5 – 11   一般转让所得税税率

转让所得课税标准（韩元）	税率
1000 万（含）以下	课税标准的 9%
1000 万 ~ 4000 万（含）	90 万韩元 + 1 千万韩元超过金额的 18%
4000 万 ~ 8000 万（含）	630 万韩元 + 4 千万韩元超过金额的 27%
8000 万以上	1710 万韩元 + 8 千万韩元超过金额的 36%

资料来源：石坚、陈文东：《房地产税制的国际比较》，中国财政经济出版社 2011 年版。

（2）租赁用房地产税制。租赁用房地产税制包括取得税、注册税、综合房地产税以及转让所得税等具体规定。大韩住宅公社租赁住宅和住宅租赁事业者在取得税和注册税方面都有一定的减免优惠措施；租赁住宅法上的长期租赁住宅或作为多户租赁住宅具备住宅租赁期间、住宅书、价格、规模等一定条件的租赁住宅不在综合房地产税的课税标准合算对象的住宅范围内；对于因住宅租赁而取得的所得课税课征转让所得税，但对所有 1 个以下住宅者的住宅租赁所得不征收所得税。

（二）韩国房地产税制的特点

1. 构建了取得、保有、转让环节的不动产税制体系。

韩国不动产税制体系包含 11 个税种，从发挥调节作用的阶段来看，可将其划分为三类：不动产取得环节的税种包括取得税、注册税、印花税、地方教育税和农渔村特别税；不动产保有环节的税种包括城市计划税、共同设施税和综合房地产税；不动产转让环节的税种包括转让所得税和居民税（见表 5 – 6）。同时在租赁环节对取得税、注册税、综合房地产税与转让所得税都做了特别的规定。

---

① 资料来源：石坚、陈文东：《房地产税制的国际比较》，中国财政经济出版社 2011 年版。

2. 完善的不动产税基评估体系。

韩国不动产税基评估体系包括税基评估和征收体系两个系统。鉴定评价士和公务员负责税基的鉴定评估，不动产评估委员会进行审议，最终由建设交通部公示，公示形成的价格即为不动产税基，在此基础上，按照具体税制计算和征收税金。韩国国会对不动产税制和税基评估进行统一立法，高度中央集权。

作为评价人员的鉴定评价士，通过鉴定评价协会统一培训，负责标准地公示地价和标准住宅价格的评估业务。鉴定评估机构接受建设交通部委托，按照属地化和业务熟悉程度分配每个鉴定评价士的工作量，工作时间至少为 5 年。市、郡、区公务员，负责个别地公示地价和个别住宅价格的估算工作，通过实际调查住宅的特性，确定每个住宅的公示价格。

三、新加坡房地产税制

（一）新加坡房地产税制概述

新加坡的房地产税可简单分为两种：一种是交易环节的房地产税——印花税；另一种是持有环节的房地产税——财产税。印花税和财产税税收总计大约占国内税收总收入的 15%，成为新加坡重要的财政收入。

1. 印花税。

印花税是新加坡对各种应税凭证征收的一种税，征税范围是各种商事和法定文件、票据、证券等。纳税义务人根据具体情况而定，财产转让的纳税人为受让方，租约的纳税人为承租方。印花税的印花税分定额贴花和从价贴花两种，财产的转让、抵押实行从价贴花。

2. 财产税。

财产税是新加坡为调节不动产收益，对房屋、建筑、公寓和土地征收的一种税。财产税的纳税义务人是财产所有者，征税对象是房屋、建筑、公寓、土地的年值资金。财产税按财产年值 13% 的税率征收。财产的年值，按每年财产估算的租金总收入计算，税款由财产所有人分别于每年的 1 月和 7 月缴纳。同时新加坡规定，对用于宗教、教育、慈善和有利于社会发展的建筑物免税。

（二）房地产税收征管和税基评估

由于新加坡国土面积只有 719.1 平方公里，管理层次可以实现扁平化，全国范围内的财产税征收和税基评估工作均统一由新加坡国内税务局（简称 IRAS）的财产税处完成，其下不再根据地区另行划分和设立分支机构。

财产税征收相关工作的最高负责人包括财产税主计长 1 人和副主计长若干人，均由财政部长直接任命。税基评估的最高长官为首席评估官，首席评估官和财产税主计长平行设计，也是由财政部长直接任命并直接向其负责，并完全独立于财产税主计长。

具体的税基评估流程包括以下三方面：

首先，财产税处对全国的房地产的数据进行全面清理，整理出一个房地产评估清单，评估清单是新加坡财产税税基评估工作全过程的核心和基础。

其次，评估清单向全社会公开，所有业主都可以通过 IRAS 查询到自己房产的相关信息。这种近似于"公示"的做法有助于保证评估结果的透明和公正。IRAS 基于评估清单中给出的评估结果，在每年年底向业主发出缴税通知单，业主需要在次年 1 月 31 日前按指定方式完成缴纳财税。

最后，房产信息的更新，也需要广大业主的支持。作为维护评估清单的基础性条件，规定新加坡所有物业的业主有向首席评估官及时通报物业信息的义务，具体包括物业的落成时间、改建和拆除情况、业主变更情况、使用状况的变更情况、租金调整情况等，信息报送可选择通过书面文件或网络来完成。未能按要求提供相关信息可被处以不高于 5000 元新币的罚款。财产税处正是由于及时掌握了这些详尽信息，首席评估官团队能够保持评估清单中物业列表的准确，同时其中的租金信息也成为市场比较法中可比较案例的来源，成为确保年值评估结果准确的关键。

尽管财产税处在提高评估精准度上不懈努力，但财产税因为征纳双方利益取向不同，加上评估技术可能存在一定的瑕疵，有些业主对房地产税基评估结果存有异议在所难免。为妥善处理征纳双方的矛盾，确保纳税人的基本权益，新加坡规定了三级申诉制度，即业主如果对 IRAS 做出的房地产税基年值评估结果存有异议，可按此规定逐级向上提出申诉（不可越级）。

四、印度房地产税制

（一）印度的房地产税制概况

印度实行联邦、邦和地方三级课税制度，税收立法权和征收权主要集中在联邦。联邦和各邦的课税权有明确的划分，宪法规定，专由联邦政府课征的房地产税种有财富税、赠与税、土地和建筑物价值税等；各邦征收的房地产税种有土地价值税等；地方政府征收的房地产税种主要有土地捐、土地与建筑物税（对租金征收）、土地增值税、财产转让税（印花税的补充）等。

（二）印度房地产税制的制度设计

1. 财富税。

财富税，亦称"富裕税"，是于 1957～1958 年财政年度正式开征的。纳税人主要是个人及未分劈的印度人家族。课税对象是纳税人在资产评估之日当时保存的总资产减去总负债后的"净财富"。印度税法规定，农用土地、农作物及其他农用资产免征财富税；对免税的政府债券、短期利息、职业上的备品、供科研用的资产、著作权、专利权、养老金、生命保险证券、工业企业的新投资额等不征财富税。财富税根据净财富额的不同，按超额累进税率征收，对非居住者个人按减半征收。财富税课征方法与所得税相似，要经过申报、查定和缴纳三个步骤进行。

2. 赠与税。

赠与税是印度对个人、未分劈家庭、商行、个体协会、公司（公共事业公司除外）的馈赠物品征收的一种税。印度税法规定，赠与税的纳税人是财产的受赠人；课税对象是居民纳税人来自印度境内外的全部动产赠品和非居民纳税人仅在印度的动产和不动产赠品；税率按累进税率征收，2万卢比以下按最低税率 5% 征收，200 万卢比以上按最高税率 75% 征收。个人赠品的免税限额为 2 万卢比[①]。此外，对纳税人用于教育子女和捐给慈善机构的物品免税，对外汇资产也有多种免税。

---

① 陈永良：《外国税制》，暨南大学出版社 2004 年版。

3. 不动产税。

在印度，土地和房屋一样属于私有财产。政府按照土地的地理位置、繁华程度以及交通便利情况，将全国土地分为 8 个档次，每平方米相应的价格从 100 卢比（1 美元约合 43 卢比）到 630 卢比不等。一套位于新德里最繁华地区的 100 平方米的住房，每年应交的不动产税大约为 1.6 万卢比，超过了印度人均国内生产总值的一半①。这种重税显然是为那些富人或房地产投资者准备的。对于普通家庭，印度政府则规定了各种各样的减免和折扣。根据规定，每个家庭允许有一套自住房享受 50% 的不动产税费折扣，小于 100 平方米的房屋还可以再享受 10% 的折扣，房主拥有的住房超过一定年限也可以享受 10%～20% 的折扣；如果房屋所有人是妇女、残疾人等弱势群体或政府公务员，还可以再享受 30% 的折扣。这样，一个大中城市 100 平方米的自住普通住房，需要缴纳的不动产税基本维持在 4000～6000 卢比之间，如果房屋的地理位置不是很好，税费可能会更少。与折扣相对应的是，印度政府还为非自住房的不动产税规定了若干倍率系数，其中包括如果该房被用于出租而不是自己居住，则不动产税倍率系数为 200%；如果建房的目的不是为了居住而是用于零售店铺、小型企业办公室等商业用途，倍率系数则为 150%。通过这些不同的折扣和倍率系数，政府可以在一定程度上减少因房屋闲置过多造成的土地浪费，也可以减缓房地产投资过热导致的贫富分化现象。

第三节　我国香港地区的房地产税制

一、香港房地产税制概况

目前，我国香港地区涉及房地产的税种有物业税、差饷、利得税、印花税、酒店房租税等，覆盖了不动产取得、保有和流转环节，且"轻取

---

① 陈永良：《外国税制》，暨南大学出版社 2004 年版，第 233 页。

得、流转，重保有"，在不动产取得和流转环节税负较轻，鼓励不动产的流动，刺激土地的经济供给和交易，如印花税税率仅为 0.25%～3.75%，利得税只对房地产投机行为征税；不动产保有环节税种较多，开征了物业税、酒店房租税和差饷，以限制不动产的闲置和低效使用，促进不动产的优化配置。不同税种之间不存在重复征收和相互交叉，实现了"简税制、宽税基、低税率"。另外，还征收了地租（前称政府地税）。差饷物业估价署负责差饷和地租的评估和征收（置于公共服务下），其他由香港特别行政区税务局负责征收。

二、香港房地产税制的相关税种和课征制度

（一）物业税

物业税是向土地及建筑物的拥有人出租物业收入征收的所得税，于 1940 年开始征收。物业税的计税基础是物业出租的年度租金收入，税率每一纳税年度调整一次，2003～2004 年度为 15%，2004～2005 年度为 16%。实际征税时，税基是物业租金的净值，即在年度租金中扣除差饷和占租金 20% 的修理、保险、地租等费用后的余额。物业税一般由业主支付，若土地和楼宇由同一业主所有，土地和楼宇合并征税；若属于不同的业主，则须分别征税。如果建筑物属于企业，或企业有来自不动产的收入，则不征收物业税而征收企业所得税。需要强调的是，香港物业税是针对出租居住类不动产的收入课征的税项，税基为实际租金收入，对业主自住、业主授予亲属使用而不收租金以及空置的物业不予征税。由此可见，香港物业税的课税范围仅限于用于出租经营并获得租金收益的房地产。对个人出租房地产征收的物业税类似于我们对房地产出租课征的个人所得税；对企业出租房地产征收的物业税相当于我们的企业所得税。

（二）差饷

差饷是向土地及楼宇等不动产的拥有或使用人征收的财产税。差饷的历史最早可以追溯到 1845 年，"差饷"顾名思义，即"差人（警察）"的粮饷，用于维持警队的日常运作，到 1931 年政府开始统一征收差饷用以支付政府的一些公共服务的开支如食水供应、街灯及消防服务等。1995

年香港政府统一了评估和征收的责权。除了少量特殊用途的物业，如教堂、庙宇、农业用地、政府建筑物以及新界的农舍豁免外，其他物业无论是自用还是出租（通常由房屋使用人支付差饷；对于出租的物业，业主和租户协商支付差饷）一律要缴税。计税依据是应课差饷租值，即业主在市场中出租房屋所能获得的年租金收入的估算值。1999 年以前，香港特别行政区政府每三年对差饷的应课租值评估一次，从 1999 年开始，香港特别行政区政府每年都评估差饷的应课租值，以反映物业市场租金的变化，并随物业升值增加财政收入。差饷税率采用比例税率，每年由香港特区政府根据财政预算调整，由立法会批准。最高的年份曾经达到 17%（1975 ~ 1976 年），最低的年份也达到了 4.5%（1998 年），现行税率为 5%。

（三）利得税

利得税是香港特别行政区政府向从事行业、专业或商业经济活动时赚取或获得利益的单位和个人征收的税。出售资本性资产，免征利得税。对房地产发展商而言，房地产属于资本性资产，转让时不需缴纳利得税。如果税务局认定房地产转让或买卖行为属于投机行为，则须按规定扣除法定项目后，就利润的 16% 缴纳利得税。其纳税与否取决于公司、合伙营业人或团体是否在香港经营投机业务。

（四）印花税

印花税是对房地产交易征收的行为税。凡与房地产转让、租约和股票转让相关的文件，均缴纳定额或从价印花税。印花税的纳税人通常是文件的签署人，未缴纳印花税的文件不具有法律效力。1981 年，施行新印花税条例有 4 项印花税项目（以前为 52 项），包括在香港的不动产售卖转易契、住宅物业买卖合约、不动产租约及香港证券转让书。除了证券转让的文书外，其他须缴付印花税的文书大多数与房地产有关。

对不动产售卖转易契及住宅物业买卖合约按转让额从价计征，转让额按市场价值评估，税率为 0.25% ~ 3.75%，若买卖合约已缴纳印花税，则其后的转易契只交 100 元的印花税。不动产租约的印花税按租约期限决定（见表 5 - 12）。

表 5 – 12   不动产租约的印花税税率

	课税标准	税率
一般情况	租期≤1 年	租金总额的 0. 25%
	1 年 < 租期≤3 年	平均年租的 0. 5%
	租期 >1 年	平均年租金的 1%
特殊情况	租约包含一次性付款金额	加收一次性付款金额的 3. 75%

资料来源：石坚、陈文东：《房地产税制的国际比较》，中国财政经济出版社 2011 年版。

（五）地租

香港土地的政府所有制（属于土地公有制范畴）严格限制了土地所有权的转让，香港特别行政区政府出让的只能是土地的使用权。目前，在香港，名义年租制和实际年租制并存，未到期的批租土地还在实行名义年租制，续期和新批租土地则全部实行实际年租制。在征收范围上，除了新界原居民的乡村屋得到豁免外，名义年租制和实际年租制涵盖了香港所有物业。

名义年租制，即对 1985 年 5 月 27 日以前批出或到期后已获得续期的土地征收名义年租金。名义年租金的征收目的是对香港政府拥有土地所有权的象征，一般数额极小（在港岛及九龙界线街以南的居住、商业和工业用地，无论面积大小，每幅土地每年交租 1000 港元），在土地批租初期就固定下来，且每年不调整租值。

实际年租制，即对于续期 1985 年 5 月 27 日期满的土地（指所有新界和新九龙界限街以北的土地物业），土地承租人不用补交地价，但要在续约期内缴纳实际年租金；对于 1985 年 5 月 27 日以后新批出的土地，土地承租人除了要一次交清地价外，还要按年缴纳实际年租金。实际年租金的计算方法为物业应课租值乘以固定的租率。每年由香港特别行政区政府所属的差饷物业估价署通过评估房地产（土地和房屋合并评估）租金市值来确定应课租值（所采用的评估基准与差饷相同，即应课差饷租值），然后乘以 3% 来确定土地的实际年租金额。

三、差饷的评估和征收管理

差饷是香港房地产税制体系中的重要税种，长期以来，形成了较为完善的价值评估系统和征收管理系统。

（一）应课差饷租值评估系统

1. 应课差饷租值的评估方法。

香港建立了严格的财产登记制度，不动产课税采用市场价值评估税基的方法，由香港特别行政区政府差饷物业估价署负责对全港物业（含公屋）统一评估。香港应课差饷租值的评估方法主要有租金比较法、利润法、成本法和计算机批量评估法，这些方法分别有其适用范围。

（1）租金比较法。这种方法应用于评估住宅、写字楼及商铺和公屋等物业，主要步骤为：收集市值租金资料；分析及调整租金至符合应课差饷租值定义；分析及比较影响差饷租值的各种因素及特点；进行客观评估。

（2）利润法。这种方法是在没有租金资料可供参考时和评估特殊用途或存在专有经营情况的物业时使用，具体的步骤为：分析有关业务的收支，作为使用人愿意付出租金的指标；以总收入或纯利乘以一个百分比率（由评估专家依据市场研究分析确定）为评估的应课差饷租值。

（3）成本法。这种方法主要是在没有租金资料可供参考及不适宜用利润法时使用，例如，评估油库、高尔夫球场和休憩会所等物业，其步骤为：收集购买土地及开发楼房所需的成本，作为使用人愿意支付租金的指标；从总成本中扣除折旧和废弃开支等项目，计算实际资本价值（简称ECN）；把ECN乘以一个反映物业投资的回报率，即得到评估的应课差饷租值，而这一投资回报率经市场研究分析确定。

（4）计算机批量评估法（简称CAMA）。计算机批量评估法是应用统一程序及统计学知识系统地评估大量物业的一种方法，20世纪80年代初，就开始应用于差饷的估价和数据的管理，主要用于多层住宅、写字楼、商铺、分层工厂大厦等物业属性和估价特性较为相似的物业，在香港约85%的差饷估价都是用CAMA协助进行的。

使用CAMA时，首先，要在一幢大厦里挑选一个典型单元作为指标物业；然后，将物业内的其他单元与指标物业的各种影响租值的因素及特点作比较，建立数学关系。指标物业的估价一经评定以后，其他单元的估价可通过计算机算出来。目前，香港差饷物业估价署选定了29800多个指标物业，而关联物业约有 234 万个。这种方法的基本工作流程为：选取指标物业；确定指标范围；确定各种影响租值的因素，并进行相关调整包括：面积调整、楼层调整、附设值调整、综合调整等；确定基本租金率。具体的计算公式是：

相关物业的每月租金＝面积×指标物业租金

$$\times \left(\begin{array}{l} 1 + 面积调整百分率 + 楼层调整百分率 + \\ 附设值调整百分率 + 综合调整百分率 \end{array} \right)$$

2. 应课差饷租值的定期重估。

1999 年以前，香港差饷物业估价署每三年对应课差饷租值重新评估一次，1999 年以后，开始每年评估一次。这不但充分反映了物业市场的波动及租金的变化，而且可以公平合理地分配差饷负担。一般的工作流程为：搜集租金资料（每年 8 月）；分析数据，更新估价数据（每年 9 ~ 11 月）；重估应课差饷租值（每年 10 月 ~ 次年 2 月）；签署及展示估价册（次年 3 月）；应课差饷租值正式生效（次年 4 月 1 日）。

（二）香港差饷的管理与征收系统

1. 差饷的征收。

香港的差饷是分季预缴的，香港差饷物业估价署一般在季初发出征收通知书，而有关款额须于每季的第 1 个月（即 1 月、4 月、7 月及 10 月）月底前缴清。对于新建楼宇的住宅物业，均须在相关文件如入伙纸、转让同意书、租赁同意书或合格证明书等（以适用为准）发出之日起 90 天开始缴纳差饷。对于新建楼宇非住宅物业，须在物业的首次占用日期，或迟于上述有关文件（以适用为准）发出日期起第 180 天开始缴纳差饷。如果差饷在最后缴款期仍未清缴，则差饷物业估价署署长可在差饷额上加征 5% 的附加费，若在原来缴款期限起 6 个月内仍未清缴，则再加征总数 10% 的附加费。

2. 差饷的反对及上诉机制。

重估租值后，新的应课差饷租值会在每年的 3 月底或 4 月初发出的 4 ~ 6 月《征收差饷或地租通知书》上列印出来。载有新应课差饷租值的估价册及地租登记册会在每年 3 月底至 5 月底公开让市民查阅。如果市民认为其物业的应课差饷租值不合理，应在此期间向香港差饷物业估价署提交"建议书"，提出书面反对意见。差饷物业估价署的专业人员须进行复核，在当年的 12 月 1 日前发出通知书通知市民决定不作修改，或作怎样的修改。如果市民对差饷物业估价署的决定感到不满意，须在"决定通知书"送达日期后 28 天内向香港土地审裁处递交"上诉通知书"提请上诉并缴付相关费用。上诉人及差饷物业估价署署长均有权出席土地审裁处的聆讯，并可提出有关证据支持其立场。土地审裁处可维持、提高或减低应课差饷租值。土地审裁处的决定属最后的决定，但如果该决定涉及法律要点，上诉人可以向高等法院上诉庭提出上诉。

（三）香港差饷征收管理资讯系统

差饷的征收管理征收资讯系统主要由以下三部分构成：

（1）物业资料主系统（简称 PMS），是评估和征收差饷的计算机主平台，是物业资料的中央储存库，包括物业的地址、估价、账目及售价等资料。

（2）租金资料系统（简称 RIS），是租金资料的中央储存库，主要提供租金分析、统计报告和印制租金申报表等。

（3）重估差饷系统（简称 GRS），是每年重估差饷的主要运作系统，目前已超过 200 万个估价单元，主要用以计算新的应课差饷租值、提供管理报告及差饷收入预算等。以上三个系统的相互作用关系如图 5-1 所示。

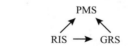

图 5-1　香港差饷征收管理资讯系统相互作用

第四节　主要国家（地区）房地产
税制的经验借鉴

通过以上分析得出，虽然不同国家（地区）国（区）情不同，体制各异，但是其他国家和地区在房地产税收制度设计方面的诸多成功经验，依旧可以给我们以启示，为房地产税制改革提供有益的经验借鉴。

一、建立多环节征税、作用互补、科学系统的房地产税收体系

我国房地产税制改革应借鉴美国、英国、日本的有益经验，建立起取得、持有、转让环节功能相互补充的房地产税制体系，改变长期以来"重流通、轻保有"的房地产税制特点。

（一）完善房地产流转环节税收

流转环节的房地产税包括取得和转让环节，取得环节是对取得土地、房屋所有权的纳税人征收的税收，转让环节主要是对转让房地产取得收入的纳税人征收的税收。取得环节税收一般根据取得方式设置税种，购置土地、房产等财产可能涉及取得税、注册税、契税、地方教育税等；继承土地和房屋权属一般设置遗产税和赠与税进行征收；转让环节一般设置契税、转让增值税、印花税、所得税等税种对纳税人的收益进行调节。比如美国设置了所得税，日本和韩国设置了所得税和居民税。

我国目前房地产的取得环节已征税种主要有契税、印花税、耕地占用税等税种，主要针对购置土地和房屋的纳税人征收的税种，对于继承的房地产部分税收缺位。美国在遗产继承环节有遗产税和赠与税调节，韩国也设置了取得税、注册税和地方教育税，日本则设置了不动产取得税、印花税和继承与赠与税。因此，借鉴相关经验，我国应在土地和房屋的取得环节设置遗产与赠与税，并结合费改税进程，将教育费附加改征教育税，购置房产的纳税人依据就近接受义务教育原则也应负担相应税收。在转让环节，我国目前主要征收所得税、印花税和土地增值税，但是，对个人转让房地产的所得税管理有待完善，土地增值税也是采取预征的方法，对个人转让房地产暂时没有征收。因此，借鉴相关经验，建议完善个人所得税税制，加强房地产转让的所得税征收管理，取消土地增值税，将其特殊调节功能通过深化增值税或消费税改革进行转化，以达到简化税制，逐步减少房地产流通环节税负的目的。

（二）改革、完善持有环节房地产税

保有环节房地产税是一定时期或一定时点上对个人或者法人所拥有房

地产资源进行征税。一般依据房地产的存在形态如土地、房产或房地合一的不动产来设置。房地产税制体系中主要包括不动产税、财产税税种。不动产税是对土地和房屋所有或占有者征收的税，计税依据为不动产评估价值。不动产税又可以分为两类：将土地、房屋、有关建筑物和其他固定资产综合在一起而课征的不动产税，例如，巴西、日本、加拿大的不动产税等；还有单独对土地或房屋课征的土地税和房屋税，如韩国的综合土地税等。不征收不动产税的国家里一般征收财产税，不动产也包括在其中，发达国家多采用这一种税，如美国、英国，操作方法是将不动产以及其他财产捆在一起，就纳税人某一时点的所有财产课征的一般财产税，计税依据是财产评估价值。以美国为例，所有人都是财产税的纳税义务人，各州的税率不一，大概在 3% ~ 10% 之间。

美国、英国、日本、韩国都很重视对房地产持有环节征税，一方面，通过税收限制纳税人大量持有房地产财产，影响市场供求关系；另一方面，可以通过征税提高纳税人的税收意识，组织财政收入，提高房地产的公共服务能力，从而提高房地产的区位价值。

我国目前持有环节主要征收城镇土地使用税和房产税，在房地产税制改革过程中，应借鉴相关国家和地区的有益经验，改革和完善持有环节的房地产税收。鉴于土地和房产价格的不可分割性，建议将土地使用税和房产税统一征收房地产税，并将居住性房产统一纳入课税范围，以达到调控房地产市场秩序，实现房子是用来住的社会目标。

二、实行分类征税制度

不同国家（地区）对土地和房屋征税的课税制度都或多或少地存在差异，每个国家（地区）都会结合本国（地区）的实际情况，考虑公平和效率设计房地产税收制度，大多数国家（地区）在设计课税范围、计税依据、税率和税收优惠都采取差别征税的政策，以实现国家（地区）的治理目标。

（一）课税对象和课税范围的分类

从课税对象和征收范围来看，房地产税收体系的征收对象主要针对的是土地和房屋。

绝大多数国家（地区）对坐落于本国（地区）区域内的所有房屋和土地都征税，如美国、加拿大、英国、日本、韩国以及我国香港地区，只是有些国家和地区对房屋和土地分别设置税种征收，有些国家和地区对房屋和土地采取统一的计税方法，但通常对农村及农业用地实行税收优惠，也有国家如挪威、瑞典、巴西等对农村不征收房地产税。对于征税的土地和房产，有些国家也区分居住和经营课征不同量的税收负担，体现国家政策。如英国征收的住房财产税和营业房屋税就体现了这种差别。我国的房地产税制改革过程中建议房屋和土地统一设置税种，但是，可以对居住用和经营用的房地产实行差别的税率和税收优惠。

（二）计税方法和计税依据的分类界定

计税方法主要包括三种形式，从价计税、从租计税和从量计税。各国以及同一国家不同地区在计税依据的确定上都不完全相同。大体上说，大多数国家如美国、加拿大等都采用从价计税方式，英国及其前殖民国家如马来西亚、印度等则多采用从租计税方式，也有少数国家主要是转轨国家如波兰、捷克实行从量计税方式。

从世界各国（地区）征收房地产税收的实际情况看，房地产税收也可按计税依据的不同划分为四大类。第一类是以房产价值为计税依据的房地产持有税，第二类是以房产经营收益为计税依据的房屋税，第三类是以房产转让价值或增值为计税依据的房屋流转税，第四类是以房产转让利润为计税依据的房屋所得税。虽然各国（地区）均有房地产税收，但不同国家（地区）以及同一个国家（地区）的不同历史时期的房地产税收的计税依据有可能不同，比如在农业社会中主要以房屋财产税为主，在市场经济的初期，以房产收益税、房产流转税为主，在市场经济的成熟期则以房屋财产税和房屋所得税为主，如目前发达国家主要以房屋财产税为主，有的国家称为房屋税，有的国家称房产税，土地税合在一起称为房地产税（或称土地税、土地改良税、不动产税）。

我国房地产税制改革可以借鉴已有成功经验，在房地产持有环节设置、征收房地产税，在房地产交易环节保留收益所得税，逐步减轻增值税、契税、土地增值税等流转税。从计税依据来看，将现有按照房产价值为基础的余值计税改为房地产评估价格计税，以减少房地产价格变化造成的税负不公平。

（三）税率的分类设置

从房地产保有环节税的税率水平来看，不仅不同国家（地区）之间会有很大的差异，而且由于房地产保有环节税收一般是地方税，同一个国家（地区）的不同区域之间也会有很大的差异。比如，美国是由地方政府采取"量入为出"的办法制定税率水平的，各州地方财产税的税率都不尽相同，英国不同地区的价值标准和税率也存在差异。从税率形式来看，采用比例税率、累进税率的国家居多。多数发达国家如美国、日本等采用比例税率，发展中国家多采用比例税率或累进税率。

我国房地产税制改革过程建议对房地产持有环节税——房地产税设置差别税率形式。对经营用房地产设置为比例税率征收，以提高经营效率；对居住性房地产建议设置为累进税率征收，持有的房地产数量越多，对应的税负越重，以减少房地产的投资（投机）功能，逐步回归居住性功能，同时，可调节贫富差距。与房地产紧密相关的其他税种应根据需要设置和调整税率水平和结构。

（四）税收优惠的政策差别

各国（地区）政府都是依据本国的实际情况对房地产制定税收优惠，而且很多国家（地区）的地方政府都有制定设置税收优惠的权利，因此，税收优惠的项目和办法即使在一个国家（地区）的不同区域也会有差异，在不同的国家（地区）更可能存在差异。一般而言，税收优惠分为对纳税人的优惠和对课税对象的优惠，前者主要体现在对低收入人群、残疾人或退休人群的照顾，后者主要对一些公益性、非营利性的房地产优惠。各国税收优惠所采取的方法，主要包括减免税、起征点、税收返还、延迟纳税、设定税基增长上限等。

我国房地产税制改革过程中建议对房地产持有环节税——房地产税设置差别优惠政策，对于经营性房地产，建议采用低税率，不设置税收优惠的方式；对于居住性房地产建议设置保障居住条件的免征额，可以结合居住面积和地域房地产评估价格确定。其他与房地产紧密相关的税种应根据需要设置和调整税收优惠政策。

三、合理划分中央和地方政府的房地产税收管理权限

房地产税是被广泛使用的地方税,从世界范围的各国(地区)税制结构看,无论联邦制还是单一制国家(地区),无论其税收制度有多大差异,给予地方政府一定的房地产税税收权限几乎是当前绝大多数国家的一个共同做法。而从具体的实行过程来看,房地产税通常是一国(地区)地方政府的主要税种,这种做法为地方履行政府职能提供了重要的财力支持和保障,也促使地方政府形成了相对独立健全的地方税收体系。

1994 年分税制实行以来,我国专门针对房地产的税收划归为地方税,但作为房地产税制体系中重要的持有环节税——房产税的课征范围和计税依据都需要进一步完善。因此,借鉴已有经验,结合我国国情,房地产税改革应遵循统一立法,赋予地方根据本地实际情况确定评估价格的权利。从税收收入归属上看,应延续房地产税的地方税属性,一方面,充实地方财政收入,满足地方提供公共服务的资金需求;另一方面,能够调动地方政府的积极性,实现税收的经济调节职能。

四、构建完善的房地产价格评估机制

按照房地产评估价格为基础来确定计税依据比按照房地产的购置价和市场价格更科学,对于纳税人的税负水平也更公平。但是,按照评估价为基础确定计税依据需要有独立于征税机关的评估机构和合理的评估程序。

(一)评估机构的设置

税基评估主体是税基评估基本理论中最基础的因素,是建立税基评估体系需要首先考虑的问题。税基评估主体是指税基评估的主要实施者及税基评估应当由哪个部门负责和由哪些人员实施。在评估实践中,房地产税评估往往涉及两个乃至三个行为主体,这主要是因为在税基评估中往往会出现纳税方对代表征税方的评估结果持有异议的情况,这样,纳税方就要寻找一家独立于官方的评估机构对存在争议的房地产进行评估,因而形成

税基评估的两个或三个行为主体。当然也有的国家只有一个评估主体，即代表征税方、纳税方以及独立第三方如法院利益的评估主体。但在只有单一评估主体的情况下无法保证纳税人的基本权利。世界各国（地区）评估部门的设立受本国（地区）税制和政治体制的影响，对税基评估主体规定也各不相同。有的国家设立专门的机构从事房地产税基评估，如英国设立中央、大区和区三个层次的评估办公室，其中中央和大区级的评估办公室主要进行管理协调工作，区级的评估办公室具体商谈及辖区内的税基评估工作；也有国家出于节约政府行政成本考虑委托社会评估机构进行税基评估。我国香港特区是估价署负责对全港所有房产物业进行差饷估价，并以此征收房产物业的一般差饷，与此同时它还负责地租征收，也就是说它集物业估价、收税、收地租三项职能于一身。在香港的政府组织架构中，估价署与地政总署、税务局为平行的行政机构。我国房地产税改革的计税方法和计税依据已经明确，即按照房地产评估价格计税。房地产税改革将涉及房地产估价，是借助社会的力量来完成大批量的估价任务，还是由政府新设立评估机构来完成，这是一个抉择，取舍的标准不外乎是提升效率与维护社会的公平与公正。

（二）制定合理的评估程序和方法

对房地产进行价值评估、税额确定的过程，涉及社会公众的切身利益，也事关社会的公平正义，需要大量的专业人员和扎实的基础工作。因地制宜简化评估程序和方法，充分披露相关信息并接受社会监督，是房地产税收公平公正的基础。

从评估程序来看，各国（地区）都选定了相应的评估机构，统一或分散地评估房地产的计税基础，然后计算出纳税人应纳的税款清单，如果纳税人有异议，可以申请复评或者申诉，以保护自身的合法权益。从评估方法上看，为了纳税人税收负担公平合理，宜在一国（地区）或一定区域范围采用统一的评估方法。例如，美国广泛应用计算机辅助批量评估系统（CAMA）和地理信息系统（GIS）作为房地产评税价值的技术支撑系统，各州、各地方政府的房地产评税在实践中已得到广泛应用。CAMA是通过计算机收集信息、建立模型的，在某一日期使用普遍数据标准化方法和统计检验评估一批房地产价值的过程。通过批量评估的方法可以大量节省征税成本和时间，如果采用中介专业评估人士对所有财产项目进行逐个评估，再按其评估值征税，不仅时间长，而且成本高，其评估结果受人为和主观因素的影响也会更大，采用批量评估得出的财产市场价值与财产实际出售的价值相差不大，也可以避免人为因素的干扰。由于房地产价格随着时间、环境、其他设施的变化而发生变化，因此，应建立动态的评估机制，如每年评估一次或者每两年评估一次。

第六章

房地产税制的重组和完善

第一节 房地产税制的改革目标与总体思路

一、房地产税制改革的目标（定位）

（一）已有成果对房地产税制改革的定位研究

房地产税制改革，主要涉及发挥房地产税取得财政收入、调节收入分配和调控经济运行的功能，但三大功能主次如何定位，功能作用又如何提升，仍值得思考和探讨。

胡怡建、范桠楠（2016）认为，我国房地产税所具有的收入、调控和分配三大功能有主次之分，从其逻辑关系和未来税制改革方向审视，可定位为筹集地方财政收入为主、个人收入分配和经济运行调节为辅的"一主两辅"的功能模式。房地产税与其他税种相比，具有税基可靠、税源充裕、收入稳定的特征。从世界各国征收房地产税的实践分析，最大的功能莫过于为地方政府服务社会筹集必要的财政资金。从我国现行的财政体制看，地方政府也迫切需要拥有独立、稳定的税收来源，而房地产税有可能担当起此重任。我国房地产税之所以定位于地方政府财政收入功能为主。由于房地产税具有受益税特点，作为地方的主要税源，强调其财政收入功能，发挥其为地方政府筹集公共资金的作用，符合公共财政内在要求，法理上顺理成章，同时也体现了政府征税权力与提供地方性公共服务的义务以及纳税人纳税义务与享有地方政府提供地方性公共服务权利的税收契约关系。加之房地产市场价格总体处于增值的上升趋势,为房地产税提供了相对稳定可靠的收入来源。因此,房地产税为地方政府筹集资金功能,既符合房地产税内在本质要求,又有利于提高地方政府的公共服务水平,也有利于我国建设以民生需求为导向的公共财政。①

田芳(2015)认为,国际上征收房地产税的国家大多以筹集财政收入,改善公共服务为目标,如美国、加拿大和澳大利亚等。他们对所有房地产实行普遍征税,并以评估价值作为计税依据。也有少数国家在对房地产普遍征税的同时,又以调控为目标设定了选择性征收税种,其中,最具代表性的有日本的地价税(1998年已停征)和韩国的综合房地产税,实践表明,这些税种的调控作用并不明显。并且根据国际经验指出,我国房地产税改革须坚持五大目标:一是筹集地方财政收入以弥补"营改增"后地方政府收入的减少。二是根据房地产税"受益税"的特征,促进地方政府提升公共服务水平。三是调节社会存量财富的再分配,以缩小我国城乡区域发展差距和居民收入分配的差距。四是优化资源配置效率。通过征收房地产税增加投机和投资者的房产持有成本,促使其自觉地调整购房行为,减少住房空置率,实现稀缺资源的有效利用和社会福利的最大化,提高房地产资源配置的效率,实现资源的优化配置。五是优化现有税制结构。房地产税改革应以提高直接税比重,完善地方税体系为方向,弥补市场经济条件下税收杠杆手段的缺位,实现税制结构的优化。②

赵惠敏、李琦、王晨旭(2014)认为,我国房地产的自然属性和经济属性与市场经济发达国家相同,即房地产可以作为消费品用来居住,也可以作为投资品用来升值,具有财产性质和财富象征。当前,我国房地产还承载着特殊的社会属性和政治属性,即在满足人们基本生活需要之上,成为一个衡量社会生活水平的标志,衡量社会保障状况的标准,直接影响社会稳定和国民福祉;房地产政策代表不同阶层的利益分配,影响不同群

① 胡怡建、范桠楠:《我国房地产税功能应如何定位》,载《财政研究》2016年第1期。
② 田芳:《房地产税改革目标及其路径》,载《财经问题研究》2015年第5期。

体的利益关系，直接关系到国家的政治稳定与经济发展。而房地产税是一种以房屋为征税对象征收的财产税，是民众住房产权被保护付出的代价。回溯房地产税本质属性，结合我国当前经济发展水平及财税体制的改革进程，应将房地产税改革目标定位为：首先是筹集地方政府的财政收入；其次为调控房地产市场；最后为调节贫富差距。三个目标相互协同，并根据现实情况进行权衡。[①]

已有研究成果大多是针对房地产税改革的定位进行研究的，在对房地产税改革的目标定位上都比较认同房地产税的财政收入功能为主，调节房地产市场发展和调节财富分配作为次要功能，同时还应兼顾公共服务水平的提高。而房地产税是房地产税收体系中重要的税种之一，因此，房地产税的改革定位对房地产税制改革的整体目标具有重要意义。但是，目前已有成果对房地产税制体系的改革目标缺少清晰地定位，本节结合已有成果对房地产税的目标定位研究和"营改增"后地方税体系的建设情况，提出房地产税制的改革目标。

(二) 房地产税制改革的目标

从现有房地产税收体系的结构来看，由于房产的价格与土地价格紧密相关，房产税与土地使用税分别征税，且计税方法不科学。"营改增"后，增值税与土地增值税的计税依据和征收环节存在一致性，也存在重复征税迹象。而房产税的课税范围不全面、计税依据不科学，对组织收入和调节财富分配的效能较差。

因此，课题组认为，房地产税制改革应该以优化税制结构、调节财富分配为首要目标。党的十八大以及《中共中央关于全面深化改革若干重大问题的决定》提出要"完善地方税体系"，以促进中央、地方的事权、财权相配比。而我国现行的房地产税收制度设计是以计划经济体制为基础的，存在"重流转、轻保有"、税费设置交叉重叠、间接税比重远高于直接税比重等弊端。在新一轮结构性减税的改革进程中，进一步理顺中央和地方的关系，提高直接税比重，完善地方税体系是我国税制改革的重要内

---

① 赵惠敏、李琦、王晨旭：《中国房地产税改革取向研究》，载《当代经济研究》2014 年第 9 期。

容，房地产税制改革应以此为方向，弥补市场经济条件下税收杠杆手段的缺位，实现税制结构的优化。

改革开放以来，我国居民的贫富差距不断扩大。以 2016 年为例，全国居民按收入五等份的分组的人均可支配收入，其中，低收入户人均可支配收入为 5528.7 元，中等偏下收入户人均可支配收入为 12898.9 元，中等收入户人均可支配收入为 20924.4 元，中等偏上收入户人均可支配收入为 31990.4 元，高收入户人均可支配收入为 59259.5 元（见图 6－1）。高收入户的人均可支配收入是低收入户的 10.72 倍，这还是按照平均数计算的结果，实际的高收入户与低收入户的差距会更大。

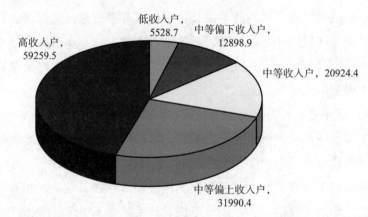

图 6－1　2016 年全国居民按收入五等份的分组的人均可支配收入（单位：元）

资料来源：中国统计年鉴 2017。

基尼系数是另一个反映居民贫富差距的指标，我国居民收入基尼系数 2008 年以前呈现上升趋势，2008 年达到近年来的最高值 0.491，之后开始呈现下降趋势，最低的 2015 年也达到 0.462，近两年又有回升趋势（见图 6－2）。虽然近年来我国的基尼系数虽略有下降，但仍然是高位运行，超过国际警戒线。这表明，当前我国贫富差距现象已经非常严峻，由于居住性房地产持有环节的税收缺位，从而催生出房地产的投资（投机）功能，高收入人群持有房地产的数量远高于低收入人群，随着房地产价格的不断走高，房地产的持有数量的差别会进一步增大居民之间的贫富差距。因此，需要采取科学、合理的经济手段对财富分配进行调节，防止贫富差距的继续扩大。

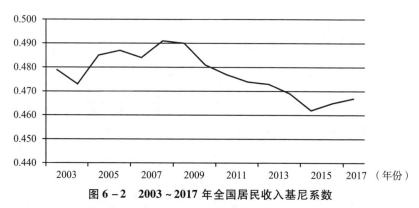

图 6 - 2　2003 ~ 2017 年全国居民收入基尼系数

资料来源：Wind 数据库。

组织财政收入也是房地产税制改革的目标之一。"营改增"后，在地方税收收入的构成中，房地产税收收入占有重要地位，是地方政府提供公共服务的重要财力支持。2010 ~ 2015 年，房地产税收收入占地方税收收入的比重分别为 20.96%、21.08%、26.1%、28.87%、28.1%、26.29%（见图 6 - 3），总体上呈上升趋势，这与房地产市场的繁荣不无关系。"营改增"之前，营业税是地方税收收入的重要来源，"营改增"后，增值税收入为共享收入，在中央和地方政府之间进行分成，地方独立的税收收入中，房地产税税收成为重要的收入来源。

房地产税制改革基于优化税制、调节财富分配的目标实现的过程中，同时会兼顾财政收入和房地产市场的调控职能。由于调节财富分配的税制结构中有适宜采用累进税率形式的税种，因此，房地产税制改革后，由于税基会拓宽，不一定会减少税收收入，有可能还会增加房地产税收收入在地方税收收入中的比重，继续为地方政府公共服务供给提供财力支持。而且，持有房地产数量越多，税负会越重，再加上遗产税的调节，纳税人会考虑税负与持有收益的博弈，会有部分的房产进入市场流通，增加二手房的供应量，从而调节房地产市场的供求关系。至于能不能通过房地产税制

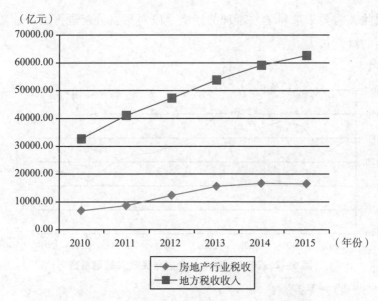

（亿元）

图 6 – 3　2010～2015 年房地产税收与地方税收收入

资料来源：Wind 数据库，中国统计年鉴 2011～2016。

改革影响房地产的价格，还要看市场供求关系的变化和居民对房地产价格走势的预期。房地产具有市场交易的商业性，其价格很大程度上取决于市场供求的变化，与普通商品无异。但是，由于房地产衍生的投资或投机功能，其价格持续走高以及大量的炒房现象的存在，政府试图通过金融政策和行政强制手段对房地产市场进行调控，但是收效甚微。因此，房地产税制改革，应该以优化税制结构、调节财富分配和房地产市场发展为首要目标，兼顾地方财政收入职能。无论出于税收的收入职能还是调控职能，房地产税制改革都迫在眉睫。

二、房地产税制改革的总体思路

房地产税制改革是针对于房地产市场的税收体系的改革和完善。除了要改变长期以来房地产保有环节税收缺位，还需要同时降低房地产交易环节税负，解决重要课税问题，消除个别税种计税的复杂性，简化税制。

房地产税制改革既要改革、完善现有税种，也要适时研究、开征新的财产税税种，以达到在结构性减税的改革进程中进一步调节税制结构，增加直接税比重的总体目标。在房地产市场，税收结构要改变流转环节税负重，持有环节税负缺位的情况，构建起科学的财产税体系，以便更好地调节社会财富，缩小贫富差距，维护社会稳定。据此，房地产税制近期改革的主要措施应包括以下几方面：

一是将房产税和土地使用税合并征收，并将课税范围扩大到居住性房产，以发挥税收的调节作用，减少房地产的投机行为；二是建议取消土地增值税。在"营改增"完成后，房地产行业不再缴纳营业税，也一并纳入增值税征收管理范围，与土地增值税的征收原理基本一致，存在重复征税的问题。取消土地增值税，对房地产市场的调节通过设定增值税的税率进行调控，或者通过消费税进行特殊调节；三是开征住房空置税，对空置1年及以上的住房征税，增加持有环节税收成本。通过房地产税改革、遗产与赠与税和住房空置税配合，逐渐挤压住房的投资和投机功能，是其回归居住功能；四是针对于现有与房地产行业有关对契税、耕地占用税、印花税税种不合理之处进行相应的改革和完善。另外，建议适时开征遗产与赠与税。虽然遗产与赠与税的课税范围不仅针对于房地产征收，数据显示，中国居民的非金融性资产在家庭资产构成中的占比较高，2003～2017年非金融资产占比均在50%以上，2008年达59.9%，之后趋势稳定，近两年缓慢攀升。与开征遗产税的发达国家相比，中国家庭非金融资产占比较高，并且与美国、英国、日本的非金融资产持有量成逐渐下降的趋势不同，中国家庭资产中非金融资产占比维持高位且有小幅上升趋势（见图6-4）。遗产与赠与税作为优化财产税制的手段之一，在调节财产分配的过度差异性，缓解贫富差距方面具有无可比拟的优势，并且与房地产紧密相关，因此，作为房地产税收体系改革的重要组成部分，遗产与赠与税的开征也是必然趋势。

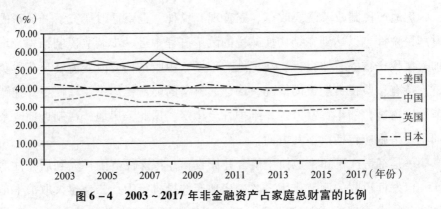

图 6－4   2003～2017 年非金融资产占家庭总财富的比例

资料来源：Wind 数据库—瑞信全球财富报告。

第二节　房产税与土地使用税合并征收房地产税

　　房产税与土地使用税合并征收房地产税已是我国税制改革的必然趋势，2013 年 11 月 15 日，党的十八届三中全会审议通过的《中共中央关于全面深化改革若干重大问题的决定》中明确提出，加快房地产税立法并适时推进改革。2017 年 12 月 20 日，财政部部长肖捷在解读党的十九大报告时，明确房地产税改革将按照"立法先行、充分授权、分步推进"的原则，对工商业房地产和个人住房按照评估值征收房地产税，适当降低建设、交易环节税费负担，逐步建立完善的现代房地产税制度。

　　关于两税合并征收的立法依据和具体的实施方案，已有不少专家学者提出了自己的观点。从已有研究成果来看，专家学者对两税合并改革的观点还没有完全达成一致，对先立法还是先试点、存量房产是否征税、保障居住条件的方案、改革后房地产税是否会成为地方主体税种等问题还存在争议。关于立法和试点顺序，实践中，已有上海、重庆的房产税改革试点做铺垫，十九大报告也已明确要加快房地产税立法的进程。因此，本节主要对房产税与土地使用税的合并征收的可行性和制度设计进行梳理和进一步探讨。

一、房产税与土地使用税合并征收的可行性

（一）房产税与土地使用税合并征收的法理依据

将房产税与土地使用税合并征收房地产税，是现阶段税制改革的重要内容之一。目前，业界对房地产税改革的法理依据的争议主要集中在两方面，一是土地使用权与所有权分离能否征税的问题；二是土地出让金与征收房地产税是否存在重复征收的问题。

1. 我国土地权属的特点不影响房地产税改革。

对于土地使用税与房产税合并征收房地产税，有观点认为，我国土地所有权归属于国家或集体，企业和居民个人只有使用权，没有所有权，因此，不宜立法征税。

对此，财税领域的专家学者提出了自己的看法，贾康（2014）认为，土地终极所有权问题对于开征土地保有环节税收不构成法理障碍，在土地终极产权属于国有的现状下，拥有土地上不动产具体使用权的持有者，有相对独立的自有物质利益，对于这些独立的物质利益，需要用税收手段加以调节[1]。安体富（2015）指出，居民拥有土地使用权，不具有所有权，并不影响居民对土地及地上建筑物的占有、使用和处分的权利，而且这种用益物权具有排他性，并且可以通过交易实现增值。因此，房屋和土地使用权作为征税的标的物，在法理上是可行的。[2]

从国际社会来看，也有国家（地区）对公有土地及地上建筑物征收房地产税的情况。英国的土地有私有部分，也有公有部分，公有土地包括中央政府所有、地方政府所有与公共团体所有等多种形式。英国政府对公有土地和私有土地都要征收不动产；新加坡的土地所有权也分为国有和私有两种形式，国有土地的出让方式与我国类似，一般采用拍卖、招标、有价划拨和临时出租等方式，将一定年限的土地使用权出售给使用者。而政府对所有房地产都是要征收房地产税的。

纵观我国的税制发展，也有征税与所有权无关的先例。1983年，为

---

[1] 贾康：《房地产税改革总体框架研究》，载《经济研究参考》2014年第49期。
[2] 安体富：《房地产税立法的法理依据与相关政策建议》，载《地方财政研究》2015年第2期。

规范国营企业与政府分配关系，开始对国营企业实施利改税方案。先是国家以管理者的身份，对盈利的国有大中型企业征收企业所得税，计税依据以实现的利润为基础，税率为55%。之后再按照国家的所有者身份参与税后的剩余利润分配，体现国家的双重身份；现有城镇土地使用税也是对土地持有、使用环节征税。从我国税制改革的发展历程来看，所有权并没有成为征税的障碍。

我国《物权法》也明确规定："用益物权人是对他人所有的不动产或动产，依法享有占有、使用和收益的权利"。在政府出让了土地使用权之后，取得土地使用权的用益物权人可以占有和使用，也可以出租、出售获取收益。因此，土地使用权属于"用益物权"，政府可以对占有、使用土地的行为征税，也可以对转让土地使用权，取得收益的行为征税。

因此，对土地占有和使用环节征税不存在法理障碍。而且，对占有、使用土地的持有环节已有城镇土地使用税在进行调节，目前，只是改变一下征收方式，与地上建筑物一并征税。

2. 土地出让金与房地产税的性质不同，不存在征收矛盾。

对于土地使用税与房产税合并征收房地产税，有观点认为在土地的出让环节，政府已收取一定期限的土地出让金，再征收房地产税会有重复征收的问题。对此，安体富（2015）指出，政府出让土地使用权征收的土地出让金和作为社会管理者征收房地产税是两个不同的范畴，土地出让金属于地租性质，而房地产税属于税收范畴。从历史发展的过程看，政府调节经济可以租税协调配合使用，并不存在矛盾①。

从土地流通环节来看，公有土地流通分为土地使用权出让（或划拨）和土地使用权转让两种情形。土地使用权的出让（或划拨）是土地流通的一级市场，是指政府作为土地的所有者将土地使用权出让给用益物权人的过程。《中华人民共和国土地管理法》规定，建设单位使用国有土地，应当以出让等有偿使用方式取得，但是国家机关用地和军事用地、城市基础设施用地和公益事业用地、国家重点扶持的能源、交通、水利等基础设

---

① 安体富：《房地产税立法的法理依据与相关政策建议》，载《地方财政研究》2015年第2期。

施用地可以通过划拨方式取得。有偿出让土地使用权取得的土地出让金属于政府作为所有者的资产收益，而非税收；土地使用权的转让是用益物权人从政府手中获取土地使用权之后再次转让取得收益的过程，属于土地流通的二级市场，土地使用权的转让收益目前通过增值税、契税、印花税、所得税等税种进行调节。

从持有环节来看，用益物权人通过出让或划拨方式取得土地使用权之后，在占有、使用过程中或用于经营或开发后用于居住、闲置。土地使用权作为资产形式参与经营过程会产生增值和收益，需要税收进行调控；用于居住会产生增值和收益，但是，保障居民基本居住条件是政府的职能，因此，土地开发后用于居住，可以限制性地放弃征税；而对于闲置的土地，需要用税收或者行政手段加以调控，土地属于稀缺资源，对闲置浪费土地的行为需增加其成本。

由此得出，政府出让土地使用权和土地使用权的占有、使用、转让并取得收益分属于土地流通和持有的不同环节，而且征收的性质也存在差别。因此，土地出让金和现行的土地使用税及两法合并后的房地产税不存在重复征税问题。

再者，房地产税改革并非新开征税种，只是现有房产税与土地使用税的整合，并将居住性房产纳入征税范围。对于保障居住的政府职能，改革后的房地产税也会设置免税等税收优惠，保障居民的基本居住条件。因此，房地产税改革并不存在法理障碍。

（二）不动产登记信息已完成全国范围共享

不动产登记信息共享是房产税与土地使用税合并征收的必要条件，通过房地产信息登记系统查询到纳税人所有的房地产信息资料，能够较为准确地评估纳税人的财产价值和纳税能力，有利于完善房地产的税收制度。2013年11月20日起，国务院常务会议决定由国土资源管理部门承担不动产登记职责，统一了房地产信息的登记平台。2015年3月1日实施的《不动产登记暂行条例》规定了登记范围，包括集体土地所有权；房屋等建筑物、构筑物所有权；森林、林木所有权；耕地、林地、草地等土地承包经营权；建设用地使用权；宅基地使用权；海域使用权；地役权；抵押权；法律规定需要登记的其他不动产权利。2018年6月，全国统一的不动产登记信息管理基础平台已实现全国联网，我国不动产登记体系进入了全面运行阶段。不动产登记信息的全国范围共享，为公平征收房地产税创造了基础条件。

（三）价格评估机制日益完善

财政部部长肖捷在《党的十九大报告辅导读本》中谈及房地产税，明确未来的房地产税将按照房屋评估值征收。也就是说，房产评估价格机制和评估系统建设是顺利进行房地产税改革的基础条件。

目前，财政部和国家税务总局在北京、深圳、江苏、湖北等地的模拟评税试点已较为成熟，各地在存量房交易管理环节也已普遍使用评估系统进行评税征收，由于存量房交易双方签署合同的价格会影响购买方缴纳契税的税款，因此，为了少交税，在实践中容易出现合同价格低于实际成交价格的情况，鉴于此，目前存量房交易权属变更时的计税依据已经广泛使用评估价格计税，即评估系统建设已较为完善。鉴于房地产税收涉及广大纳税人的利益和国家的税收收入，因此，在房产税和土地使用税合并征收后，应根据房地产价格变动情况及时调整评估价格，以维护国家和纳税人的权益。

二、房产税与土地使用税合并征收的制度设计

关于房产税与土地使用税合并征收后的制度设计，目前已有观点存在争议的主要涉及征税范围的界定、计税依据确定方法的选择、税率的设置、税收优惠政策的确定等。

（一）房产税与土地使用税合并征收后征税范围的界定

关于房地产税改革后的征税范围，有观点认为将所有房产纳入课税范围，才可以体现公平原则；也有观点认为先将增量非营业房产纳入课税范围，可以减小改革的难度。对此，贾康（2014）认为，房地产税改革应该按“调节高端”原则将城镇个人住宅纳入课税范围，同时，为保障居住条件，通过免税安排对低端的“第一单位”免于征税[①]。苏明（2016）

[①] 贾康：《房地产税改革总体框架研究》，载《经济研究参考》2014年第49期。

认为，房地产税改革除了应将城镇居住用房纳入征税范围，还应涵盖农村地区，即房地产税的课征范围应包括所有地区、所有纳税人的房地产。经营性房产对城市和农村统一征税，对于居住性房产目前可对农村免税，先对城市居民不动产征税，具体征税范围应包括商品房、自建私房、单位福利房（房改房）、经济适用房、廉租房等①。

《中华人民共和国房产税暂行条例》实施于 1986 年，长期以来，只对经营用房产征税，而对居住用房产不征税。当时中国的住房市场以公有产权（国有或集体所有）为主，单位职工对所用房产只有使用权，并需交付一定量的租金，所以，当时的房产税条例规定对居住用房产不征税。随着 20 世纪 90 年代的住房货币化改革，原有公有产权的住房经由职工购买变成了自有产权。房产性质的改变增加了人们的居住性资产，但是，由于当时收入水平普遍偏低，对于大多数人而言，房产主要用于满足自有居住条件。随着收入水平的提高，一部分先富起来的人有了改善居住条件的需求，中国的住房房地产市场逐步发展，伴随着收入水平的稳步提高，加上金融政策的贷款支持，越来越多的人有能力改善居住条件，住房房地产市场也因此越来越繁荣。由于房产税修正的滞后，缺少持有环节的税收调节，持有住房的数量和时间长度都不会增加持有过程的税收成本，从而催生出房地产的衍生功能——投资或投机功能，这是房地产税收的一个缺陷。炒房扰乱了正常的住房市场的供求关系，导致房屋价格越来越高，炒房者的收益也随之水涨船高，加剧了收入分配差距。

在市场经济条件下，税收是政府调控经济的重要工具。将居住性房产纳入房地产税的征税范围，有利于优化房地产市场秩序，一定程度上抑制房地产投资（投机）行为，调节财富分配，缓解贫富差距。也有人担心房地产税改革会增加居民的税收负担。毋庸置疑，任何税种征税范围的增加都会产生新的税收负担，但是，两法合并改革后将居住性房地产纳入征收房地产税的范围会有一个前提，即保障居民的基本居住条件。税制设计时可以通过设置税收优惠，对满足基本生活条件的住房免税。所以，对居

---

① 苏明、施文泼：《我国房地产税制度改革研究》，载《经济研究参考》2016 年第 9 期。

住性房地产征收房地产税不是对穷人征税，而是对持有多套房产者征税，而且持有的房产数量越多，税负可能越重。

从国外征收房地产税的经验来看，大多数国家（高收入国家和中等收入国家）征收房地产税均没有将居住性房地产排除在征税范围外。由于居民是地方公共物品（公共服务）的主要享受者，依据房地产税课税原理，体现了较为强烈的相对有偿性，即房地产税的征收和使用体现着"取之于民、用之于民"的特征。

基于房地产税的财产税属性，具有调节财富分配的功能，建议房地产税改革将所有经营性和非经营性房地产均纳入课税范围，再根据居民的居住条件保障和纳税能力，设置合理的税率和税收优惠。因此，房产税与土地使用税合并改革后，课税对象应该包括所有的房产或土地，但是，应界定农业用地和农民自用住房暂时除外。

农业用地以生产用地为主，农业生产作为第一产业，在国民经济结构中的占比越来越低，而且，农业生产是一个国家经济发展的基础，解决全国人民的温饱问题。由于长期的工农产品剪刀差，我国农业生产和发展的成本高而效率较低，农民收入水平也低于城镇居民的收入水平。因此，农业用地不宜纳入房地产税征税范围；农民自用住房一般也是根据居住需要进行建设的，流通性差，交易行为较少，基本不具备城市房地产的投资（投机）功能，也基本不存在炒房现象。如果就农村居住性房产征税，很大程度上会出现成本高而税收少的尴尬局面，也会增加农民的税负和心理负担，不利于全面建成小康社会的目标，建议近期农村居住性房地产不纳入课征范围。

（二）房产税与土地使用税合并征收后计税依据的确定方法

关于房地产税改革后的计税依据，大多数专家学者都认为应该采用评估价格作为计税基础。贾康（2014）建议，应按照房产评估价格计税，确定计税评估价格时要考虑房产面积、所处地段、房屋朝向、所在楼层等多种因素[1]；李文（2014）认为，房地产税计税依据应当以房地产的评估

---

① 贾康：《房地产税改革总体框架研究》，载《经济研究参考》2014 年第 49 期。

价值为基础，结合现行房产税在确定计税依据时可以扣除一定比例的规定，改革后的房地产税可以参考现有计算方法按评估价格乘以 70% 确定计税依据[①]；苏明（2016）提出，理论上房地产税的计税依据应该是房地产的市场价格，但是鉴于各种原因，税务部门很可能不能准确地掌握房地产的市场价格，因此，主张采用税基评定方法[②]。

从其他国家征收房地产税的情况来看，发达国家多以评估价值作为房地产税的计税依据，而非洲、亚洲、加勒比等发展中国家和转轨国家情况较为复杂，有采用评估价格作为房地产税计税依据的，也有采用租金和面积作为房地产税的计税依据（见表6－1）。

表6－1   世界不同区域的房地产税税基比较

区域	国家总数（个）	房地产评估价值	土地价值	土地改良物价值	租金	面积	定额
非洲	25	8	1	4	7	11	6
加勒比地区	13	4	4	0	8	5	0
亚洲	24	6	2	0	11	11	0
大洋洲	7	2	6	0	4	0	0
西欧	13	9	0	0	6	0	0
东欧	20	6	1	0	0	15	0
南美	16	14	2	0	1	0	0
北美	3	3	0	0	0	0	0
合计	121	52	16	4	37	42	6

注：有的国家采用两个或多个税基，故采用不同税基的国家数加总不等于第二列的国家总数
资料来源：Michael Bell（2011），转引自 Norregaard, John, Taxing Immovable Property – Revenue Potential and Implementation Challenges, IMF Working Paper, WP/13/129, 2013.

我国现有房产税采用房产余值或租金收入作计税依据，房产余值的确定是以房产的购置价为基础，减除一定比例。在房地产价格相对稳定的时

[①] 李文：《我国房地产税收入数量测算及其充当地方税主体税种的可行性分析》，载《财贸经济》2014 年第 9 期。

[②] 苏明、施文泼：《我国房地产税制度改革研究》，载《经济研究参考》2016 年第 9 期。

期，按购置价为基础计算余值进行征税，操作简便，便于征管。随着居民收入水平的不断提高以及房地产市场的日益发展，房地产价格日趋上涨，而且幅度较大（见图6-5）。购置房产的时间不同，购置价格会有很大差异，按照余值计税不符合税收公平原则，也不能很好地发挥税收组织收入和调节经济的作用；而现有土地使用税采用定额税率，按实际占用土地的面积计税。两税分别计征并且方法不统一，而且房产价格与土地价格密切相关，房产交易价格含有土地价格在内，分别征税，有重复征税嫌疑；另外，对占有、使用土地定额征税，不利于对土地利用的调控。

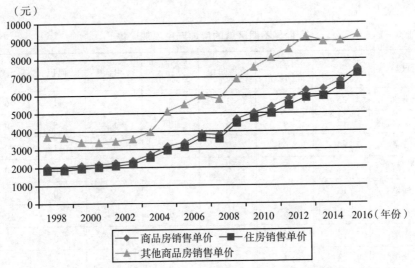

图6-5 1998~2016年全国商品房平均销售价格走势

资料来源：Wind数据库整理计算得出。

因此，两法合并后按照房地产评估价作计税依据是更好的选择。经过多年试点和运行，评估价在房产交易市场已经普遍使用，技术也已比较成熟。考虑到房产会随着使用年限的增加而产生越来越多的折旧，房地产的价值也因此受到影响，建议在重置成本评估价的基础上按照房产的成新度确定计税依据。成新度在土地增值税的存量房销售扣除过程已经普遍应用，与统一扣除比例的方式相比，按照成新度（根据房产的已使用年限确定）和评估价格确定计税依据更合理，也更公平；对于出租房地产的计税依据的确定，原理上可以选择租金计税，也可以选择评估价计税。鉴于房地产税改革后将对经营用房产和住房统一征税，所以，为了便于管理，建议对出租的房地产也一并按照评估价格计税。

（三）房产税与土地使用税合并征收后税率的设置

关于房地产税改革后的税率设置，已有成果倾向于采用比例税率形式，且不易过高。李铭（2011）认为，应该实行差别税率，对拥有豪宅的居民采用较高税率课征，对拥有普通住宅居住者采用较低税率课征，这样可以通过房地产税改革缩小贫富差距[①]。贾康（2014）认为，房地产税税率设置应遵循低税率原则，并且区分住房性质采用不同的比例税率，建议对经营性房产税率可设置为1%～3%的幅度税率，具体适用税率由省级政府根据当地实际情况确定；对居住性房产建议税率设置为1%，对拥有多套住房、高档豪宅的纳税人，建议按照面积或价格采用1.5%～3%的税率分档计税，超过2年尚未进行开发的土地建议按照3%的税率计税[②]。李文（2014）[③]、苏明（2016）[④]认为，房地产税应当实行比例税率，并且应区别对待，对非经营性房地产设置较低的税率，对经营性房地产设置较高的税率。

从国际实施情况来看，不同国家或者同一国家不同地区的房地产税税率都存在差异。从税率确定的方法来看，有些国家采用"以支定收"的原则，由政府在通过法律程序每年根据公共服务支出需要和房地产税税源基数计算出对应的税率，并向社会公布实施，如美国、加拿大、英国、澳大利亚等国家。而有些国家（或地区）特别是发展中国家则是由法律事先规定固定的税率；就税率结构而言，有些国家和地区采用差别比例税率，立法时根据房屋的评估价值、房产性质、所处地段等因素设置不同水平的比例税率。如美国哥伦比亚特区房地产税率设置时将房产分为4类，分别设置税率：居住性房地产税率设置为0.85%，商业和工业用房地产

---

① 李铭：《中国房地产税改革的相关问题研究》，载《金融与经济》2011年第7期。

② 贾康：《房地产税改革总体框架研究》，载《经济研究参考》2014年第49期。

③ 李文：《我国房地产税收入数量测算及其充当地方税主体税种的可行性分析》，载《财贸经济》2014年第9期。

④ 苏明、施文泼：《我国房地产税制度改革研究》，载《经济研究参考》2016年第9期。

税率设置为 1.65% 和 1.85%，空置房产税率为 5%，毁损房产税率为 10%。而有些国家实行的是累进税率，如韩国，对居住性房地产征收房地产持有税，税率设置为 0.5% ~ 2% 的超额累进税率；对土地征税的税率设置为 0.5% ~ 0.7% 的超额累进税率；而对于闲置土地，从高适用税率，实行 0.75 ~ 2% 的累进税率。就税率水平而言，不同国家或同一国家不同地区均存在较大差别，正常用房产的税率设置一般不超过 2%，但是，对于空置房及毁损的房产征收惩罚性税收，税率设置较高，可以设置为 5% ~ 10% 不等的税率。[①]

我国长期以来房产税只对经营性房产征税，从价计征的税率为 1.2%，上海房产税改革试点将住房适用税率暂定为 0.6%，减按 0.4% 征收，重庆房产税改革试点住房适用税率分别为 0.5%、1%、1.2%。湖北省鄂州市 2013 年对经营性房地产模拟评税数据测算平衡税率为 0.98%，同期参与评税的全国 12 省市平衡税率在 0.51% ~ 1.49% 之间[②]。

考虑到经营用房地产的计税依据由购置价为基础变为评估价为基础计税，且我国房地产的价格总体上呈现出上涨趋势（见图 6-1），部分存量经营用房地产的计税依据可能会有不同幅度的增长，本着稳定税负的原则，建议经营用房地产的税率可以统一设定为 1%，比之前的 1.2% 略有下降，以减轻因计税依据增加而可能产生的税负增加幅度；对于居住性房地产，建议采取超额累进税率形式，税率水平可确定在 0.3% ~ 2%，充分发挥房地产税的调控作用（见表 6-2）。税率的设置以不增加住房居住功能和改善居住条件功能的纳税人的税收负担为原则，对保障基本居住条件的住房面积给予免税的基础上，对购买改善型住房的家庭适用低税率，对拥有多套住房的家庭或个人，随着持有面积的增加税率不断提高。

① 李文：《我国房地产税收收入数量及其充当地方税主体税种的可行性分析》，载《财贸经济》2014 年第 9 期。
② 吴明喜、熊斌等：《湖北房地产税制改革试点情况及改革建议》，载《房地产税改革与地方税建设研讨会论文集》（2017），第 95 ~ 105 页。

表6-2　　　　　房地产税累进税率表（适用于居住性房地产）

级距	累进基础	计税依据（计税面积×评估价）	税率
1	不超过90平方米	实际计税面积×评估价	0.3%
2	超过90平方米至240平方米的部分	实际计税面积×评估价	0.5%
3	超过240平方米至400平方米的部分	实际计税面积×评估价	1%
4	超过400平方米的部分	实际计税面积×评估价	2%

注：出于对改善居住条件而重新购置居住性房地产的考虑，第一级累进据基础面积设计为不超过90平方米，后续的计税面积出于房地产税对财富分配调节的考虑；计税依据采用纳税人评估均价是出于公平原则和便于操作。

由于不同城市的房地产价格存在较大差异，对于累进税率的累进依据，房地产税立法时可以选择居住性房产的计税面积为基础，各省在制定实施细则的时候根据房地产税法的计税面积累进幅度，结合当地的房地产价格确定计税的累进依据。

由于每个纳税个人或纳税家庭持有的房产数量、面积、价格水平都存在差异，因此，税务机关应根据每个纳税人的房地产持有数量和单个房地产的评估价格进行房地产价值评估、汇总，计算出纳税人的评估均价。评估汇总后的总额扣除免征数额后，再根据累进计税面积和纳税人的评估均价评定房地产税税额，作为纳税人缴纳房地产税的依据。

（四）房产税与土地使用税合并征收后税收优惠政策的选择

1. 保障基本居住条件的税收优惠。

房地产税改革后的课税范围会扩大到非经营用房，如何设计保障居民居住条件的税收优惠，关系到广大居民的切身利益。对此，李铭（2011）、李文（2014）认为，对于个人所有非经营性住房房地产税的免征额可以按人均住房面积确定免税面积。贾康（2014）认为，应规定每个家庭的第一套住房（独立别墅除外），或者规定一定标准的家庭人均住房面积，给予免税处理[①]。侯一麟、马海涛（2016）提出，根据公平原则和量能负担原则，对于保障居民基本的居住需求方面，建议按照每个家庭成员设置

---

① 贾康：《房地产税改革总体框架研究》，载《经济研究参考》2014年第49期。

一定标准的评估价值减免额，然后对家庭或者个人住房的评估价值扣除减免额后的余额征税①。

对每个家庭的第一套住房免税，在操作上比较简单，但是，每个家庭的住房面积和价格可能会有很大差距，按套设计免征会产生不公平的后果，甚至可能会扩大业已存在的财富差距；按照人均住房面积进行免税设置，也涉及房屋的区位、档次而导致的价格不同，甚至会出现不同套数面积分割的计税问题；对于按家庭成员设置一个固定标准的评估价值进行减免，而后根据房地产评估价格扣除免征额的剩余部分进行征税这种方法，从原理上来看，考虑到了公平原则和量能课税原则。但是，房地产税作为地方税，如果纳税人的房地产分布于不同的区域，归属于不同的税务机构征收管理，操作起来的难度较大。

因此，建议房地产税的免税优惠按照人均免税面积和最高评估价格分地区设置人均免征额，即在房地产信息共享的前提下，计算出个人或家庭所有房地产对应的评估价格，申报时按个人或家庭成员减除免征额，超出的部分按照相应的税率计算纳税，在居住地缴纳。

对于保障居住条件的人均居住面积的大小，李文（2014）认为，应按照我国城镇居民人均住房建筑面积为标准设定人均免税面积；岳树民（2017）采用不同人均面积下的 MT 指数测算，建议 25 平方米左右为宜，此时征税范围大约为 70%②；上海试点住房房产税免征优惠为人均 60 平方米；重庆房产税试点的免征采用的则是家庭标准，对存量别墅规定每户免征 180 平方米，对新购的高档住宅规定每户免征 100 平方米。国家统计局的一份报告中提到：2016 年全国居民人均住房建筑面积为 40.8 平方米。考虑到纳税人为改善居住条件购买的住房面积相对较大，纳税人可能只有一套房产，或者可能还有房贷，为不增加改善型购房者的税收负担，建议将人均免税额的计算面积为 50 平方米较为适宜。

---

① 侯一麟、马海涛：《中国房地产税设计原理和实施策略分析》，载《中国财政》2016 年第 2 期。

② 岳树民：《居民住房房地产税免税扣除方式的效应分析》，载《房地产税改革与地方税建设研讨会论文集》2017 年第 10 期。

对于免征额计算的价格依据，可以选择区域实际评估价、评估均价、最高评估价。选择实际评估价格虽然最为公平，但是，免征额不能因人而设，因此，实际操作的可行性较差；选择评估均价看起来较为公平，但是，房地产价格的形成也有非人为因素，例如，市中心的老旧存量房产，评估价会高于周边房产，而这些房产大多属于福利性房产，房产所有者可能即是普通单位员工，因此，采用平均评估价格可能会损害到一部分纳税人的利益；采用区域最高评估价格和免征面积确定免征额，能够保障所有纳税人的利益不受损害，但是，会产生税收损失。考虑保障纳税人基本居住条件的前置，建议根据免征面积和最高评估价格设置免征额。

2. 其他优惠政策的设置。

两税合并除了要保障居民居住条件，还应考虑公共部门、公益机构和公共设施用房地产是否给予免税。贾康（2014）主张对学校、公园、宗教等公益性的房地产免税，而建议对行政机关及事业单位的房地产进行征税；李文（2014）则提出应对各级政府、国家机关、人民团体等自用的房地产给予免税，对由国家财政拨付经费的事业单位自用的房地产暂不征税，对博物馆、名胜古迹、宗教寺庙、公园等社会公益性组织自用的房地产免税。

现有研究成果对公益机构所用房地产给予免税的观点基本一致，但是对行政机关和事业单位所用房地产是否免税，现存观点尚存在分歧。主张免税者认为，行政机关和事业单位的经费属于财政拨款性质，征税会导致低效率；主张征税者认为，短期来看，征税会增加成本，但是长期来看，征收房地产税会促使行政机关和事业单位节约利用房产和土地资源。笔者认为，对行政机关和事业单位征收房地产税的成本增加导致的低效率明显存在，通过征收房地产税调控房产的使用数量致其减少存在不确定性，况且财政经费缴税对于个人利益不产生太多影响。因此，建议对行政机关和事业单位所用房地产免税，通过行政手段来控制行政机关和事业单位的房地产使用规模。

三、房产税和土地使用税合并征收的配套措施建设

（一）建议取消土地增值税

房地产税改革的总体思路是逐步增加持有环节税收，减少建设和交易环节税收。房地产税改革后，持有环节税负会有一定程度的增加，而土地增值税属于交易环节税收，而且"营改增"后，对房地产征收两个增值税使得税制变得更加复杂。

2016年5月1日开始，房地产行业税收调控由原来的营业税改征增值税，土地增值税也是对房地产增值额进行征税。首先，"营改增"后，对于房地产增值收益征收两个增值税，存在计税重复。虽然两个税种的调控目的不同，但是不符合简化税制的改革趋势。其次，土地增值税属于交易环节税收，计算较为烦琐，而且房地产开发周期较长，征管也存在一定难度，长期以来形成的欠税较多。最后，针对我国现有房地产行业交易环节税负重，持有环节税负轻的弊端，将房产税和土地使用税合并征收，并且将住房纳入课税范围，持有环节税负会有所增加，为了不过多增加纳税人的负担，维持房地产行业税负稳定，因此，建议取消土地增值税，对房地产的特殊调控职能可以转化到增值税或消费税进行调节。如果转化到增值税进行调控，税负的高低可以通过房地产增值税税率的变化进行调节，例如，将房地产行业税率调整为一般税率，即16%征收，以转化取消土地增值税的调节和收入职能；如果转化到消费税进行特殊调控，则根据目前土地增值税的征收情况重新设置税率，消费税的计税方法与目前的土地增值税的预征方法基本一致。鉴于"营改增"后增值税税率的变化比较频繁，纳税人对提高增值税税率的接受也存在一定难度，将土地增值税的特殊调控职能并入消费税应该更顺应税制的简化趋势和方便税收管理。

（二）房地产税改革后逐步取消限售的行政管制

为了房地产市场的健康稳定发展，不少地方制定了限购、限售措施，以限制房产的投资或投机功能，强调房产地的居住功能。伴随着房地产税的立法和实施，持有房地产的纳税人需要按规定缴纳房地产税。在基本居住条件免税的前提下，纳税人持有的房地产越多，随之产生的房地产税的

纳税义务也越多，有可能会出现纳税人的财产性财富较多，但是缴税资金不足的情况。而且，房地产税改革后，纳税人可能会根据自己的房产构成，调整持有房产的数量或结构。限售在一定程度上限制了纳税人将房产变现的途径，可能影响纳税人完成纳税义务或者调整自己的资产结构。因此，建议取消限购、限售措施，特别是限售的行政管制。

（三）建立纳税人社会信用体系

随着房地产税以及个人所得税课税方式改革的不断深入，直接税的比重会不断增加，提高纳税人的依法纳税意识会越发重要。鉴于个人的住房性房产分属于不同的区位或城市，因此，相比于个人所得税的源泉扣缴方式，房地产税更宜采取个人申报方式。在个人申报方式下，地方税务机构应充分发挥监督职能，建立起个人社会诚信体系。房地产管理部门也可以设定房产交易清税机制，对需要进行交易的房产，需缴清房地产税方可进行交易。

第三节　取消土地增值税，转化其特殊调节功能

土地增值税是对在我国境内转让国有土地使用权、地上建筑物及附着物的单位和个人，就其增值额征收的一种税。土地增值税开征于1994年，其目的主要是参与房地产企业的收益分配、调节房地产市场秩序。

一、土地增值税的开征背景

改革开放前，中国土地管理制度一直采取行政划拨方式，土地实行无偿使用，不允许买卖。1987年开始，中国对土地使用制度进行了改革，实行国有土地使用权出让制度，对获取土地使用权的主体征收土地出让金。土地出让制度的改革，促进了房地产行业的发展和房地产的市场化。但是，由于长期实行计划划拨体制，土地出让制度初始阶段，对有关土地管理的各项制度建设滞后，对土地开发销售的相关制度也不健全，因此，在房地产行业发展中也出现了一些问题。特别是1992年及1993年上半

年，中国部分地区出现了房地产市场持续高温，炒买房地产情况严重，使得当时本不充裕的很多资金流向了房地产，加剧了资金市场的紧张状况，使国家的产业结构发展失衡。

土地的出让制度以及房地产市场的发展对提高土地使用效益，增加国家财政收入，改善城市基础设施和人民生活居住条件以及带动国民经济相关产业的发展都产生了积极作用。但是，由于缺乏必要的经济调节手段，房地产开发企业的垄断利润加剧了社会分配不公，也造成了国有土地资源收益的大量流失。

为了适应市场经济的发展，调控土地和房产市场的垄断利润，在特定的时间，开征土地增值税应时而生，1994年正式征收。土地增值税对于调节房地产市场的发展起到了一定的作用，但是，土地增值税由于制度设计相对复杂，再加上房地产开发企业的成本、费用的多元化以及房地产预售的销售方式，在征收管理过程中存在诸多问题，特别是"营改增"后，土地增值税的存续值得商榷。

而且，《财政部国家税务总局关于调整房地产交易环节税收政策的通知》规定，自2008年11月1日起，对个人销售住房暂免征收土地增值税。

二、土地增值税的税收成效

（一）土地增值税为地方财政筹集财政收入的情况分析

土地增值税自1994年开征以来，为增加地方政府财政收入做出了一定贡献，特别是随着房地产市场价格的上涨，税收收入不断增加。2000年土地增值税税收收入仅有8.39亿元，占地方财政收入的比重仅为0.13%，没有土地增值税几乎不太影响地方财政资金总量。但是，随着房地产市场的不断繁荣，房地产市场价格的不断上涨，土地增值税的税收收入不断增长。到2005年土地增值税税收收入140.33亿元，5年增长了15.7倍，占地方财政收入的比重提高为0.93%。近年来，土地增值税的收入贡献不断提升，到2016年，土地增值税税收收入为4212.19亿元，占地方财政收入的比重提高到了4.83%（见图6-6、图6-7）。

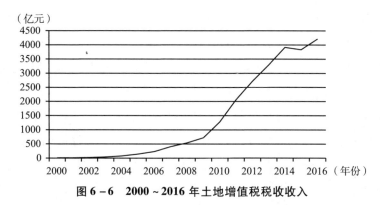

图6－6　2000～2016年土地增值税税收收入

资料来源：中国统计年鉴2001～2017年历年版。

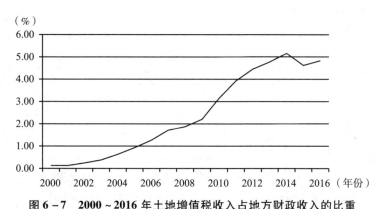

图6－7　2000～2016年土地增值税收入占地方财政收入的比重

资料来源：中国统计年鉴2001～2017年历年版。

（二）土地增值税对房地产市场的调控效果分析

　　近年来，商品房平均销售价格持续走高，土地增值税的大幅增长对商品房屋平均销售价格的影响不明显，土地增值税对商品房屋销售价格并无明显的拉升或抑制作用。从每平方米销售商品房土地增值税占销售价格的比率来看，现阶段土地增值税在房地产价格构成中仍处在较低的比例水平，土地增值税的征收对房价的影响力有限。中国统计年鉴数据显示，2016年商品房销售面积为157348.53万平方米，商品房销售额为990641734万元，当年土地增值税为4212.19亿元。计算得出，2016年商品房平均销售单价为7475.57元/平方米，每平方米土地增值税为267.7元，占销售价格比为 3.58%。而 2000 年商品房销售每平方米土地增值税为 4.5 元，占销售价格比为 0.21%（见图 6-8）。16 年间增长了 3.37 个百分点，年均增长 0.21 个百分点。相比而言，随着房地产价格的逐步上涨，土地增值税不断增加，占房地产销售价格的比例也在不断增长。因此，可以说明，随着土地增值税的大幅增长，其对房价的影响力在逐步增强。但是，土地增值税的高低仅影响商品房的成本构成，而商品房的价格则由市场供求决定，土地增值税占商品房销售价格的比例很小，其对商品房价格的影响并不显著。

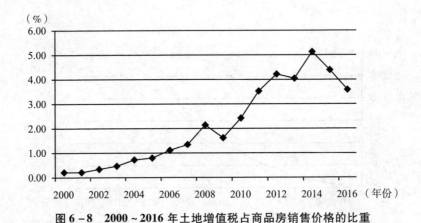

图 6-8　2000～2016 年土地增值税占商品房销售价格的比重

资料来源：中国统计年鉴 2001～2017 历年版。

三、我国土地增值税存在的问题

自 1994 年开征以来，土地增值税在抑制土地投机、调节土地收益、筹集财政收入等方面均发挥了较为积极的作用。但由于土地增值税制度本身设计较为复杂，缺少细化操作标准，加上房地产市场的销售方式的特殊性，导致在具体实践过程中无法准确计算房地产开发企业的土地增值税的实际税负，通常采取预征制，纳税人税款拖欠现象严重，管理面临较多困难。

（一）政策设计复杂，征税成本高

首先，税率设置较为复杂。任何税种都必须通过有效的税率形式和税率水平来取得合理的收入和调节资源配置，土地增值税作为政府调节房地产行业的税收手段，旨在调节房地产企业的垄断利润、节约利用土地资源，引导房地产市场的有序、健康发展。但是，土地增值税将税率设置为超率累进形式，增大了适用的复杂程度。从税率水平来看，土地增值税采用30%、40%、50%和60%四级累进税率，边际税率水平偏高。从国外征收土地增值税税率的设置来看，意大利的不动产增值税、日本曾经征收的土地增值税以及德国曾经征收的联邦土地增值税的最高边际税率均为30%左右。相比而言，中国的土地增值税负担偏重，这也是造成房地产开发企业拖欠税款的原因之一。根据税收的量能负担原则，过高的名义税率虽然看起来调控力度较大，但是，如果纳税人如实缴纳税款，会削弱纳税主体的投资活力，同时容易引发避税和寻租行为，加重税收的监管成本。

其次，土地增值税计算复杂。土地增值税的计税依据是土地增值额，在增值额的确定过程中需要对收入进行认定、对成本和费用进行测算，而成本费用还规定了扣除限定，考虑到房地产开发企业的材料购进有可能缺少凭据，还设置了附加扣除比例，从而导致增值税核定计算较为复杂。由于税款计算复杂，税率水平高，房地产开发商可能不愿意提供关于开发成本和开发费用的翔实资料，使得土地增值税计算过程的伸缩性过大。这就增加了纳税人存在逃避缴纳土地增值税的可能，而且税务部门对企业的成本监控和审核难度很大，不利于税款的及时足额入库。

土地增值税制度的复杂设计给界定土地增值税额以及准确计算土地增值税带来一定难度，降低了税收征管的工作效率。

（二）征收管理不到位，税收流失严重

开征土地增值税的初衷是调控土地增值产生的过高房地产转让收入，抑制通过炒买炒卖房地产获取暴利的行为。但目前土地增值税并没有充分发挥调控房地产市场秩序的功能，主要是因为土地增值税制度设计复杂，房地产的预售模式以及成本费用的界定难度较大，所以在征管上过于依赖预征手段。

长期以来，土地增值税实行以预征与项目清算征收相结合的征收办法，即事前预征、事后清算、多退少补，预征税率一般在 1%~3%。土地增值税预征采用比例税率，从而具有征管简单、征管成本低的优势，同时，房地产开发商也能充分利用资金的时间价值享受递延纳税，表面上看，对于税务机关和纳税主体形成双赢局面。但是，在具体征收的管理过程中，由于准确计算土地增值税的难度较大，造成了管理上过度依赖预征方式，对清算环节不够重视，有些地方甚至干脆只预征、不清算，造成税款流失。

2013 年 11 月 24 日，根据央视《每周质量报告》报道称，调查发现，多家知名房地产公司欠缴土地增值税，且数目惊人。报道称，2005~2012 年的 8 年间，房地产开发企业应交而未交的土地增值税总额超过 3.8 万亿元。为此，央视记者对主管税务机关进行调查时发现，主管税务部门竟然没有掌握辖区内房地产开发企业土地增税的数据。对此，财政部财政科学研究所副所长刘尚希表示，土地增值税实际上是征管非常复杂的一个税种，对税务部门的征管能力要求非常高，如果达不到的话，那么土地增值税就征不到位。[①]

根据现行的《土地增值税暂行条例实施细则》，土地增值税最后清算的部分操作较难。一般情况下，主管税务机关要等到房地产开发项目全部竣工并完成销售的 85% 以上才能对之进行清算。又因房地产开发项目多是滚动开发的，从拿地、开发到竣工一般都要 2~3 年的周期，财务成本核算又较复杂，清算工作难度较大。如果遇上销售不利，也要等到项目取得销售许可证满 3 年后才能对之进行清算，因此，土地增值税的清算周期短者 2~3 年，长者 5~6 年。

因此，土地增值税在预征制度下，由对增值额进行调节转变为要针对预售收入依预征率预征税款，偏离了土地增值税的调控初衷，一定程度上削弱了税法的严肃性，也使得房地产企业能将增加的税负通过终端价格的上涨完全转嫁出去，在一定程度上提高了房价。

---

① 央视曝万科等 45 家房企欠缴 3.8 万亿土地增值税，http：//news.hexun.com/2013-11-24/159976024.html，2013 年 11 月 24 日。

四、取消土地增值税的必要性

国家通过征收土地增值税的方式参与土地自然增值的分配，在房地产市场逐步健全和完善的过程中，房地产市场交易秩序还有待规范的情况下，通过土地增值税适度调节房地产增值收益，抑制转让暴利非常必要。但是，随着房地产市场的日益繁荣、相关规范制度的逐步完善以及我国税制改革的逐步推进，特别是"营改增"后，土地增值税与增值税的征税原理和课税环节都一致的情况下，可以考虑取消土地增值税，提高深化房地产行业增值税的制度进行调节，既符合简化税制、降低成本的需要，也符合逐步降低流转环节税负、增加持有环节税负的改革方向。

（一）取消土地增值税是避免重复征税的需要

长期以来，中国在房地产转让环节存在营业税（"营改增"之前，2016 年 5 月 1 日之后为增值税）、城市维护建设税、印花税和土地增值税，在收益分配环节还要征收企业所得税或个人所得税。总体来说，转让流通环节税负较持有环节重很多。尽管为了调节土地流通与房地产开发和流通市场秩序，在特定环境下开征了土地增值税，长期以来与营业税（2016 年 5 月 1 日之前）配合调控房地产市场发展，但整体来看，对于同一房地产转让行为在征收环节、计税依据和税率方面，各税种均有所重叠。从现有研究成果来看，已有部分专家学者认为，增值税与其他税种存在一定程度的交叉和重叠。

叶剑平等认为（2014），最具有争议的便是，土地增值税和企业所得税存在重复征税的嫌疑，其原因在于：土地增值税的计税依据是企业或个人转让房地产取得的应纳税收入总额减去规定扣除项目金额后的剩余数额，从土地增值税税法界定的扣除项目来看，从项目总收入额中扣除成本、费用、税金、损益后的余额，实质上是转让房地产的纯收益额，因此具有利润性质。而企业所得税则是按照一个纳税年度收入总额扣除成本、费用、税金、损益后的剩余数额按比例税率征收，其中，既包括正常的经营利润也包括土地增值额的投资收益。因此，从某种意义上来说，土地增值税剥夺了企业资本金投入所应取得的合理利润。倘若重复征税确实存在，那么土地增值税的性质和种类也将难以界定。① 黄雪萍（2007）认为，从公平原则角度看，土地增值税和企业所得税同时征收，构成了重复征税现象，扭曲经济。土地增值税的计税依据为纳税人有偿转让房地产取得的土地增值额，即转让房地产取得的应税收入总额减去规定扣除项目后的余额，实质上是转让房地产的纯收益额即利润。而事实上，企业所得税就已明确了对财产转让所得的征税，这一财产理所当然地包括了土地、地上建筑物及附着物。因此，开征土地增值税，造成了对土地、房产转让增值的两次调节，即25%的企业所得税的第一次调节和30%～60%的超率累进税率的土地增值税第二次调节，这就造成了重复征税。重复征税的结果不仅加重了纳税人的负担，也加重了房地产市场的负担。② 童锦治（1999）也认为，土地增值税与企业所得税和个人所得税存在重复征税因素。

已有观点论证了土地增值税和企业所得税的重复征税问题，如果说土地增值税是针对于土地的开发和流通，企业所得税是对企业总体收益环节的计税，两个税种分属于不同税源产生环节的话，那么，"营改增"后，对房地产行业都开始征收增值税，增值税是对房地产转让环节的增值额计税。增值税与土地增值税在征税环节、计税依据上具有趋同性。因此，为避免重复征税，应取消土地增值税，通过深化房地产行业增值税改革对房地产行业进行调整。

（二）取消土地增值税是降低成本、提高征管效率的需要

前已述及，土地增值税制度设计复杂，不宜准确界定土地增值额，实践中土地增值税依法征收难度大，税收征收效率低。由于房地产开发转让周期较长，土地增值税的计征烦琐，扣除项目多而复杂，不易执行，征收阻力很大，买卖双方为逃避纳税义务往往伪造文件、隐瞒、虚报成交价格，提高扣除项目金额，使得作为计税依据的房地产增加额难以真正反映房地产的实际增值情况，造成税款的流失。很多地方税务机关都对土地增值税的征管产生畏难情绪，土地增值税入库少，实际征收效果极差。长期以来，采取预征方式征收税款，违背了增值税调节房地产增值收益的初

---

① 叶剑平等：《中国土地增值税征收问题研究》，载《北京社会科学》2014年第5期。
② 黄雪萍：《取消土地增值税的必要性及可行性分析》，载《华商》2007年第10期。

衷。由于计算复杂，边际税率水平较高，使得纳税人拖欠税款甚至逃避纳税的心理预期较高，使得税款不能及时足额入库，造成较高的征收监控成本。这与我国目前正在倡导的降成本特别是降低制度性成本，为企业提供良好的营商环境的大环境不相适宜。因此，从降低税收管理成本特别是降低制度性成本的角度，应该取消土地增值税。

（三）取消土地增值税是优化房地产税收结构的需要

长期以来，我国房地产税收结构不够科学，开发环节征收的税种有契税、营业税（营改增之前）、增值税（营改增后）、城市维护建设税和印花税；转让环节税收涉及契税、营业税（营改增之前）、增值税（营改增后）、城市维护建设税、印花税、土地增值税，转让收益分配环节还涉及企业所得税和个人所得税；而房地产持有环节只有房产税和城镇土地使用税两个税种，房产税长期以来只对经营性房产征税，上海和重庆 2011 年开始试点住房房产税，但是征收方案因缺乏公平性而停滞不前。

土地增值税除了制度设计复杂，征管成本高的缺陷，由于征收管理不到位导致对房地产市场的调控效果差强人意。而且，对个人转让房地产免征土地增值税的政策，造成了居住性房地产税收调控的空白，使得土地增值税的调控效果大打折扣。数据显示，1998～2016 年，住房销售额占商品房销售额的比重持续高位而且呈上涨趋势，其中，2009 年占比高达 86.65%（见图 6-9）。

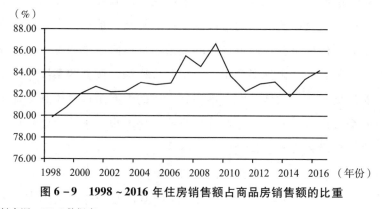

图 6-9　1998～2016 年住房销售额占商品房销售额的比重

资料来源：Wind 数据库。

居住性房产的持有者在没有持有税收成本的情况下，又缺少了交易环节增值征税的税收调控，造成房地产价格一路走高，并且不断衍生出投资（投机）功能，炒房现象不断蔓延，以至于政府要通过限购限售措施来控制居住性房地产的交易量。因此，需要进一步调整房地产的税制结构，增加持有环节和收益环节税收，减轻流通环节税收，而土地增值税是对房地产流通环节的增值收益课税，且税制设计复杂、征管难度大，税款流失严重。取消土地增值税，进一步完善房地产行业增值税，能够简化税制，减少交易环节税收，为持有环节的房地产税改革奠定基础。

五、取消土地增值税的可行性

是否取消增值税取决于两方面，一是取消增值税后现有税收体系的税种构成中有没有替代土地增值税对房地产行业进行调控的税种；二是取消土地增值税后，政府财政资金的承受能力。目前来看，两方面问题基本都能够顺利解决。

（一）取消土地增值税，有利于房地产税制结构的优化

首先，从土地增值税的实施效果来看，土地增值税开征的初衷是调节房地产市场，但从实践来看，土地增值税对房地产市场无论是价格还是供求的调节都没有达到预期的效果。

其次，从税制改革进程来看，"营改增"后，房地产行业纳入增值税征收体系。前已述及，土地增值税与增值税在征收环节和计税依据上具有趋同性，存在重复征税的问题，使税制更加复杂，征税成本增加。土地增值税与企业所得税也存在此消彼长的关系。从税制改革的税收结构体系来看，税制改革是一个包括多个子系统相关税种综合调整的系统性改革。房地产企业从最开始的拿地开发、销售到以后的保有房地产税制设计可以在取消土地增值税后，通过深化增值税改革、房产税与土地使用税合并征收改革等税收手段来实现土地增值税的既有功能。税务机关为了保证税收收入，对土地增值税征收采取预征的方式，这与原来的营业税类似。随着整个流转税的改革，"营改增"后，把土地增值税原来的税负因素并入房地产企业的增值税，不仅比较合理而且便于操作。既可以避免重复征税的日

益严重，又可以简化和优化税制，降低征收管理成本。

（二）取消土地增值税，不会对政府财政收入造成太大压力

土地增值税从 2010 年开始增长较快，占地方财政收入的比重也在增加。2001～2017 年中国统计年鉴统计数据显示，2000 年土地增值税收入只有 8.39 亿元，占地方财政收入的比重仅为 0.13%；2000～2009 年，土地增值税收入呈缓慢增长趋势，2009 年土地增值税收入为 719.56 亿元，占地方财政收入的比重增长为 2.21%；2010～2016 年，土地增值税收入增长较快，2016 年，土地增值税收入为 4212.19 亿元，占地方财政收入的比重增长为 4.83%（见图 6-6、图 6-7）。2010 年以后，土地增值税快速增长的原因是基于房价的快速上涨，为了尽量降低 2008 年后半年美国开始的次贷危机的影响，中国政府决定投入 4 万亿元救市资金，房地产价格随之开始出现快速上涨，而土地增值税是基于房地产预售价格采取预征的机制征收的，因此，土地增值税随着房价的上涨而快速增长。

若取消增值税，其收入缺口可以通过税种之间的相互影响和加快整体税制改革进行弥补。

第一，土地增值税与企业所得税存在此消彼长的关系。企业所得税是以纳税人每一纳税年度的净所得课税，因此，在计算应税所得时，通常允许纳税人扣除与纳税人取得收入有关的成本、费用、税金和损失，在收益分配环节之前产生的税款，除了增值税，其他税种的税款均可以在所得税前扣除。土地增值税作为扣除项目中税金的一部分，取消后必然增大了企业的应纳税所得额，进而增加企业所得税税额，这就部分地弥补了由于土地增值税取消后所带来的税收收入的减少。以 2016 年为例来测算土地增值税与企业所得税的数量增减关系，中国统计年鉴数据显示，2016 年土地增值税收入为 4212.19 亿元，企业所缴纳的土地增值税税款可以对企业所得税的税前扣除，因此，取消土地增值税可以增加应纳税所得额4212.19 亿元，房地产交易企业所得税税率按 25% 计算，可增加企业所得税 1053.05 亿元（4212.19 × 25%），还剩下 3159.14 亿元收入缺口。

第二，房地产税改革已列入税制改革日程，2018 年政府工作报告提出，要加快推进房地产税立法。房地产税改革的重点是将房产税与土地使

用税合并征收，并且居住性房地产纳入征税范围，采用按评估价计税的方法。与之前的只对经营用房产征税，以购置价格为计税基础相比，扩大征税范围、改变计税依据会增加税收收入，房地产税改革能够弥补部分因取消土地增值税而带来的收入的减少。

第三，土地增值税征收程序复杂，征收成本高，管理上比较粗放，征税效率低，取消土地增值税，降低了税收征收成本，而税收征收成本的减小就意味税收收入的增加。

第四，随着经济的快速发展，我国高收入群体的占比增长较快，高收入群体的财产数量也呈快速增长趋势，高收入与低收入群体的贫富差距也越来越大。因此，可以考虑征收遗产税，调节财富分配、缓解贫富差距，同时增加财政收入。开征新税也会弥补取消土地增值税的收入缺口。

因此，取消土地增值税的收入缺口，能够通过优化税制结构，理顺税种之间的税收调节职能和收入职能进行弥补，政府财政收入也不会受到太大影响。目前，对土地增值税的调控职能转化可以选择通过调整房地产行业的增值税税率来承接，也可以通过将土地增值税的特殊调节功能转化为征收房地产行业消费税。如果将土地增值税的调控功能转化为增值税调节，那么应该适当提高房地产行业的增值税税率，例如，用16%的基本税率征收；或者将土地增值税的特殊调节职能转化到消费税，采取从价征收方式，根据现有土地增值税的税收收入设置适用税率，消费税的计税方法与目前土地增值税的预征机制基本一致。转化土地增值税的特殊调节功能的两种方式都符合进一步简化税制的改革思路，在管理上也会优于目前土地增值税的征管现状和调控效果。

第四节　开征住房空置税

一、住房空置与房价的关系

房子作为商品，也符合一般商品的供需关系规律。买的人多了就会涨，反之，则会跌。但是由于信息的不对称性，消费者往往不知道究竟市场上有多少待售房源，但是有意购房者去买商品房的时候，需求却被看得一清二楚，所以，房价往往都是虚高的。如何判断中国现在的房子是多了还是少了？空置率是其中的衡量指标之一。空置率，是指某一时刻空置房屋面积占房屋总面积的比率。

按照国际通行惯例，商品房空置率在 5% ~ 10% 之间为合理区间，商品房供求平衡，有利于国民经济的健康发展；空置率在 10% ~ 20% 之间为空置危险区，要采取一定措施，加大存量商品房销售的力度，以保证房地产市场的正常发展和国民经济的正常运行；空置率在 20% 以上为商品房严重积压区。按照这一推理，高住房空置率会导致房价的下降。这一推断是基于住房的居住功能为前提的，当积压的商品房较多，而居住购房需求不足的时候，空置率会导致房价的下跌。但是，当住房除了用于居住，还衍生出投资或投机功能的时候，较高的空置率未必会导致房价的下跌，反而有可能如股票、期货等其他投资品一样，由于炒作的存在，一定时段内可能会推升房价上涨。

不管住房市场是否衍生出投资品等其他功能，住房的最终属性依旧是体现其居住功能，而非其他。因此，长期来看，高住房空置率会导致房地产市场的泡沫出现，并不断扩大，等到泡沫破裂，房价不可避免地会下跌，最后导致空置住房的持有者的较大损失。

2014 年 6 月 10 日，西南财经大学中国家庭金融调查与研究中心在北京举办"城镇住房空置率及住房市场发展趋势"专题新闻发布会。本次发布的数据显示，我国家庭的住房拥有率已达到 90.8%，比 2013 年 89.68% 的数据结果再次增高。其中，城镇家庭住房拥有率为 87.0%，农村家庭住房拥有率则为 95.8%。与欧美发达国家相比，我国城镇家庭住房拥有率显著偏高。同时，2013 年中国城镇家庭多套房拥有率为 18.6%，与 2011 年相比增长了 15.9%。2014 年 3 月的季度数据显示，城镇家庭多套房拥有率已上升至 21.0%。此次会议上，中国家庭金融调查与研究中心主任甘犁公布了基于 2013 年中国家庭金融调查数据及 2014 年最新季度数据计算出的住房空置率，并详细分析了城镇住房市场的发展趋势。数据计算结果显示,2013 年,我国住房空置率为 22.4%,同时有 4.2 万亿元银行房贷沉淀于空置住房,造成资本闲置,因此,降低了金融市场的效率。甘犁指出,"房价一旦下跌,空置住房更容易亏本;同时,房价一旦下跌,空置住房更容易资不抵债。"数据显示,目前,我国空置住房亏本的比例为 5.4%,略高于非空置住房。但房价一旦下跌 5%,将会有 17.1% 的空置住房出现亏本,远高于非空置住房的 6.6%。若房价下跌 50%,49.1% 的空置住房价值将低于购买成本,而非空置住房仅为 24.2%。①

由于较高的住房空置率会导致房地产市场的高风险,所以,很多发达国家政府较重视对于住宅空置情况的统计。比如美国,住房空置率长期保持在较低水平,即使美国楼市最差的 2007~2008 年,租房空置率最高时候也仅达到 10.7%,自有住房空置率最高只有 2.9%。欧洲国家的住房空置率也很低,荷兰、瑞典一般住房空置率只有 2%,法国为 6% 左右,德国约为 8%。

二、我国住房空置现状调查

作为经常被用来评价楼市"健康程度"的一个重要指标,我国住房空置率一直备受关注。我国楼市空置率高企的话题屡被提及,其中数据的出处不一,从"数灯法"到大数据估算,引用者各有理由,但是,目前我国官方还没有给出权威的数据。公开信息显示,20 世纪 90 年代中后期,相关部门就引入了"空置面积"的统计指标,2003 年有关部门承诺"改进房屋空置统计方法,建立与国际接轨的房屋空置率指标体系"。2010 年,统计部门再次明确"研究建立空置住房调查办法"。② 短期来看,主要是空置的状态和时间很难给出标准,要清楚计算出来难度较大。从深层来看,主要是我们还没有征信制度支撑,调查缺乏客观科学的依据。空置率是一个很难准确统计的变量。大家关注空置率,实际是对楼市走势以及风险的关注。

2007 年 7 月,国家统计局江苏调查总队在全省 28 个市县共 3.1 万余

---

① 吉雪娇:《我国家庭住房拥有率达 90.8%》,载《金融投资报》2014 年 6 月 11 日。

② 新华视点:《中国楼市空置率到底有多高?》,载《新华网》2015 年 5 月 2 日。

户的城镇居民家庭所做基本情况抽样调查显示：江苏有 13.3% 的城镇居民家庭除现住房外还有一套住房，有 1.0% 的家庭拥有二套及以上的住房，两项合计，拥有多套住房的家庭所占比例达 14.3%。2012 年 6 月，广州市社科院发布的《广州蓝皮书》中，收录了国家统计局广州调查队对 2011 年广州城市居民消费结构的研究。报告显示：除了现有住房，2011 年末每百户广州城市居民家庭还另外拥有住房 19 套，也就是说，19% 的家庭有二套房，其中，出租房 13 套，出租房面积增长 12%，居民家庭人均出租房收入增长 19.1%。①

2014 年 6 月 10 日，西南财经大学中国家庭金融调查与研究中心在北京举办"城镇住房空置率及住房市场发展趋势"专题新闻发布会上，中国家庭金融调查与研究中心主任甘犁公布了基于 2013 年中国家庭金融调查数据及 2014 年最新季度数据计算出的住房空置率，并详细分析了城镇住房市场的发展趋势。调查数据显示，2013 年我国住房空置率为 22.4%，比 2011 年上升了 1.8 个百分点。据此估算，城镇地区空置住房约为 4898 万套，高于其他国家和地区。同时经济适用房的空置率高达 23.3%，仅次于商品房的空置率。甘犁指出，"收入最高的 25% 家庭拥有的经济适用房中 27.5% 的比例处于空置状态，经济适用房存在严重的资源浪费和错配现象，未能充分发挥其社会保障作用。"此外，空置住房的资产价值在拥有空置住房家庭总资产中的比重为 34.4%，在城镇所有家庭总资产中的比重为 11.8%，也造成了社会资源的巨大浪费。②

2015 年腾讯发起的《全国城市住房市场调查报告》给出的数据与西南财经大学中国家庭金融调查与研究中心数据相近，报告里显示中国城市的住房空置率整体水平在 22% ~ 26% 之间。

这些调查数据由于样本数量的限制，可能存在误差，但是，我国的房价长期以来的上涨趋势以及住房功能的外延化增加了房地产市场的风险，应该引起政府足够的重视。

---

① 杨红旭：《住宅空置率不能影响房价》，载《新京报》2014 年 6 月 12 日。
② 吉雪娇：《我国家庭住房拥有率达 90.8%》，载《金融投资报》2014 年 6 月 11 日。

三、征收住房空置税的意义

较高的住房空置率会增加房地产市场的泡沫风险，那么，控制住房空置率，从而降低市场风险就显得至关重要。控制住房空置率采取首付控制、限购、限售等行政措施都不容易达成目标，而征收住房闲置税是可以持续调控住房闲置率的重要经济手段。

发达国家为了维持较低的住房空置率和房地产的市场稳定，也有征收住房空置税的成功经验。比如，英国，房产被空置长达 2 年或以上，政府会对空置房屋征收 100% 的额外市政税；法国政府会对空置逾 1 年以上的房屋征收空置税，而且随着空置时间的延长，税负在增加。空置 1 年的住房需交房价 10%、第二年 12.5%、第三年 15%。因此，法国的房价长期以来比较稳定；荷兰和瑞典政府则采取更加严厉的措施，荷兰对房屋长期空置逾 1 年的，政府将容许其他市民免费入住。如果不想有不速之客住进自己的房屋，就必须开具非空置住房的证明；瑞典政府有权无偿征用空置房，将其廉租于无房家庭使用（见表 6 - 3）。

表 6 - 3　　　　　　　　　其他国家住房空置税的征收情况

国家和地区	住房空置税情况
英国	房产被空置长达 2 年或以上，政府会对空置房屋征收 100% 额外市政税
法国	空置逾 1 年需交房价 10%、第二年 12.5%、第三年 15%
荷兰	若有房屋长期空置逾 1 年，将容许其他市民入住
瑞典	政府有权征用空置房廉租于无房家庭

2018 年 6 月 28 日，中国香港宣布开征房屋空置税，成为中国首例开征住房空置税的城市。中国香港媒体称，行政会议决定对空置 1 年及以上的一手住宅征收空置税。该税种将通过现有差饷机制收取，将为应课征差饷租值的 200%。征收办法明确，空置税征收的对象是空置 1 年及以上的一手房。税率征收时会对空置房屋的租金做一个评估，估算出可以得到的年租金，而空置税则为评估出的年租金的 200%。

中国香港房屋空置税的开征背景是房价的过快上涨，2018年第一季度，中国香港以同比14.9%的涨幅，位居全球城市榜首。为了控制房价的上涨，也为了保有住房的居住功能，避免外延产生投资或投机功能。虽然中国香港目前整体空置率不到4%，但空置的一手住宅几乎占到每年新增住宅的一半，5年增了1.25倍。中国香港运输及房屋局此前评估，全港空置一手住宅大约为9000套，而香港划定的每年新增住宅供应目标仅为1.8万套。中国香港适时开征住房空置税，有利于住房市场的有序发展和市场价格的稳定。①

而我国内地目前闲置住房有很大一部分属于毛坯房，不能居住或者出租产生收益，之所以持有闲置，是因为我国住房持有成本基本为零，在房价处于上涨趋势的情况下，持有者持有闲置房以期获取住房涨价的预期收益。征收住房闲置税会增加闲置住房的持有成本，使得房屋持有者在缴纳高额空置税和坐等房价上涨之间做出选择，可以促使持有闲置住房的当事人尽快出租或转让住房，同时增加市场的流通量，缓解住房供给压力。

四、我国开征住房空置税的制度设计

（一）完善开征住房空置税的基础条件

开征住房空置税，首先需要政府出台法律文件，对界定空置房的条件加以明确。关于空置房的界定，可以参考其他国家或地区的已有经验。如澳大利亚的墨尔本，对1年中空闲6个月以上的房屋按照其价值征收1%的空置税，这一政策适用于在墨尔本内城区和近郊区购买第二套房产的海外买家；温哥华政府也曾根据电力公司 BC Hydro 的数据统计出的空置率，将每个月有25天没有人居住或是1年中有4个月无人居住界定为空置房；法国和瑞典将空置1年以上的房屋界定为空置房；英国将空置2年以上的房屋界定为空置房。

由于我国住房功能的外延，住房空置率目前不低，因此，建议将空置1年的住房界定为空置房，征收住房空置税。届时，政府相关部门要借鉴

---

① 香港开征住房空置税，影响有多大？http：baijiahao. baidu. com/s？id＝1604808248146521459&wfr＝spidor&for＝pc，2018. 7. 2

其他国家统计住房空置率的有益经验，结合我国的实际情况，尽快完善空置房统计数据和持有者信息，也可以借助大数据管理和民间调查机构的协助，完善住房空置税的开征条件。例如，美国一共发布了3个住房空置率指标：美国普查局的"人口调查/住房空置调查""美国社区调查"以及由美国住房和城市发展部与USPS合作通过的邮政服务记录。经过长达50多年的跟踪统计，这些指标即便数据来源、统计口径都有所不同，但基本可以反映出美国楼市的规律：楼市繁荣时，空置率低；楼市萧条时，空置率高。日本总务省每5年实施一次全国房屋空置率调查，空置房定义是长期没有人居住且连续5年没有使用过自来水和电。最近一次的调查是2014年，截至2013年10月，受人口老龄化、少子化影响，日本住宅空置率达到了13.5%，创历史新高。加拿大抵押和住房公司会定期对加拿大的35个主要城市进行出租用住房空置率进行跟踪调查。①

（二）住房空置税的税制要素设计

1. 纳税人。

住房空置税的纳税人为持有空置住房的所有人。

2. 课税对象。

住房空置税课税的对象应该符合规定条件、被界定的空置房。

3. 税率。

遵循简便原则，住房空置税税率可以设置为比例税率形式，比如，可以设置1%~3%的税率水平，以增加空置房持有者的成本，调节市场的供需关系。

4. 计税依据。

住房空置税的计税依据建议为住房评估价格。随着房地产税的改革，住房评估系统和评估方法将更加完善，评估价格计税较为合理。

5. 收入归属。

由于住房的不动产属性，建议住房空置税归属于地方。一方面，可以调动地方政府管理税收、调节地方经济的重要性；另一方面，也可以弥补

---

① 香港开征住房空置税，影响有多大？http：baijiahao．baidu．com/s？id＝1604808248146521459&wfr＝spidor&for＝pc，2018．7．2

因取消土地增值税而减少的税收收入。但是，住房空置税如果起到应有的
预期效果，能够降低住房空置率的话，税收收入随着空置率的降低会不断
缩减。因此，住房空置税的开征目的，主要是降低住房空置率，而不是以
收入为主要目标。

第五节　其他税种的改革与完善

房地产税制改革与完善的建议主要是针对以房地产为课税对象的税种
的重组与完善，如房产税与城镇土地使用税的合并征收建议、取消土地增
值税转化其功能的建议、契税的改革建议；亦包括房地产占主要课税范围
的税种，如遗产与赠与税的开征建议；以及与房地产发展紧密相关需要进
一步改革的税种，如耕地占用税的改革与完善建议、产权转移数据印花税
的改革建议等。本节主要探讨契税的改革与完善、耕地占用税的改革、印
花税的改革以及遗产与赠与税开征。

一、改革与完善契税

契税是在土地和房产权属交易过程中，由承受人缴纳的一种税，是一
种动态财产税。近年来，随着房地产市场的发展，契税的税收收入增长速
度较快，在组织地方财政收入和调节房地产市场秩序方面发挥着重要作用。

（一）契税的制度和征管现状

1. 契税制度。

契税是对土地、房屋权属变更时征收的一种税，由承受人缴纳。其税
率设置为3%～5%的幅度比例税率，各省、直辖市、自治区根据本地区
的实际情况确定适用税率，不同的地区契税的税率可能存在差异。比如，
北京、上海等地为3%，山西、河北、江苏等地为4%。由于在计划经济
时期住房的公有属性，契税主要的税源为经营用房地产交易。随着市场经
济的发展和住房货币化的推行，居住性房地产交易日益繁荣，契税的税源
结构不断发生变化，居住性房地产交易逐渐成为契税的主要税源。在住房

市场化初期，居住性房产交易主要是满足居民改善居住条件的需要，因此，为了减轻居民的税收负担，大多数地区都规定了对住房交易的契税优惠。通常的做法是相比于商业用房地产，对居住性房地产减半征税。对个人首次购买90平方米以下的普通住房全国统一下调按1%的税率征收。随着住房的交易功能的多样化，契税税率的适用也慢慢在适应变化了的房地产市场，有些地区对纳税人购买第一套、第二套、第三套及以上住房结合房地产面积规定不同的税率层次，以便于更好地发挥契税的调控作用。随着存量房交易量的不断增加，契税的计税依据也由交易价格为主，发展为交易价格和评估价格并行的运行方式，评估系统也越来越完善。

2. 契税的征收管理。

契税的征收管理是采取"先税后证"的管理办法，即纳税人在签订了土地、房屋权属转移合同之后、领取土地和房屋权属证书之前缴纳契税。《中华人民共和国契税暂行条例》第十一条规定："纳税人应当持契税完税凭证和其他规定的文件材料，依法向土地管理部门、房产管理部门办理有关土地、房屋的权属变更登记手续。纳税人未出具契税完税证的，土地管理部门、房产管理部门不予办理有关土地、房屋的权属变更登记手续。"根据《国家税务总局关于进一步加强房地产税收管理的通知》，房地产税收一体化管理的总体目标和要求是："以契税管理先交纳税款，后办理产权证书（简称'先税后证'）为把手，以信息共享、数据比对为依托，以优化服务、方便纳税人为宗旨，通过部门配合、环节控制、实现房地产诸税种间的有机衔接，不断提高征管质量和效率。"由于契税在地产税收体系中的特殊地位及其特殊的征管办法，一直是房地产市场调控的重要角色。

2003年，全国契税收入为358.05亿元，仅占当年地方税收收入的4.3%；2010年契税收入为2464.85亿元，分别占地方税收收入和地方本级财政收入的7.5%和6.1%；2016年契税收入达到4300亿元，在地方税税种收入占比最高，分别占地方税收收入和地方本级财政收入的6.6%和4.9%。数据显示，契税的增长较快，但是随着"营改增"后增值税的分享比例的调整，契税占地方税收收入和地方财政收入的比重有所下降（见图6-10、图6-11）。

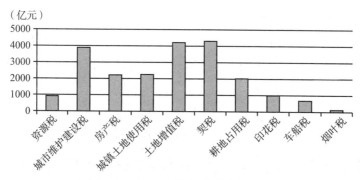

图 6 – 10　2016 年地方税税种收入分布

资料来源：Wind 数据库。

（二）契税存在的问题分析

1. 契税立法层次有待于提升。

《中华人民共和国契税暂行条例》最初颁布于 1950 年 4 月，是新中国成立后颁布的第一步专门的房地产税法，后经 1954 年、1997 年两次修订，适用至今。从新中国成立，到目前为止已近 70 年，暂行条例虽历经两次修订，但是依旧是暂行条例，没有上升至法律层次。作为房地产税制体系的重要组成部分，契税的法律层次有待进一步提升。

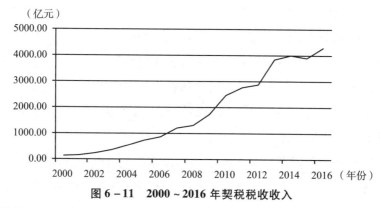

图 6 – 11　2000 ~ 2016 年契税税收收入

资料来源：Wind 数据库。

2. 契税的制度设计问题。

（1）征税对象的范围问题。《中华人民共和国契税暂行条例》规定，契税是对土地和房产权属发生变更的征税。近年来，各地加快推进小城镇建设和城中村改造，开发建设了很多小产权房，但小产权房没有完整的所有权，不能办理与国有土地及地上建筑物一样的产权证，征收契税没有依据，不征又显失公平。在实践中，也有土地、房屋租赁期过长的问题，甚至达几十年，已形成实质性的权属转移，对于此类问题，契税条例没有明确规定，征税缺少依据，不征税也存在不公平因素。

（2）减免税政策问题。目前，契税统一使用的减免税规定包括：第一，城镇职工第一次按规定购买公有住房的，免征契税。这一优惠政策是住房货币化时对城镇职工的优惠，目前实践中基本遇不到。第二，财政部、国家税务总局、住房和城乡建设部《关于调整房地产交易环节契税个人所得税优惠政策的通知》规定，对个人购买普通住房，且该住房属于家庭（家庭成员范围包括购房人、配偶及未成年子女）唯一住房的，减半征收契税；对个人购买90平方米及以下普通住房，且该住房属于家庭唯一住房的，减按1%税率征收契税。该政策各地执行标准不统一，存有争议。另外，由于契税属于地方税，省、自治区、直辖市政府有一定的税收减免权力，如有些地方政府对本地扶持企业及招商引资企业提供契税优惠政策，部分地区对拆迁安置房、破产重组企业房产转让情况提供契税减免优惠等，也影响了税法的公平性。[①]

（3）课税环节问题。契税是土地、房屋权属转让行为，在权属转移签署合同时计税，每一次房地产税的权属变更都要计算缴纳契税，这也是造成房地产流通环节税负重的原因。随着房地产税制体系的重新构建，应改变以前"重流通、轻保有"的税制结构，在增加房地产持有环节税负的基础上，应该降低流通环节税收。

（4）税率设置问题。契税税率长期以来实行3%～5%的幅度比例税率，各省、直辖市、自治区根据本地区的实际情况进行选择，但是，不能超过3%～5%的幅度区间，不利于实现契税对投资（投机）行为的特殊调节功能的实现。

---

① 苏文宁、胡勤忠、殷守明：《完善契税征收管理的建议》，载《税务研究》2015年第10期。

（三）完善契税的建议

1. 提升契税的立法层次。

建议将《中华人民共和国契税暂行条例》通过立法程序提升为《中华人民共和国契税法》，进一步提升契税的法律级次，明确契税的征收目标和调控房地产市场的重要性，进一步完善契税制度设计和征收管理办法，同时，宣传契税的主要征税功能，以提高纳税人的遵从度和部门配合的力度，实现契税的调控职能和财政职能。

2. 建议减少契税的课税环节。

契税属于流通环节财产税，随着土地和房屋的流通环节的增加，契税占房价的成本在重复增加，不利于存量房市场的交易。房地产税制改革是综合性的改革，在逐步减少流通环节税的基础上，增加持有环节和收益环节税负，因此，建议减少契税的征收环节，只对新建商品房购置征收契税，后续流通环节不再征收契税，将契税的调控转移到持有环节征收房地产税、在流通转让的收益环节征收增值税和所得税。

3. 设置差别税率，强化契税对房地产投资需求的调控作用。

契税的税率设置缺少对居住性房产的投资需求的针对性调控，从保障民生和维护经济稳定的角度看，房地产市场调控政策的重点在于合理抑制住房的投资品功能，让住房回归"民生性"和消费品功能，这需要充分发挥税收的调节和积累资金的功能。分别对经营用商业性房地产和居住性房地产设置税率幅度，可以进一步提高契税，有效抑制房地产投机、调节收入分配、发展保障性住房的功能。一是适当提高投资性住房的契税税率；二是降低对低收入者购房及改造安置住房等保障性住房的契税税率。这样有利于引导居民树立合理节约的住房观念，遏制住房投资投机行为，推进房地产市场的健康发展。

4. 突破"先税后证"的税源监控，扩大征税范围。

长期以来，契税的征收管理都实行的是"先税后证"的税源监控办法。一般而言，凡是国有土地使用权、房屋产权证办理过程中涉及的契税，税务机关在征收管理方面监控比较到位，鲜有税收流失。但是，对集体土地使用权的出让以及小产权房的交易，由于不涉及交易大厅办理产权证而没有进行契税的课征。因此，应该明确规定所有土地、新建房屋权属承受，都需要缴纳契税，以维持税法的公平性。

二、进一步完善耕地占用税

耕地占用税是对占用耕地建房或从事其他非农业生产建设的单位和个人征收的一种税。耕地占用税的征收目的主要是节约利用土地资源、保护耕地。自 1987 年 4 月 1 日，国务院发布《中华人民共和国耕地占用税暂行条例》实施以来，在保护耕地、组织税收收入方面发挥了重要作用。但是，耕地占用税采用定额税率形式征收且税额调整滞后，影响其作用的发挥。

（一）耕地占用税的征收现状

1987 年 4 月 1 日，国务院发布《中华人民共和国耕地占用税暂行条例》，对占用耕地建房和非农业生产建设行为征税，按照实际占用耕地的面积定额征收。2007 年修订暂行条例，规定自 2008 年 1 月 1 日起，对外商投资企业和外国企业征收耕地占用税，消除了内外差别。

耕地占用税是一次性征收的税种，只在占用耕地时征收一次，一年之后续接城镇土地使用税。随着城市环境问题的凸显，一些有污染性的企业有了外迁的需求，随即占用耕地的数量不断增加，加上房地产开发也有部分占用耕地，所以，近年来，耕地占用税税收收入不断增长。2009 年，耕地占用税收收入为 633.07 亿元，比 2008 年增长了 200%，之后呈现高速增长趋势，2015 年，达到 2097.21 亿元，创历史新高（见图 6 - 12）。

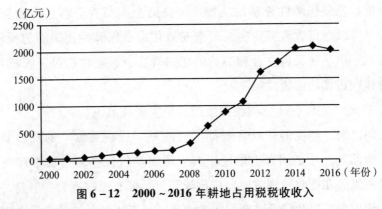

图 6 - 12　2000 ~ 2016 年耕地占用税税收收入

资料来源：Wind 数据库。

（二）耕地占用税存在的问题

1. 耕地占用税法律层次有待提升。

《中华人民共和国耕地占用税暂行条例》颁布于 1987 年 4 月，2007 年进行修订，适用至今。耕地占用税作为保护耕地的资源税税种，自 1987 年至今已实施了 30 多年，依然是暂行条例形式，没有上升至法律层次。耕地作为重要的土地资源，由耕地占用税进行调控，其重要性亦非同一般，因此，耕地占用税的法律层次有待进一步提升。

2. 耕地占用税的税率形式不利于耕地保护目标的实现。

耕地占用税实施以来，一直采用定额税率征税，虽然以县级行政区域为单位采用地区差别幅度税额，但是税额标准偏低，《中华人民共和国耕地占用税暂行条例》规定：人均耕地不超过 1 亩的地区，每平方米为 10～50 元；人均耕地超过 1 亩但不超过 2 亩的地区，每平方米为 8～40 元；人均耕地超过 2 亩但不超过 3 亩的地区，每平方米为 6～30 元；人均耕地超过 3 亩的地区，每平方米为 5～25 元。具体实施过程由国务院财政、税务主管部门根据人均耕地面积和经济发展情况确定各省、自治区、直辖市的平均税额，各地适用税额由省、自治区、直辖市人民政府在税额幅度内，根据本地区情况核定。

由于定额税率与土地价格不挂钩，税收调节无法随土地市场价格的变动而发生作用。在耕地占用税征收之初，国家还未对国有土地实行规范的有偿出让制度，占地建设主体的用地成本较低，耕地占用税在用地成本中一般占比为 20% 左右，通过税收调节耕地开发利用的作用十分显著（彭茹燕、张慧，2012）。然而，随着我国经济进入高速发展时期，土地价格持续快速攀升，在从量计征的方式下，耕地占用税占地价的比例逐步下降，对占用耕地行为的约束作用不强。为了遏制占用耕地从事商业开发的冲动，加强对耕地的保护，国家于 2007 年修订了《耕地占用税暂行条例》，将定额税率标准提高了 4 倍。但是，相对于持续上涨的土地价格，耕地占用税的增长幅度很小。2001 年以来，耕地占用税收入逐年递增，年均增幅约为 35%，尤其是 2007 年耕地占用税定额税率调高之后，收入规模明显扩大。但建设占用耕地面积同时也呈现逐年递增的趋势，年均增幅为4.6%。税率的提高和税收规模的扩大虽然对占用耕地有一定的抑制作用，但总体上税收占地价的比重偏低。如自2007年税率提高之后，每平方米耕占税占地价比重明显上升，但最高也只达到3.6%。因此，耕地占用税难以发挥对耕地占用有效的约束作用。[①]

（三）完善耕地占用税的建议

1. 提升耕地占用税的立法层次。

建议将《中华人民共和国耕地占用税税暂行条例》通过立法程序提升为《中华人民共和国耕地占用税法》，明确耕地占用税的征收目标和调控、保护耕地的重要性，进一步完善耕地占用税的制度设计和征收管理办法，以实现耕地占用税税对耕地的调控职能和财政职能。

2. 改革耕地占用税的计征方式

（1）改革税率形式，采用差别比例税率征收。为了更好地发挥耕地占用税的调控功能，耕地占用税的税率应尽快调整为从价定率形式。有研究成果（李青，2016）指出，从价税率应按照统筹征收的原则，保持在4%以上，可以较好地约束耕地占用行为，有效起到对耕地的保护作用。[②]

另外，税率设计还要考虑耕地的质量和人均占有量，所以，耕地占用税的税率应设置为差别比例税率。

（2）规范计税依据。耕地占用税改为比例税率征收的同时，需要改变原有计税依据，以占用耕地面积为计税依据改为以价格为计税依据进行征税。

3. 清理税外费用，建立以税收调控为主的征管制度。

全面深化与耕地有关的税费改革，建立以税收为主体的征收制度，可以加大耕地占用主体承担的税收成本，同时减轻其非税负担，比如，耕地开垦费、新菜地开发建设基金等。对于需要保留的收费项目，规范其管理，完善非税收入的收费公示制度，与耕地占用税共同发挥对耕地的保护和调节作用。

---

①② 李青：《我国耕地占用税从价计征改革及其从价税率的调整测算》，载《价格理论与实践》2016年第3期。

三、改革印花税

（一）印花税的征收现状

印花税是对经济活动和经济交往中书立、领受、使用应税凭证的行为征收的一种税，印花税是一种行为税，以应税凭证为载体。印花税税目中的产权转移书据，包括土地和房屋权属的转移所签订的文书，因此，与房地产交易有紧密关系。

《印花税暂行条例》最初颁布于1950年，作为全国统一开征的14个税种之一，在税制改革过程中被并入工商税收。1988年8月，国务院正式发布《中华人民共和国印花税暂行条例》，恢复征收印花税。由于印花税税率采用差别税率且税率低，所以，印花税税收收入占税收总收入的比重非常小，社会各界对印花税制关注不多，随着证券市场的不断发展和繁荣，证券交易印花税税收收入备受关注，但是，由于证券市场的价格机制不稳定，因此，印花税税收收入亦随之变化，忽高忽低（见图6-13）。

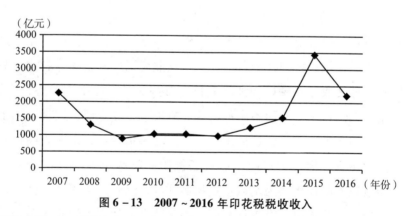

（亿元）

图6-13　2007～2016年印花税税收收入

资料来源：Wind数据库。

从收入归属来看，证券交易印花税部分属于共享收入，中央和地方按照98%和2%的比例进行划分，其他税目的印花税税收收入归属于地方。

（二）印花税存在的问题

1. 印花税立法层次有待提高。

《中华人民共和国印花税暂行条例》颁布于1988年8月，适用至今，达30年之久，依然是暂行条例形式，没有上升至法律层次。印花税是我国税制体系中重要的行为税，其征收目的旨在提高纳税人的依法纳税意识，但是目前的纳税方法和制度设计还有待进一步完善。因此，印花税的法律层次有待进一步提升。

2. 印花税征税范围采取列举方式，缺乏公平性。

印花税的征税范围采取列举的方法设置税目，应税凭证包括应税合同、产权转移书局、营业账簿和权利许可证照。在每个税目下列举应税凭证范围，如权利许可证照的应税范围，包括土地使用证、房屋产权证、商标注册证、专利证、营业执照五种，生活中还有很多类似的其他证照，由于没有列举纳入课税范围而不需纳税，应税凭证税目也存在同样问题，结果导致课税范围小，税收公平性差。

另外，《财政部、国家税务总局关于调整房地产交易环节税收政策的通知》规定，自2008年11月1日起，对个人销售或购买住房暂免征收印花税。

3. 印花税征收以凭证为载体，征管难度大。

印花税除了征税范围采用列举征税外，还有一个特点就是印花税是对书立、领受、使用应税凭证的行为征税，按照凭证所载金额或者凭证数量计税贴花，即征收印花税以凭证为载体，有些交易可能不需要签订合同，也有些纳税人签订了合同而不出示，税务机关也不好查证，这就增加了征税的难度。印花税税收收入规模小，一是因为税负轻，二是因为纳税人依法纳税意识不强。因此，目前基层税务机关征收印花税采取核定办法较多，按照纳税人的销售额为基数核定税额征收，这就产生了新的问题，有的纳税人销售了货物但没有签订合同，核定的税款加重了纳税人负担，这种核定办法也与印花税行为税的性质不符。

4. 自行纳税方式与纳税人普遍不高的依法纳税意识相矛盾。

印花税采取纳税人自行就应税凭证计算应纳税款、自行购买印花税票、自行贴花、自行划销的纳税办法，这就要求纳税人有很强的依法纳税意识和税收法制观念，但是目前，我国大部分纳税人的依法纳税意识还普遍偏低，缺少法制观念，对于应纳的税款如果税务机关不好监控的，一般会能少交就少交，能不交就不交，这样的法律意识水平，很难保证印花税的税款不流失。因此，印花税的依法征收难度较大，需要进行税制改革。

(三) 印花税改革建议

对于印花税的改革有着不同的观点和看法。第一种观点认为，应规范印花税的课税范围，采取反列举方法，将不需征税或免税的应税凭证列举出来，其他的都属于征税范围，简化税率级次并且按实际交易额征税 (刘平，2015)；第二种观点认为，经济合同很难一一列举全面，有时候也很难归属于某一类，因此，建议按照经济行为征税 (王秀霞，2008)；第三种观点认为，印花税一部分失去了原有征税意义，征收印花税的社会成本高于税收收入，因此，建议将普通印花税取消，只保留证券交易印花税部分，重新立法 (林烺，2016)。

鉴于印花税属于行为税的性质，前两种观点实质上已经改变了印花税书立、领受、使用应税凭证的行为征税的税种属性，变成了对交易行为征税，与流转税无异，如果以流转税的征税方法征收印花税，还不如取消普通印花税，将其调节功能转由流转税承担。因此，本书同意第三种观点，建议取消普通印花税，保留证券交易印花税，重新立法。

1. 取消普通印花税。

建议取消普通印花税的根本原因是其立法功能正在逐渐消失。尽管部分人认为应继续保留普通印花税，甚至主张提高印花税的税率。但印花税税率过低并因此导致其功能下降，并不能成为印花税税率提高的理由。实际上，随着时代的发展，印花税已经逐渐失去其原有地位，不再是一种高效税源。从目前的税收实践来看，印花税在实际运行中存在诸多问题。第一，很多文件需要缴纳印花税，但大多数文件的法律地位并不重要，并且它们的法律效力往往与印花税是否完税无关，这导致印花税的纳税遵从率比较低。第二，印花税占财政收入的比重低，在税收实践中容易被忽视，增值税的普遍开征已经逐渐取代印花税的财政收入功能。第三，当前，印花税在世界范围内不再是普遍征收的税种，其主要原因是它的征收被认为违反税收公平原则，对经济反而产生负面效应。第四，目前各国印花税的结构都较为复杂，加上与房地产等联系在一起的财产估值使得印花税的征税成本上升。而且从纳税人的视角来看，印花税的实际操作时间成本高而税额低，总体来说，对整个社会成本大于收益。[①]

2. 改革证券交易印花税。

1994 年税制改革过程中，国务院颁布的《国务院关于实行分税制财政管理体制的决定》，首次提出了证券交易税独立征收的设想。不过鉴于当时立法条件不够成熟，"证券交易税"至今没有正式立法开征，因此，自 1990 年以来，对证券市场征收的证券交易印花税在证券税收体系中的重要地位从未削减。

提高证券交易印花税的立法级次，按照立法程序制定证券交易印花税法，明确证券交易印花税的课征范围、纳税人、税率、计算方法、纳税期限、纳税地点等具体要素，充分发挥证券交易印花税对证券市场的调节作用。

四、建议开征遗产与赠与税

遗产税是以被继承人去世后所遗留的财产为征税对象，向遗产的继承人和受遗赠人征收的税。遗产税与赠与税的课税范围不仅针对于房地产征收，还包括纳税人的其他财产。但是，数据显示，中国居民的非金融性资产在家庭资产构成中的占比较高，2003 ~ 2017 年，非金融资产占比均在 50% 以上，2008 年达到 59.9%（见图 6 - 4）。不动产在家庭资产中的高占比率和我国较高的房地产价格造成了居民之间的贫富差距较大，而遗产与赠与税是调节财富分配，缩小贫富差距的重要手段之一，因此，建议尽快开征遗产与赠与税。

世界上已有 100 多个国家开征了遗产税，中国早在 1950 年政务院颁布的《全国税政实施要则》中列有的 14 项税收中，就包括了遗产税，但由于当时历史条件的限制，一直没有开征。[②] 1994 年税制改革时已将遗产税列入开征计划，1996 年全国人大批准了了《国民经济和社会发展第 9 个五年计划和 2010 年远景目标纲要》，纲要中提出"逐步开征遗产税和赠

---

① 林烺：《印花税体系的改革：两种印花税存废之辩》，载《税务与经济》2016 年第 3 期。
② 席卫群：《遗产税的国际比较与思考》，载《税务研究》1995 年第 9 期。

与税"，推进遗产税一直在议程之中，2013 年 2 月 5 日，中共中央国务院同意并转发《关于深化收入分配制度改革的若干意见》中，第四部分第15 条明确表明：研究在适当时期开征遗产税问题。随着居民收入水平的提高，居民之间的收入差距也在扩大，开征遗产税，完善直接税制、调节财富分配、缩小贫富差距已恰逢其时。

（一）我国开征遗产税的必要性

1. 开征遗产税是调节财富分配的需要。

伴随着我国经济的快速发展，改革开放的持续深入，收入分配和财富占有的差距越来越大，这已成为我们必须面对，不可逃避的事实。贫富差距的逐渐增大，收入分配矛盾的日益激化，不利于经济的均衡发展和社会的稳定。怎样又好又快地解决我国目前存在的收入分配差距，缓解社会矛盾，不只是一个简单的经济问题，更是一个关系到经济是否平稳，社会是否稳定的社会问题，需要引起足够的重视。北京大学公布的《中国民生发展报告 2015》数据表明，虽然我国整体经济水平得到了快速发展，同时也存在收入分配不平衡、两极分化严重的现象。居前 1% 的家庭占有全国约 1/3 左右的财富，末端 25% 的家庭拥有的财产总量仅在 1% 左右。宜信财富与联办财经研究院发布的《2014 中国财富报告：展望与策略》显示，当前我国顶端 10% 的富人拥有全国 60.6% 的资产。基尼系数是另一个反映居民贫富差距的指标，我国居民收入基尼系数 2008 年以前呈现上升趋势，2008 年达到 0.491，之后开始呈现下降趋势，最低的 2015 年也达0.462，近两年又有回升态势（见图 6 - 14）。近几年，我国的基尼系数虽略有下降，但仍然是高位运行，超过国际警戒线。上述数据表明，当前我国贫富差距现象已经非常严峻，需要采取科学、合理的经济手段对财富分配进行调节，防止贫富差距继续扩大。

遗产税作为调节财富再分配的重要措施，与较为完善的个人所得税协调配合，其调节收入分配差距的功效是积极向好的。开征遗产税，可以在一定水平上确保社会公平，机会公正；也可提升人们工作的积极性与主动性，避免坐享其成的精神泛滥，促进经济发展和社会的稳定。由此可见，开征遗产税有重要的社会意义。

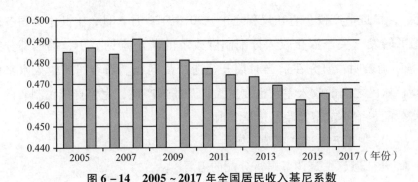

图 6 – 14　2005～2017 年全国居民收入基尼系数

资料来源：Wind 数据库。

2. 开征遗产税是完善我国直接税税收制度的需要。

1994 年税制改革后，我国设立了以流转税和所得税为主体，以资源税、财产税和行为税为补充税种的多环节、多税种、多层次的税制结构。众所周知，与间接税相比，直接税可以更好地促进社会公平。但是，在我国现行税制条件下，调整个人收入分配和财富差距的重要手段是个人所得税，财产税作为重要的直接税所占的比重很小。个人所得税和财产税的税制设计与目前的居民收入水平和经济发展趋势脱节，直接税的优势并没有充分发挥，并且目前我国的财产税的征税范围主要局限于车辆、经营性房产、船舶，基于我国目前的发展水平是明显不足的。

长期以来，我国的个人所得税制度实行的是分类征收模式，设置了 11 个税目，每个税目有独特的计税方法和扣除标准。这种课征模式虽然方便征管，但是不能体现纳税人的综合负担能力，对收入分配的再次调节功效较差。为了进一步发挥个人所得税的收入调节作用，2018 年 8 月 27 日十三届全国人大常委会第五次会议审议通过了个人所得税法修订方案，自 2019 年 1 月 1 日起实行分类综合相结合的征收方式。同时，由于我国的税收征管水平还有待于进一步提高，目前的个人所得税征管并不到位。从税收收入构成来看，据专家测算，个人所得税收入的 60% 来源于工薪阶层，真正的高收入群体的个人所得税的税收贡献率并不高。并且个人所得税仅对个人的公开所得、合法所得征税，并不能涉及个人的灰色收入以及不合法的部分。因此对收入差距和贫富差距的调节作用非常有限。

随着收入水平的提高和贫富差距的扩大，大部分的财富积累在少数人的手里。2017 年中国统计年鉴数据显示，2016 年全国居民按收入五等份的分组的人均可支配收入高收入户是低收入户的近 11 倍，低收入户的人均可支配收入占比为 4%，高收入户的人均可支配收入占比为 45%（见图 6 - 15）。不可避免的是，我国也已踏入了财产代际转移时代。然而，个人所得税仅对当期收入所得征税的特质决定其无法对代际累积财产征税。若开征遗产税即可弥补个人所得税的不足，调整代际财富的增长速度，充分发挥矫正代际财富转移的功能。同时，扩大直接税所占的比重，更高效地配置社会资源，促进经济繁荣。

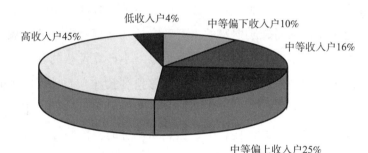

图 6 - 15　2016 年全国居民按收入五等份的分组的人均可支配收入

资料来源：中国统计年鉴 2017。

3. 开征遗产税有利于增加政府财政收入。

在历史发展的进程中，筹集军费、增加国库收入曾是征收遗产税的主要目标。虽然在现代社会中，征收遗产税更多的是为了调节收入分配的矛盾、促进社会的公平和正义。但是，对于财政收入增加依旧有重要意义。

按照国际上的情况推测，大多发达国家的遗产税收入占税收总收入的比例在 0.5% ~ 1.5%，发展中国家的占比水平大多在 0.3% ~ 0.5%。[①] 国家税务总局税收统计数据显示，2017 年全国税务部门组织税收收入（已扣除出口退税）为 12.6 万亿元，若参照国际上其他国家的征收标准，按遗产税占税收收入总额的最低比重即 0.3% 计算，遗产税的开征将会为我

---

① 苏建华：《西方国家遗产税理论与实践——兼论我国开征遗产税的合理性》，载《涉外税务》2003 年第 4 期。

国增加约 378 亿元的国库收入。直接税收入的增加有利于结构性减税的税制结构调整，逐步降低流转税比重，促进企业的发展和成长。随着我国经济的稳定发展和人民收入水平的提高，居民财产的积累会越来越多，开征遗产税有利于增加我国直接税收入的比重，充实政府财力。

4. 开征遗产税有利于社会慈善事业的发展。

慈善捐赠——即在自愿的前提下，对公益事业和救助事业进行捐赠，开展慈善工作。慈善捐赠，作为"第三次分配"，可以弥补市场和政府对社会生产要素和财产进行一次分配和二次分配之后仍存留的缺陷，有利于优化社会资源配置，促进社会公平。

一般情况下，一国或地区开征遗产税，会规定对社会慈善事业的捐赠可以在税前扣除，从而鼓励财富的占有者支持社会慈善事业的发展。纳税人通过对社会慈善事业进行捐赠，不仅可以缩小计算税款的基数，从而减少应纳遗产税税款。通过社会慈善捐赠能够扶贫救难，而且可以提升其社会形象，扩大企业的影响力，促进企业的长久发展。虽然促进慈善事业的发展并不是开征遗产税的直接目的，但是遗产税的税前扣除设计，会带动社会慈善事业的发展，形成良好的社会氛围，而这种连带的社会效应难以用简单的价值来评估。

5. 开征遗产税有利于与国际接轨。

目前，世界上大多数国家和地区都开征了遗产税。据统计，全球共有 100 多个国家开征遗产税，OECD——经济合作与发展组织的成员国中，更是有 91% 的国家开征遗产税。[①] 大多数征收遗产税的国家采用的是属地兼属人原则，即本国公民及在本国居住超过一定时间的居民，其死后境内境外的一切财产均列属于本国遗产；不在本国居住或居住不超过一定时间的非公民，将其在本国境内的财产列为遗产。

随着我国改革开放的不断深入以及经济全球化的不断发展，越来越多的外国居民和企业将财产转移到我国，在国外也有许多我国居民的财产。这种情况下，我国若不及时征收遗产税，在国际上会处于税收不对等的位

---

① 胡绍雨：《关于我国开征遗产税与赠与税的探讨》，载《中国经贸导刊》2012 年第 30 期。

置，造成税款的流失。因此，开征遗产税有利于维护国家主权和利益。

（二）我国开征遗产税的可行性

1. 开征遗产税已具备税源基础。

新中国刚刚成立时，国家制定了征收遗产税的相关政策，但是以当时的国情，并没有得到具体的执行。在实行计划经济的年代里，国家实行统一计划、统一管理，个体之间差异微小，个人私有财产少，没有充足的税收来源。改革开放以来，我国经济快速发展，国民经济持续增长，人民收入水平提高。个体经济、私人经济在经济总量中所占比重不断扩大，高收入群体也在持续增多，目前，我国已经有一部分收入较稳定的富裕阶层，能够为遗产税的征收提供税源保障。

据统计，中国高净值人群持有可投资资产规模逐年增长，由 2008 年的 8.8 万亿元增长到 2017 年的 58 万亿元，年均增长 50.8%。其中，可投资资产规模超过 1 亿元的增长最快，其次是 1000 万～5000 万元之间的规模增长较快（见图 6 – 16、图 6 – 17）。中国高净值人群数量构成由 2006 年的 18.1 万人增加到了 2017 年的 187 万人。其中，持有可投资资产规模 1000 万～5000 万元之间的人群数量增长最快，超过 5000 万元的高净值人群数量近年来也有较快增加（见图 6 – 18、图 6 – 19）。这些数据显示，中国目前征收遗产税具备充裕的税源基础。

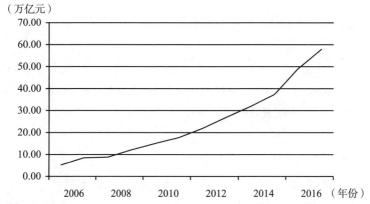

图 6 – 16　2006～2017 年中国高净值人群持有可投资资产规模增长趋势

资料来源：Wind 数据库，招行私人财富报告。

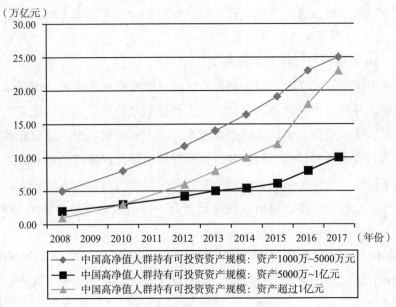

图 6 - 17   2008～2017 年中国不同规模高净值人群持有可投资资产的增长趋势

资料来源：Wind 数据库，招行私人财富报告。

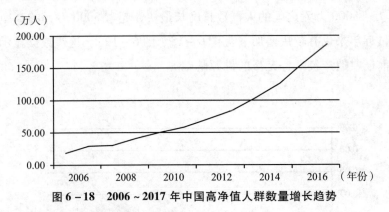

图 6 - 18   2006～2017 年中国高净值人群数量增长趋势

资料来源：Wind 数据库，招行私人财富报告。

2. 开征遗产税已具备法律基础。

随着我国经济的快速发展，公民个人积累的财富不断增加，政府越来越重视对个人财产的法律保护，先后在《宪法》《民法通则》《物权法》《继承法》和《婚姻法》等法律中规定了个人财产所有权制度。《中华人民

房地产税制的重组和完善

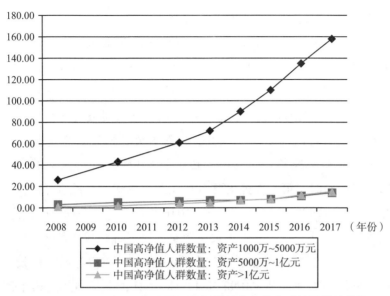

图 6 – 19　2008 ~ 2017 年中国不同规模的高净值人群数量增长趋势

资料来源：Wind 数据库，招行私人财富报告。

共和国税收征收管理法》等具体财税法立法措施的修订，也为遗产税的开征提供了财产再分配的基本法律保障。

第一，《宪法》第五十六条规定公民有依法纳税的义务，而遗产税作为财产税的一个重要组成部分，所以，对遗产进行征税是公民的纳税义务。《宪法》作为国家根本大法，对公民纳税义务的肯定为征收遗产税提供了基本法律保障。第二，《宪法》《民法通则》《物权法》等法律法规对公民合法的私有财产予以肯定并加以保护，规定了公民私有财产的产权流转及归属，遗产税的征收前提是公民私有财产合法且产权明晰，以上法律规定为征收遗产税确定了基本前提。第三，《继承法》第三条、第十条、第十六条及其他相关法律法规对遗产的范围、遗产继承人、继承方式予以规定，为遗产税的征收范围、纳税主体的确定提供法律参考依据。第四，我国不断完善的相关税收程序法律法规详细地规定了税务登记、纳税申报、税务检查等基本税收程序问题，开征遗产税可以依照现有税收程序，然后根据具体情况制定相关配套法律制度，以适应遗产税开征的特殊要求。

3. 开征遗产税已具备一定的舆论基础。

近几年，国民在收入分配不公、贫富差距不断扩大的冲击下，关于遗产税的相关话题又再一次被推向高潮，随着我国法治建设的不断推进，各项法律制度不断地完善，社会公众对于遗产税的积极态度日趋一致。从20 世纪 80 年代后期起，原财政部税务总局、国家税务局开始提出研究开征遗产税和赠与税的问题，并逐步引起党中央、国务院的重视。1987 年12 月 5 日，财政部税务总局局长金鑫在全国税务工作会议上的讲话中谈到税制改革问题时，第一次提出要对开征遗产税和赠与税的可行性进行调查研究和论证。1990 年 12 月 30 日，中国共产党第十三届中央委员会第七次全体会议通过了《中共中央关于制定国民经济和社会发展十年规划和"八五"计划的建议》，其中，提出要通过遗产税和赠与税等税收对于过高的收入进行必要地调节。1993 年 11 月 14 日，中国共产党第十四届中央委员会第三次全体会议通过了《中共中央关于建立社会主义市场经济体制若干问题的决定》。该决定中提出："适时开征遗产税和赠与税。"1996年 7 月国家税务总局制定的《税收工作"九五"计划和 2010 年远景目标》文件中，提出了开征遗产税和赠与税的设想。2000 年 10 月 11 日，中国共产党第十五届中央委员会第五次全体会议通过了《中共中央关于制定国民经济和社会发展第十个五年计划的建议》，其中，提出要通过开征遗产税等措施强化国家税收对于收入分配的调节功能。① 时至今日，遗产税尚未出台。遗产税不是对所有国民的征税，而是对财富积累到一定程度的富裕群体的课征，其主要目标是调节财富分配，缓解贫富差距。因此，遗产税的开征可能会引起富裕群体的不满，但是不会引起大多数民众的反对，再加上我国公民纳税意识的不断增强，遗产税的开征难度应该不是太大。

4. 开征遗产税的配套制度逐步完善。

《不动产登记暂行条例》《个人存款账户实名制规定》等法律法规为税收征管机关有效掌握公民财产拥有情况奠定了基础。2000 年 4 月 1 日

---

① 刘佐，中国开征遗产税的问题研究，http://www.lwlm.com/shuishouyantao/200806/37629p2.htm

起施行《个人存款账户实名制规定》，要求个人在金融机构开立个人存款账户时，必须本人携带本人身份证件办理，除特殊情况下他人不得代替；代理他人开立存款账户时，需出示被代理人和代理人的身份证件以及有关部门的批准。个人金融账户的实名制实施为监控税源提供了便利。

2014年11月24日，国务院发布第656号国务院令，自2015年3月1日起施行《不动产登记暂行条例》，明确国家对土地、房产、森林所有权等不动产实行统一登记制度，由国土资源管理部门承担不动产登记职责。实行不动产统一登记制度后，各地成立不动产登记中心，专门负责管理与不动产有关的登记行为。不动产统一登记可以帮助国家有效监管不动产权属及流转情况，为征收遗产税奠定了基本条件。

另外，我国在税收征管中不断增加现代化征管手段，征管力度加强，为征收遗产税提供了技术支持，例如，计算机的普及，大数据的应用，金税三期工程的推进等。随着各项制度的逐步完善，遗产税的开征具备了相应的基础。

5. 开征遗产税有可供借鉴的国际经验。

目前，世界上已有100多个国家开征了遗产税，总体上可以将遗产税征税模式分为三种：总遗产税制、分遗产税制和总分遗产税制。每种税制都有优缺点，而不同国家根据其国家制度、经济发展水平选择的遗产税模式不同，规定的税收要素也不同，最终的税收成效也存在很大差异。从征收遗产税的国家来看，采用分遗产税制的国家偏多，大多采用的是超额累进税。开征遗产税的国家普遍的特点是：建立了较完善的遗产税体系，理论研究日渐深入，实践方面经验成熟。我国开征遗产税可以在我国国情的基础上，充分借鉴国外的有益经验，设计科学、合理的遗产税制度。

（三）我国开征遗产税的功能定位

遗产税除了调节居民的收入和财产状况、实现社会公平之外，还具有激励功能和聚集收入的功能。

1. 调节财富分配。

调节居民的收入水平和财产分配是遗产税最主要也是最基本的功能。

在我国现行的经济体制下，开征个人所得税和遗产税有利于政府对社会收入分配进行调节和干预，实现社会公平。虽然个人所得税的征税范围广，税源充足，不仅可给国家带来较多的财政收入，也可在宏观上对收入差距进行有效的调控。但是，对个人的财产存量和转移情况难以发挥有效的调节作用，而遗产税和赠与税就可以对这种情况进行有效的补充，对居民收入和财产转移有很好的调节作用。通过建立合理的遗产税和赠与税制度，将遗产税和赠与税与个人所得税等税种协调配合，从而缩小贫富差距，实现社会公平。

2. 激励功能。

激励转移方和受益方是开征遗产税和赠与税的另一个重要功能。为了多给后代留下一些遗产，考虑到纳税因素，会更加努力工作或是将财产部分捐赠给社会。对受益方的激励功能表现在，促使后代独立自主，积极努力，防止其坐享其成，不思进取。当然，若过度征收遗产税或是税制设计不合理也会出现反作用。如果遗产税和赠与税的税制设计得不合理，反作用主要体现在转移方，会使其心态消极，挫伤其对社会的贡献度，对整个社会产生不好的影响。

3. 组织财政收入。

大多数税种的征收目的主要有两种：增加财政收入和调节经济。增加财政收入是每一个税种都具备的功能，遗产税和赠与税也不例外，虽然增加财政收入并不是开征遗产税和赠与税的主要目的。近代遗产税的开征，其主要目的大多是为了调节财富分配、缓解贫富差距，维护社会稳定。

（四）国外遗产税的经验借鉴

1. 国外开征遗产税的制度比较。

从遗产税的征收模式来看，目前，世界各国征收遗产税制大体有三种课征模式：总遗产税制、分遗产税制和混合遗产税制。

（1）总遗产税制。总遗产税制是对遗产总额课税的税制，即以被继承人死亡后遗留下的财产总额为课税对象，以遗嘱执行人或遗产管理人等为纳税义务人进行课征的一种税制模式。美国、英国、新西兰、新加坡等国家采用这一模式。总遗产税制方便可行，税制简单，征税成本较低。由于总遗产税制是一次征税，不必设置过于复杂的税率，其成本远远低于其他两种课税模式。其不足之处是总遗产税制不考虑各继承人的实际经济能力，使得纳税能力差者与纳税能力强者税负一样，没有最大限度地体现出税收应有的公平原则，有可能间接削弱了遗产税实现社会公平、抑制过度富有的功能。

美国遗产税制度最显著的特点是先课税再分配。作为一个典型的联邦制国家，为了防止纳税人利用遗产税税率和赠与税税率的不同而逃税，美国名义上开征联邦赠与税和联邦遗产税，但是，二者使用相同的税率与抵免条款。美国现行的遗产税制度经过多次议会提案与法律修改，变得相当复杂，以下简要介绍其基本内容。

纳税人。美国遗产税制属于总遗产税制，从 1976 年开始，美国将遗产税和赠与税合并，将税率表和宽免项目进行了统一（即前文所述的"二者使用相同的税率与抵免条款"的开始），将其重新命名为"财富转移税"。次年，即从 1977 年开始至今，美国一直征收统一的遗产和赠与税，并为防止将遗产隔代转移以逃避应交遗产税的行为，还同时开征了隔代转移税。美国遗产和赠与税原则上以赠与人为纳税人，即按照其全部赠与额征税。①

征税对象及范围。遗产总额是指被继承人留下的全部财产的价值，包括各类动产和不动产所有权、有形和无形的个人财产。比如，土地、房屋、机器设备、存货等是有形资产，而商标权、专利权、特许经营权、商誉等是无形资产。无形资产的价格计算通常是按照当时的公平市场变现价格来确定其价值，而股票、基金、房地产等都按照当时的市价来确定。赠与人直接、间接或者以信托赠与形式赠与的不动产或者动产、有形或者无形资产、都应当缴纳赠与税，具体包括现金、珠宝、股票、年金、人寿保险、房地产等。②

税率及起征额。美国遗产税的起征额较高，并按物价指数浮动。在

---

① ②　王洁若：《美国遗产税制度及其对中国的启示》，载《财政监督》2014 年第 7 期。

2011年,美国缴纳遗产税的起征额提高到个人为500万美元,夫妻为1000万美元,税率降低至35%。2013年,又恢复到最高税率55%,遗产税个人豁免额为100万美元,隔代资产转让税个人豁免额为136万美元。[1]

遗产额与赠与额的估价。税法对于遗产额与赠与额的估价有着详细的规定标准,具体参照时间不可随意而为,一般将根据被继承人去世之日或者其他可替代的时间点的市价作为依据估算遗产的价值。对于赠与的财产,应当使用赠与日财产的市价进行估量。其余同遗产额的确定原则相同。[2]

就总遗产税制而言,其优点是仅对遗产总额一次征收,税制简单,环节少,便于税务机关的高效征管,降低了征收成本。同时,尽可能避免因财产转移而少缴税的行为发生。

(2)分遗产税制。分遗产税制又称为继承税制,是对各继承人取得的遗产份额课税的税制,是以各继承人所继承的遗产及继承人与被继承人关系的亲疏,分别课以差别税率的遗产税制度,即在被继承人死亡之后,先将其遗产分给各继承人,以各继承人分得的遗产为课税对象,以各遗产继承人为纳税人进行课征的遗产税模式。日本、韩国、法国等采用这种税制模式。分遗产税模式相对简便,但由于在分遗产税制度下,被继承人通常会采用生前将财产以分散的形式转移,以减少缴纳遗产税的可能,这样不利于国家的财政收入,使得公平难以实现。分遗产税制的优点是考虑到了各继承人的实际纳税能力以及继承人与被继承人关系的亲疏,较为公正、科学,其缺点是因在遗产分割后征税,税源难以控制,有可能为偷税漏税大开方便之门。此外,分遗产税制征管过程较为复杂,加大了征收成本。

韩国是采用分遗产税制课征遗产税的国家,即"先分后税"制。所以,遗产税的纳税人为遗产继承人,即将遗产总额按照亲疏远近关系或者被继承人的遗嘱,分给各继承人,然后,再以各继承人所分得的遗产为课税对象来分别征收遗产税。而且韩国税法规定了连带缴纳义务责任,即在

---

①② 王洁若:《美国遗产税制度及其对中国的启示》,载《财政监督》2014年第7期。

共同继承下，如果某个继承人没有按时缴纳税款，其他纳税人有连带缴纳义务，但是，所纳税款以自己继承的财产为限。韩国遗产税的课税对象包括继承的全部财产，在扣除一定的免征和减征项目后，按规定的税率计税，非现金项目可参照当时市场价值进行评估。韩国遗产税税率采取超额累进的形式，分为四档税率：5000 万韩元以下的，适用 10% 的税率；25000 万韩元以下的，适用 20% 的税率；55000 万韩元以下的，适用 30% 的税率；55000 万韩元以上的，适用 40% 的税率。这样的税率设计具有以下优点：一是有利于减少社会财富分配不公，限制少数巨额财产在家族中世代相传，能够节制私人资本积聚，有助于提倡自强、自立的社会风气。二是税率档次划分与韩国社会经济发展水平和财富积累水平相适应，适合国情。税率级次较少，易于操作，而超额累进税率则保证了税收的纵向公平；韩国遗产税规定了五类扣除项目：基础扣除（10000 韩元）、对人扣除（包括配偶扣除、子女扣除、未成年人扣除、老年人扣除和残疾人扣除）、务农扣除（29700 平方米以下的农田、148500 平方米以下的草场、297000 平方米以下的林地）、渔夫扣除（不超过 20 吨的渔船，99000 平方米以下的渔场渔业权）和住房扣除。同时，规定了三类抵免情形：自行申报抵免（允许抵免 10% 的应纳税款）、国外已纳税款抵免（抵免数额不得超过按国内税率计算的税款）和再次继承抵免（7 年内的第二次继承允许全额抵免、7 年以后 10 年以内的第二次继承允许抵免 50%）。另外，还规定对捐赠给社会公益事业的遗产给予免税。①

　　韩国遗产税设置扣除和抵免项目的特殊之处在于：一是没有按照国际通行做法将丧葬费用、遗产管理费、债务等项目包括在内，仅设置了一个通用的基础扣除，能够做到不因人因情况不同而区别对待。二是设置了一些其他国家没有的特殊项目。如务农扣除、渔夫扣除，是出于扶持农、林、渔、牧等弱势产业的发展而制定的；住房扣除，是为了缓解百姓住房困难问题而制定的；允许国外已纳税款抵免和再次继承抵免，是出于减少重复征税、保证税负公平的考虑而制定的；自行申报抵免，是出于鼓励纳

---

①　方东霖：《韩国遗产税制研究及启示》，载《税务研究》2010 年第 7 期。

税人自觉缴纳税款的目的。而且，特殊扣除项目的规定使得韩国遗产税除了具有传统的缩小贫富差距的功能外，还具有照顾特殊产业、特殊人群的作用。①

（3）混合遗产税制。混合遗产税制亦称总分遗产税制，这一模式将总遗产税和分遗产税结合起来，先对被继承人死亡后的总遗产征收一次总遗产税，遗产分配后，对各继承人所分得的遗产达到一定的数额时再课征一次分遗产税。纳税人包括遗产管理人、遗嘱执行人、遗产继承人、受遗赠人，多采用超额累进税率。总分遗产税制的遗产处理程序是"税—分—税"或称"先税后分再税"。目前采用这一模式的国家有加拿大、意大利、菲律宾、爱尔兰等。② 从理论上讲，它兼有总遗产税制和分遗产税制的长处，但实践已表明，混合遗产税制会使税务机关的工作难度加大，纳税人的纳税程序也会变得复杂，徒增税收成本。因此，世界上只有极少数国家采用这种税制模式。混合遗产税模式先税后分再税，可保证收入，防止逃漏，亦可区别对待，应能课税，较为复杂，但相对公平合理，对同一份遗产征税两次，税收征管成本较高，手续烦琐，计税复杂，不符合税收原则之便利原则。

2. 国外遗产税的经验借鉴。

（1）课税模式的选择。从世界其他国家开征遗产税的经验来看，几种课征模式各有优劣。总的来说，有些国家采取分遗产税的模式，但是那些经验丰富，征税体制完善的国家大多采取总遗产税。采取总遗产税模式，就是对被继承人遗留下来的全部遗产进行征税，无论采取何种继承分配方式，也不考虑继承人的承担能力。这种课征方式征税计算方法简单，符合税收效率原则的要求，税务机关管理也比较容易一些，其不足是对遗产总额征税没有考虑到继承人的纳税能力，对公平性的处理欠缺一些。反观分遗产税制，其毫无疑问贯彻量能负担原则和公平原则，优点是充分考虑了每个继承人的负担能力，做出较为科学合理的分配，但缺点是增加了

① 方东霖：《韩国遗产税制研究及启示》，载《税务研究》2010 年第 7 期。
② 林佩銮：《关于我国开征遗产税与赠与税的思考》，载《会计之友（下旬刊）》2010 年第 8 期。

征税工作量，加大了税务机关的征税压力，也增加了纳税人的纳税成本，有悖于效率原则。而混合征收模式，融合了上述两种征税方式的优劣，而且增加了纳税环节，计税方式更加复杂，征纳成本也更高。

（2）与赠与税的配合。如果征收遗产税，加重遗产继承的成本，被继承人就会选择其他途径来减少成本，最好的选择就是通过生前赠与的方式，完成实质上的继承，一举两得。这一漏洞使得遗产税的征收并不能实现扩充国家财政收入的功能，解决分配不公的作用。为解决这一漏洞，世界各国也出台了税收新模式，例如，1932 年，美国开始单独征收赠与税，并且在 1976 年通过专门的法案，将这两种税收合二为一，并对相关税率和税收优惠政策制定了新标准，于 1977 年正式施行这一全新的方式①。同时为补全漏洞，防止有钻空子的现象，对于隔代人之间的赠与也加收税收。英国也是实行统一的遗产与赠与税，并且规定被继承人去世前 7 年这段时间，所有的赠与都算入遗产中，也起到了弥补漏洞的作用。②韩国则单独设立了赠与税，并且没有与遗产税合并，而是独立成新的税种。这种方式能够完整地发挥赠与税的作用，通过提高或降低赠与税税率，就可以调整纳税人行为。例如，税率高的时候，会使得纳税人不进行赠与行为，进而避免了通过赠与规避遗产税的情况。税率低的时候，就会提高赠与的发生。显然，韩国的这种方式要比英美更为复杂。③

综上所述，弥补遗产税漏洞最好的方法就是加设赠与税，这主要通过几种方式实现：第一，合二为一，即在遗产税中加入赠与税，并制定新的税率和优惠政策；第二，单设赠与税。第三，不单设赠与税，而是把被继承人去世前一段时间的赠与视为遗产加以征收遗产税，实质上的赠与税。这些方式各不相同，但最终实现的效果却是一样的，起到了死者以赠与的方式规避遗产税的作用。

（3）鼓励慈善捐赠。国际上征收遗产税的国家大多有着类似的规定，即为了促进慈善事业的发展，对于为慈善事业的捐款的部分不视为转移财

---

① 王洁若：《美国遗产税制度及其对中国的启示》，载《财政监督》2014 年第 7 期。

② 李永刚：《境外遗产税制度比较及其启示》，载《国家行政学院学报》2015 年第 1 期。

③ 李贞蘐：《韩国遗产与赠与税制简介》，载《税务研究》1996 年第 12 期。

产，不征收遗产税或赠与税。对于慈善捐赠的处理方法，不管是英美合并两种税收方式，还是韩国的单独设立赠与税，都是如此。英美的合并式收税鼓励死者生前捐赠，减轻纳税人对遗产税的抵触心理，同时也缩减了征税范围，贯彻税收成本最小化原则；韩国单独设立赠与税的方式，不仅对在世时的赠与加以征收赠与税，同时还对被继承人去世后的遗产加收遗产税，但是也对慈善捐赠的部分允许税前扣除。

一个国家（或地区）在进行遗产税总体设计时，必然要结合本国（或地区）的实际情况，在总遗产税制、分遗产税制还是混合遗产税制中选择一种模式。确定了课征模式之后才能设计遗产税的税制要素，例如，纳税人的确定、扣除项目的设置、税率形式的选择以及税率水平的设定等。

（五）我国遗产税的制度设计

1. 课税模式的选择。

征收遗产税选择哪种课税模式，取决于一个国家或地区的征税目标、税收管理水平、纳税人的可接受程度等诸多因素。在这些要素中，最重要的是调控目标和税务机关的管理水平，这是选择遗产税课征模式的前提。

从我国目前的情况来看，税制改革的主要方向是结构性减税为核心的税制结构调整，即"营改增"后增值税的减税政策效应和逐步增加直接税，以改变流转税占比较高的现状，逐步实现早已预设的流转税和所得税为主的双主体税制结构。而遗产税是财产税的重要组成部分，属于直接税范畴，对调节财富分配、实现社会公平有着流转税无法比拟的优势。因此，我国开征遗产税的根本目标是缩小贫富差距，调整社会财富分配，其次才是增加财政收入。我国税务机关管理水平不断提高，但是，对直接税的征收管理水平还较低。而且，目前中国公民财产信息登记制度还不完善，公开家庭财产征收遗产税仍有一些制度性问题有待解决，对纳税人所有的遗产进行征税也还存在一定的难度。因此，综合来看，我国开征遗产税宜采取总遗产税模式，这种方法操作相对简单，比较适合我国税务机关管理水平的现状。

2. 对赠与财产处理方式的选择。

如果赠与税缺失，纳税人为规避遗产税会采取赠与的方式转移资产，从而造成税收流失，也达不到遗产税的调节财富分配的预期目的。因此，开征遗产税需要赠与税的配合，以达到遗产税的调控目标。

美国曾单独征收赠与税，后来在 1976 年通过专门的法案，将遗产税与赠与税合二为一，对被继承人去世前 3 年内转移的各类财产，并入遗产税的课税范围。并且规定，对于隔代人之间的赠与也纳入遗产税的课征范围;[1] 英国的解决方法与美国类似，是把被继承人去世前 7 年的这段时间，所有的赠与都并入遗产中征收遗产税，以弥补赠与逃避纳税的漏洞;[2] 韩国通过单独设立赠与税来解决遗产赠与和继承之间的税收协调问题。[3]

如果单独设立赠与税，来解决遗产税的税收流失问题，则需要设计一整套税制要素，例如，赠与税的征税对象、免征额、税目、税率、税收抵免优惠等，都要设立新的标准，而这些要素的设计一般会与遗产税相重叠。如果将赠与规定条件纳入遗产税的课税范围，那么其他税制要素将不需要再单独设计。

目前，我国信息采集水平、收入申报制度、税收征管水平以及纳税人的纳税意识都还需要进一步提高的情况下，不宜单独设置税种，而适宜采取如英国和美国对赠与的处理方法，即征收遗产税的同时，对被继承人去世前的赠与行为加以计税，并且公益捐赠行为可以税前扣除，这样比较适合中国国情，也可以弥补遗产税的漏洞。

3. 遗产税与赠与税的税制要素设计。

（1）纳税人。总遗产税制是对被继承人死亡后遗留下的财产总额为课税对象的，所以，一般情况下，以遗嘱执行人或遗产管理人为纳税义务人。我国开征遗产税宜选择总遗产税模式，即遗产税的纳税义务人应该是遗嘱执行人或遗产管理人，负责管理遗产并申报纳税，然后将税后遗产进行分配。

（2）课税对象的范围界定。综合遗产税的课税对象应包括死者所遗留的所有财产，即包括动产和不动产、货币性资产和非货币性资产、有形

---

[1]　王洁若：《美国遗产税制度及其对中国的启示》，载《财政监督》2014 年第 7 期。

[2]　李永刚：《境外遗产税制度比较及其启示》，载《国家行政学院学报》2015 年第 1 期。

[3]　李贞燮：《韩国遗产与赠与税制简介》，载《税务研究》1996 年第 12 期。

资产和无形资产、夫妻共有财产等。另外，美国财产税规定，死者去世前3 年内转移的各类财产也包括在内；韩国征收遗产税是继承的全部财产扣除一定的免征和减征项目作课税对象，对于非现金项目可参照当时市场价值进行评估。

根据我国目前的财产管理制度，能够监控的财产主要包括纳税人的非货币资产和银行存款等货币性资产，所以，我国开征遗产税也应该包括纳税人生前的货币性资产和非货币性资产，非货币性资产按照评估价确认。对赠与财产部分也应纳入征税范围，可以规定被继承人去世前3 年内转移的各类财产，也纳入遗产的总量，一并征收遗产税，但是公益性捐赠除外。

（3）免征额与扣除项目的设定。国外的遗产税免征额的设计普遍较高，是人均国民生产总值的 15 倍左右。例如，在 2011 年、2012 年和 2013 年美国的免征额分别为 500 万美元、512 万美元和 525 万美元。征收遗产税应当设定较高的免征额，能够保护大多数平民的权益，只针对高收入阶层征税。

根据其他国家征收遗产税的免征额设计方法，用我国的宏观统计数据进行换算，遗产税的免征额应在 1000000 元左右。国家统计局网站发布的《2017 年国民经济和社会发展统计公报》显示，2017 年，国内生产总值（GDP）达到 827122 亿元，比上年增长 6.9%。全年人均 GDP 为 59660元，比上年增长 6.3%。如果以美元计价，2017 年中国全年人均 GDP 为8836 美元。按照人均 GDP 的 15 倍计算，以 2017 年为标准，遗产税的免征额应为 894900 元，接近 1000000 元。

2013 年 6 月，中华遗嘱库对 500 位办理了遗嘱登记的老人进行了随机问卷调查，在问到"继承多少财产以上征收遗产税比较合理"的问题时，调查显示 70% 以上的老人认为遗产税起征点应为 1000 万以上。其中，有50% 的老人认为应为 1000 万 ~2000 万元之间，有将近 13% 的老人认为应当为 2000 万 ~3000 万元之间，认为应当为 3000 万元以上的老人占将近8%。而认为起征点应在 1000 万元以下的老人占 23%，其中认为应当设置在 100 万 ~500 万元之间的老人不足 7%。此外，还有 5% 的老人对此没有看法。当然，这种随机调查只是老人们的一种心愿，或者根据自己的财产状况加以表述，并没有经过任何宏观数据的测算。这也显示出老人保护子女的一种态度，都不希望自己的遗产在子女继承的时候还要交遗产税。

遗产税的制度设计要有前瞻性和预见性，不少专家学者认为，未来几年，如果我国经济保持稳定增长态势，后续四年只要保持 6.3% 左右增速，同时汇率维持稳定不出现大幅贬值，应该能实现人均 12000 美元的收入水平，进入高收入国家行列。12000 美元按照 2017 年的换算标准，折合人民币 80400 元，按照 15 倍计算，应为 1206000 元。由于我国居民家庭财产构成以不动产为主，而不同城市的房地产价格差异较大，再考虑到通货膨胀因素，超前设计的遗产税免征额应为 200 万~1000 万元较为适宜，具体免征数额有地方政府根据本地区实际情况确定，并且可以根据实际情况进行调整。

对于税前扣除项目，一定要秉持人道主义原则。对于合情合理的费用，可以在税前扣除。如丧葬费用、对于未成年子女抚养费，未清偿债务的扣除等，此外还有公益捐赠扣除、已经缴纳的境外遗产税扣除等。但是为了防止因此而形成的转移财产和偷税漏税，可以对有关费用设置一个最高限额或标准。

（4）税率的设定。在大多征收遗产税的国家中，采用超额累进税率和简单比例税率为主，这两种税率也各有利弊。超额累进税率，将税率设成不同的层级，再根据遗产的数量，分成不同的级别征收。遗产数量越大，所对应的税率层级越高，适用的税率也就越大。这样随着财产的数量越大征税越高的递增设计，充分体现了调节财富分配的征税目标，但是，这也大大增加了征管难度，计算征管较为复杂。简单的比例税率计算比较简单，不会因为遗产数量的高低而发生改变，便于计算管理。但是比例税率的缺陷就是不能体现纳税能力，对于遗产数量较低的人们所负担的税负较重，而高额遗产相对税负较轻，不利于发挥遗产税调节经济的功能。

根据我国的国情，综合考虑超额累进税率和简单比例税率的优缺点，更宜于采用超额累进税率形式。根据个人所得税累进税率的实施经验，过高的边际税率会增强纳税人逃税的心理，遗产税的边际税率不宜过高，建议税率水平在 3% ~ 20% 之间（见表 6 - 4）。

表 6 - 4   遗产税累进税率表

级距	累进依据（计税财产价值）	税率
1	不超过 500 万元	3%
2	超过 500 万元至 1000 万元的部分	10%
3	超过 1000 万元至 2000 万元的部分	15%
4	超过 2000 万元的部分	20%

中国家庭总体的财产结构以非金融财产的构成为主，2000 ~ 2017 年，非金融资产占家庭总财富的比例在 50% ~ 60% 之间（见图 6 - 20）。这与中国高企不下的房价有一定关系。近年来，我国房地产市场的快速发展，房价也是节节攀升，在北京，一套房产动辄上千万元，价值可观。其他二三线城市的房价也是持续走高。因此，家庭财产的构成以非金融资产为主

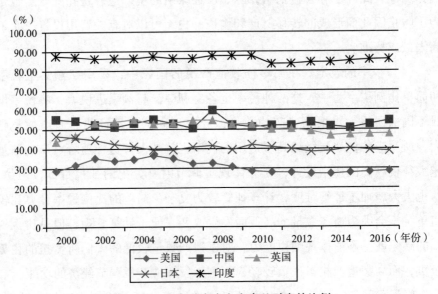

图 6 - 20　非金融资产占家庭总财富的比例

资料来源：瑞信全球财富报告。

也是客观的。考虑到一套房产的价值即便在二三线城市也百万元以上，如果免征额设置为 200 万元，还抵不掉一套房子的价值。而遗产税是以货币资金来缴纳的，而房子是基本的生活保障条件，不能变现，本着不使中等收入群体的税收负担过重的原则，所以第一级税率设置为 3%，随着遗产数额的增加，税率逐渐提高，最高边际税率设置为 20%。

（5）遗产税的税收归属。多数征收遗产税的国家和地区将其归属于中央税，这与遗产和赠与税公平财富分配的目的是分不开的。遗产税最根本的目标是解决社会的分配不公，促进经济社会发展，所以，遗产税由中央政府管理，收入归属于中央政府支配更有利于实现社会目标。我国开征遗产税的首要目标也应是公平社会财富的分配，其次才是补充财政收入。但是，我国区域经济发展水平差距较大。因此，遗产税可以作为共享税，其税收收入在中央和地方之间按一定比例进行分配。

综上所述，房地产税制改革总体方案主要是减少房地产流通环节税收、逐步增加持有环节特别是住房持有环节税收，从而增加住房持有者的成本，以减弱住房的投资属性，回归居住属性。

第七章
房地产税制改革的税收效应预估

房地产税制改革将会产生三个方面的影响，一是改革会对税收收入产生影响，从而影响政府财政收入；二是房地产税制改革会对纳税人的税收负担产生影响，减税的改革措施会减轻纳税人的负担，而新开征的税种或者扩大课税范围部分会增加部分纳税人的税负；三是政府和纳税人都关注的问题——房地产市场的发展和房价的变化，由于房地产税制改革势必会增加持有环节税收，持有环节税收的增加会使得住房持有者在负担税收和转让房产之间做出选择，从而影响房产交易的供求，促进房地产市场的健康和稳定发展。

第一节　房地产税制改革的税收收入效应

本书论证的房地产税制改革主要针对流通环节税收的减少与持有环节和转让环节税负的增加，具体包括房产税与土地使用税的合并征收并扩大征税范围，改变原有的计税依据和税率形式；印花税、契税的减征，取消土地增值税的建议，开征遗产税与赠与税的建议等。这些改革建议，一方面影响政府税收收入；另一方面影响房地产所有者的税收负担。

一、房地产税制改革对政府税收收入的影响

从税收收入的构成来看，本书提出的印花税、契税、土地增值税的改革建议会减少税收收入，而房地产税、遗产与赠与税是增加税收收入的因素。

（一）减收因素分析

1. 房地产行业印花税改革对税收收入的影响。

本书建议取消普通印花税，保留股票交易印花税，也是基于印花税的课税范围采取列举方法，而且合同的签订不易监控，实践中，有按照销售额核定税款计征的情况，也不符合印花税的行为税特征，与设置税种的初衷相违背。因此建议取消普通印花税部分。

按照税法规定，个人销售或购买住房，暂免征收印花税。因此，印花税的改革建议对于房地产行业来说，其影响主要是房地产开发企业应纳印花税税额。以 2016 年为例，商品房销售额为 1176270475 万元①，印花税按 0.5‰计算，对应印花税减少 58.8 亿元。

2. 契税改革建议对税收收入的影响。

契税是土地和房屋转让过程中由购买方承担的税收，本书中建议取消存量房交易契税，这一改革建议对税收收入影响程度不会太大。

由于契税的税率设计为 3%～5% 幅度税率，不同省区的税率不同，一般还存在商业用房与住房契税税率的差别。一般情况下，商业用房的适用税率比住房的适用税率要高。由于各省、自治区、直辖市根据《中华人民共和国契税条例》，在 3%～5% 的税率范围内选择本地区适用的契税税率，比如，河北省商业行房产契税税率为 4%，而居住性房产的适用税率会根据住房调控需要进行调整，目前，首套住宅 90 平方米以下按 1% 计算缴纳契税、90～144 平方米按 1.5% 税率计算缴纳契税、144 平方米以上普通住宅按照 4% 税率缴纳契税。再比如，山东省财政厅《山东省地方税务局关于调整淄博等市契税适用税率的通知》规定，"自 2014 年 7 月 1 日起，淄博、枣庄、东营、烟台、潍坊、济宁、威海、日照、莱芜、德州、聊城、菏泽等 12 市的国有土地使用权出让契税适用税率由 3% 调整为 4%，土地使用权转让以及房屋买卖、赠与、交换等其他转移土地、房屋权属行为契税适用税率仍执行 3%。"② 所以，计算契税改革对税收收入的

---

① 中华人民共和国统计年鉴，2017.

② 鲁财税〔2014〕21 号　山东省财政厅　山东省地方税务局关于调整淄博等市契税适用税率的通知，http://www.shui5.cn/article/54/74162.html

影响没有全国统一的税率标准，课题组计算时商业用房产选取中位数 4%
的税率，居住性房产选取的税率为 2%。对契税收入计算会有误差，但是
能说明影响程度。以 2016 年为例，商品房销售额为 1176270475 万元，其
中，住房销售额为 990641734 万元，商业用房销售额为 185628741 万
元①。住房契税按 2% 计算的话，对应税款为 1981.3 亿元；商业用房契税
按 4% 计算的话对应税款 742.5 亿元，契税税款合计 2723.8 亿元。加上
土地出让金 3.56 万亿元对应的契税按 4% 计算的话，税款为 1424 亿元。
2016 年，全年全国契税收入为 4300 亿元，商品房交易和土地出让收入对
应的契税共计约 4147.8 亿元，相差大约 152.2 亿元。也就是税，按照本
书中契税的改革方案，将减少契税税收收入大约 152.2 亿元。计算过程忽
略了土地转让契税数额。

3. 土地增值税改革建议对税收收入的影响。

本书中建议取消土地增值税，对税收收入影响较大。建议取消土地增
值税，是因为税种制度设计复杂、征管难度大，实践当中采取预征制方
式，不符合依法治税原则，因此，建议通过增值税或特别消费税来实现对
房地产的特殊调节，也可以弥补收入的不足，只是不建议再单独征收土地
增值税。

税法规定，对于个人转让房地产，暂免征收土地增值税，因此，土地
增值税主要来源于房地产开发企业。由于土地增值税在计算企业所得税时
可以税前扣除，所以，减少土地增值税会部分地增加企业所得税的税收收
入，影响程度为土地增值税的 25%。以 2016 年为例，我国土地增值税税
收收入为 4212.19 亿元。② 如果取消土地增值税，企业所得税会增加税收
收入 1053.05 亿元（4212.19 × 25%），直接减少税收收入 3159.14 亿元
（4212.19 × 75%）。

综上所述，房地产税制改革建议中设计的印花税、契税可能会造成税
收收入减少约 211 亿元（58.8 + 152.2），而土地增值税税收收入的减少
可以通过深化增值税或者特别消费税改革以及房地产税改革来弥补，更符

---

① ② 中华人民共和国统计年鉴，2017.

合简化税制、依法治税的原则。

（二）增收因素分析

本书中对房地产税制改革建议的增收税种主要是房产税与城镇土地使用税合并征收房地产税、耕地占用税改从价征收方式、开征遗产与赠与税及开征住房空置税。

1. 房地产税改革建议对税收收入的影响。

房地产税制改革建议将房产税和城镇土地使用税合并，按照评估价格，商用房地产比率征收、居住性房地产扣除免征价值后累进征收。房地产税改革后现有房产税征收的税源部分依然存在，只是由原来的房产原值为基础改为评估价为基础来确定计税依据，而我国房地产市场的价格一直处于上涨趋势。因此，这部分税收有增无减，很大程度上可以弥补城镇土地使用税合并征收而减少的收入。对于居住性房地产，采用累进征收方式计税部分，房地产税改革后，此部分税收属于增加的政府税收收入。

关于将新的房地产税改革及其对税收收入的影响，王春园（2006）认为，对住房征收房地产税税率定为 0.6% 以及根据房价收入比测算的居民经济承受能力——人均税负情况，是合理的。当然，房地产税作为地方税，而且也即将成为地方税的主体税种，可以考虑将其设置为幅度税率，如 0.5% ~ 0.7%。由于房地产税能够给地方政府带来源源不断的收入，因而，它具有成为地方税主体税种的巨大潜力。所以，中央政府应适当下放一些权利给地方政府，即中央政府制定房地产税法，同时授权地方人大制定该税法的实施细则，使地方政府可以根据实际情况，确定税率以及具体的征收办法。同时加强管理，税务机关应该会同其他相关部门，如土管、房产、工商等部门，确保每一处房产都如实登记，并运用计算机建立房地产信息管理系统，使税收征管工作做到公开、公平、公正，同时保证税收收入及时、足额入库。①

李文（2014）采用 2012 年的数据，按照统计年鉴公布的城镇人均居住面积（32.9 平方米）和城镇人口数（71182）计算出城镇住宅总面积

---

① 王春元：《我国房地产税税率设计分析——以浙江省为例》，载《浙江万里学院学报》2006年第 5 期。

（2342599.62 万平方米）；按照当年城镇商品住房销售面积（98467.51 万平方米）、普通住房销售面积（94991.51 万平方米）和别墅（含高档住房）销售面积（3476 万平方米）计算出普通住房和别墅类住房销售占比（分别为 96.47% 和 3.53%），用各自占比与城镇住宅总面积计算出普通住宅和别墅类住房所占面积（分别为 2259905.85 万平方米和 82693.77 万平方米）；并以当年普通住房销售面积与销售套数测算出套均面积（102.56 平方米），以当年别墅类住房销售面积与销售套数测算出套均面积（188.91 平方米）。再按照城镇住宅总面积和城镇居民家庭户均人数（2.86）计算出城镇居民家庭户数。接下来按照 18% 无房户、74% 的家庭有 1 套普通住房、6% 的家庭有 2 套普通住房、1% 的家庭有 1 套普通住房和 1 套别墅，还有 1% 的家庭有 2 套普通住房和 1 套别墅，将住房进行分配，减除免税面积 114.4 平方米（2.86×40），进而计算出应税面积，之后按照当年的销售价格和设计的税率计算出住房房地产税。非经营性普通住宅实行 0.8% 的比例税率，独栋住宅、高档公寓实行 1% 的比例税率，计税依据按照当年销售价格的 70% 计算，2012 年，非经营性房地产应纳房地产税税额为 904.29 亿元（2113418515×70%×5430×0.8% + 326161266×70%×11460×1%）。

由于现实生活中住房面积不会完全一致、评估价格与销售价格的不同等差异，使得测算数据会有误差，但是可以作为房地产税改革增收效应的参考。2016 年的相关数据比 2012 年有了较大变化，比如，住房总面积、销售价格等比 2012 年有了较大幅度的提高，而且按照中国社科院发布的 2016 年《社会蓝皮书》数据，城镇居民家庭有房率为 91.2%，19.7% 的城镇居民家庭有两套以上住房。相比于 2012 年测算房地产税是拥有两套房的比例 8%，课税范围有了大幅度增加。因此，房地产税改革的增收幅度会比较大。而且，本书设计的房地产税中住房部分是累进税率形式，加上课税范围的增量，也就是说，房地产税改革能够增加政府财政收入达千亿元，能够一定程度上弥补流转环节房地产税改革减少的税收收入。

2. 遗产与赠与税的增收效应。

我国现阶段税制改革的总体目标明确，即不断减低间接税比重，逐步增加直接税比重。直接税包括所得税、财产税。2018年8月，第十三届全国人大常委会第五次会议审议通过了个人所得税的综合征收和费用扣除改革方案，并于2019年1月1日开始实施。而遗产与赠与税属于财产税，我国长期以来，财产税等直接税的缺位造成大众对征收财产税的排斥，应尽快改变目前状态，应该大力宣传税制改革方向以及税制改革增加直接税的同时会保障居民的基本生活条件，而不是解读征税的表面意义。本书对于开征遗产税的改革建议，其目的不是以组织财政收入为主，而是以调节财富分配、促进社会公平为改革的主要目标，但是，遗产与赠与税的开征能一定程度上提升财政收入。

纳税人对持有财产的处理方式可能会由于开征遗产与赠与税而发生变化，而遗产税的计税基数是扣除了免税额和社会公益支出之后的余额，因此，遗产与赠与税的税收收入受纳税人财产处理方式的影响较大，其增收程度无法进行预测。

3. 住房空置税的增收效应。

住房空置税按照设计的方案征收，会增加地方政府税收收入。以2016年为例，我国城镇住宅总面积2902306.8万平方米。如果按照民间调查住房空置率22.4%计算，空置面积为650116.7万平方米，按照2016年商品房销售平均价格7476元/平方米计算，计税基础为486027.25亿元，按1%税率计算住房空置税约为4860.3亿元；如果按照2016年全国普通住宅套数（231745668套，套均面积121.68平方米，前文测算，不含别墅和高档住宅）和民间调查住房空置率换算，空置面积为631653.4万平方米，销售平均价格7476元/平方米计算，计税基础为472224.08亿元，按1%税率计算住房空置税约为4722.2亿元。

由于空置房的单套面积不等，采取平均数计算的征税面积会有误差，因此，这样测算的税收收入不够准确。但是，由于我国的住房空置率较高，短期内住房空置税收入会较多。

二、房地产税制改革对纳税人税收负担的影响

本书对房地产税制的改革建议会影响房地产持有者的税收负担，取消

或减少课税环节的改革建议会减少部分纳税人的税收负担，开征新税和扩大征税范围的建议会增加部分纳税人的负担。具体分析如下：

房地产税改革建议增加了对住房累进征税的建议，并设计了每人50平方米对应的免征价值，因此，对于满足居住性功能的房产的持有者不增加税收负担，对于持有住房数量较多的中高收入群体或者投资者会产生持有环节的税收成本。

取消土地增值税的改革建议对个人转让房地产基本不产生影响，因为对于个人转让国有土地和地上建筑物，暂时免税。因此，取消土地增值税会减轻房地产开发企业以及转让存量房产企业的税收负担。

开征遗产与赠与税主要是为了调节财富分配、缓解贫富差距，且会设置一定数量的免征额，因此，这一改革建议不会对低收入群体产生税收负担，但是会增加高额遗产继承者的税收负担。

开征住房空置税的建议是为了提高居住性房产的居住功能，减少外延的投资或投机功能，对持有房产但是不属于闲置的不产生税收负担，只是会增加持有住房数量较多又不使用的持有者的税收负担。

契税的改革建议是减少课税环节，按照这一建议会减轻购买存量房的购房者的税收负担，如果是为了居住需要，会减少部分成本，如果是投资性购买，后续的持有环节会产生房地产税税负。

耕地占用税的改革建议是将税率改为比例形式，从价征收。在原本从量计税的基础上改革征收方式，税收负担的变化与土地价格和税率水平紧密相关，如果土地价格较高，会增加新占用耕地的纳税人的税收负担。

印花税是行为税，由于计税范围的列举征税和计税的核定征收，与行为税的性质有背离，因此，建议取消普通印花税。这一改革建议对于购买和转让房地产的个人基本没有影响，因为现有制度规定个人购买和转让房地产，暂时免印花税。但是，这一改革建议会减轻房地产开发企业和购买、转让存量房地产的企业的印花税负担。

综上所述，房地产税改革的总体方案会减轻低收入群体的税收负担，但是，会增加高收入群体的税收负担，这也符合税收调节财富分配、缓解贫富差距的需要。对于政府税收收入而言，按照本书设计的改革方案，会有增有减，总体可能会有增加。

第二节　房地产税制改革对房地产市场的影响分析

房价是政府和居民共同关注的焦点，房价的适度和稳定有利于房地产市场的健康发展，过高的房价不仅会加重普通民众的居住成本，还会衍生出房地产市场的投资效应，进而加剧财富的分配差距，不利于社会稳定，也不利于整体经济的稳定发展。房地产市场是经济发展的重要组成部分，政府可以利用税收手段进行调控，以维持房地产市场的健康稳定发展。

一、房地产税制改革对房地产市场供求的影响

房地产税制改革最重要的措施是现有房产税与城镇土地使用税的合并征收，在目前只对商业用房地产征税的基础上，征税范围扩大到居住性房地产，并且建议对居住性房产累进征收。一方面，累进征收会增加持有房产多的纳税人的税收负担，挤压房地产的投资或投机功能。同时，为了保障低收入群体的基本居住条件，建议设置一定量的免征价值。因此，房地产税改革对房地产市场的影响将主要体现在居住性房地产市场的变化上，而对于商业性房地产，由于税制设计与之前的征税方法相同，只是计税依据由原来的原值为基础变成评估价值为基础，因此，房地产税改革对商业性房地产市场的影响较小。

房地产税是对持有房地产的单位和个人征税，每年按照评估价格和相应的比例或累进税率征收，与现有房产税相比，这无疑会增加房屋持有者的税收负担，而且税收负担会随着房价的提升而增加，持有的房地产面积越多，房地产税负越重。累进征收房地产税不仅可以增加政府的财政收入，还会增加高收入群体持有住房的成本，降低他们对住房的过度购置，有效抑制住房的投资或投机需求，促使持有大量房地产的持有者逐渐出售所持有的房产，以减轻房地产税收负担；同时能够增加住房的市场供给，从而有利于满足低收入群体的住房需求。与此同时，抑制高收入群体的投

资住房需求会改变房地产市场的供应结构，开发商必然会对需求的变化做出反应，减少开发数量或者增加小套型房屋的供应。

征收遗产与赠与税会增加大额财产继承者的税收负担，因此，会促使高收入群体根据税收负担调控自己的财产数量和结构，或者将多余的房产出售，或者增加用于公益的财产价值，减轻税收负担又增加社会效应；开征住房空置税会增加住房持有量较多的持有者的税收负担，增加持有成本，促使持有者在负担税收和转让非居住用的房产之间做出选择。因此，开征住房空置税和遗产与赠与税会增加房地产市场的住房供给量。

取消土地增值税会减轻企业特别是房地产开发企业的税收负担，进而降低转嫁到房价的税收成本，一定程度可能会降低房产的价格，从而增加居住性需求购买量，但是不会有明显的功效；减少契税征税环节会减轻购置存量房的购买者的税收成本，有可能会增加存量房产的居住性需求。

房地产税制改革对市场的供给和需求都会有影响，但是影响程度还要看房地产市场的供给方和需求方对房地产税制改革的预期和反应。根据我国的房地产市场现状，长期来看，对供给的影响应大于对需求的影响。

二、房地产税制改革对房价的影响

本书论证的房地产税制改革主要涉及房产税与土地使用税的合并征收并扩大征税范围，改变税率形式；印花税、契税的减征，取消土地增值税的建议，开征遗产税与赠与税的建议等。其中，印花税、契税的减征，取消土地增值税的建议对于房地产市场价格的影响是明朗的，税负的减少有利于房地产市场价格的降低。长期来看，遗产与赠与税也具有降低房价的作用。但是，房地产税改革对房地产市场价格的影响具有不确定性。

一般而言，房地产税一定程度上会抑制住房的投资和投机需求，抑制住房的投资和投机需求相当于压低总需求，在土地和住房供应的刚性条件下，必然会压低房价水平。这一推论依赖于土地和住房供应的刚性前提和自住性需求的稳定状态。那么，房地产税对房价的影响如何？业界的专家学者有着不同的看法。

陈多长、踪家峰（2004）认为，税收对住宅资产价格的影响是双重的，它既可以改变投机者的价格预期，也可以改变住宅资产的收益流量。比如，房产税直接降低房屋的各期净收益，也会降低房屋的预期资本性增值，因此，从长期来看，征收房产税会使房屋资产价格下降。而征收房屋转让所得税对自住者和投资（投机）者的影响会有不同，所得税对住宅价格中的收益资本化价值没有直接影响，其预期的资本性增值仅仅减少了由于投机性需求减弱而降低的资产虚拟增加的价值；对做短期投机交易的住宅资产持有者的影响显然是直接而深刻的。由于住宅转让所得税直接降低了投机者预期的住宅虚拟性增值（即依靠市场供求关系制造的超过由利用收益决定的长期均衡价值部分），以不断套现虚拟增值为目的的投机者会预见到住宅资产价格的这种长期趋势而导致现在的住宅资产价格的下跌。而契税开征的初始依据是为了证明不动产交易的合法性，以体现政府对产权的保护，并不含有均分财富的社会目标。因此，契税的税制设计，更多地关注税法的统一性和简便性，较少考虑其资源配置功能和税负分担的公平性。但是，我国多数地方都规定了对高档住宅比普通住宅征收较高契税的歧视性规定，由于契税由购买方承担，因此，歧视性契税直接调节的是需求方，对开发商行为的调节只是间接的。歧视性契税的高低对开发商的商品房价格的影响力也是很小的。因此，可以认为，利用歧视性契税主要可以改变需求方的行为，对住房的供给价格影响甚微。

王海勇（2004）从现代资产定价理论的角度，认为房地产征税会降低人们对房地产未来收益的预期，从而使现期房价下降。安体富、王海勇（2005）指出，从我国房地产市场供需状况看，在房地产的开发流转阶段征税，并不能降低开发商利润，反而使房价上升。任晓宇、郭树荣（2006）运用供需弹性和税收资本化的理论，研究了我国现行房地产税在房地产各个环节的税收及税负转嫁情况。分析结果表明，征收房地产保有环节的税收有利于提高税收的效率和透明度，可以有效降低房价，除了可以缓解我国房地产过热的问题，还可以保证地方每年都有与经济发展相适应的并且稳定的税收来源。龚刚敏（2005）利用李嘉图的等价定理，用数学方法研究拟开征物业税对房价与政府行为的影响结果证明，开征物业税对房价及政府行为没有实质影响。杨绍媛、徐晓波（2007）从住房成本和资产收益的角度分析，认为由于购房者需求具有刚性、弹性较小。所以，无论从资产收益还是从住房成本的角度看，增加税收在短期内都会使房价提高。谢伏瞻（2005）认为，由于房地产保有税的征收可以降低开发成本、增加有效供给、抑制投机、降低当前需求、改变价格形成机制、抑制地方政府操纵房价等作用，故征收房地产保有税可以有效降低房价。①

征收房地产税可以降低房价观点，代表了大多数学者的态度和认识，即学者们大多肯定房地产税收改革对调控高房价的积极作用。但是，笔者认为，房地产税收对房价的影响是不确定的，直接影响房价的依然是房地产市场的供求关系。经济学原理表明，一般情况下，商品的供给大于需求，会导致商品价格出现逐步下降走低的趋势；相反，如果商品的需求大于供给，则商品价格会逐步提高，呈现上涨趋势。理论上来说，房地产市场价格也应该遵循这一规律。由于信息的不对称，对于需求者和供给者而言，房地产的供给和需求是否平衡很难有准确的判断，很大程度上依赖于对房地产价格走势的预期，来判断现实的价格。

对住房征收房地产税，会增加住房持有者的税收负担，但是，住房持有者对持有房屋的处置是不确定的，这取决于房地产税的税率程度和持有者的财富状况。对于居住功能的房产，由于房地产税会设置免税值，一般对居住者产生的影响不大。对于投资性房产，如果设置的房地产税较低，持有者能够承受房地产税负担，可能会选择继续持有房产，并且有可能提高租金形式转嫁给租住者承担，这不符合房地产税设置的初衷；如果房地产税的税率水平较高，持有者负担房地产税会感到有压力，可能会选择将房产部分出售，缓解税收负担较重的状况。鉴于房地产市场目前价格较高，所有居民通过购买住房满足居住需求依然不能实现，即房屋租赁会有一定的市场需求。房地产税如果按比例征收，会比较容易地将税负转嫁给租房者，而累进征收房地产税会导致持有房产的数量越多，税率适用越高的情况，在同样收益率的前提下，适用税率低的房产对于租房者而言成本会较低，从而使税率适用较高的房产出租率降低，如果持有者不愿意自己

① 何泳仪：《房地产税与房价的关系研究综述》，载《中国外资》2013 年第 1 期下。

承担税负，要么降低租金价格，要么将房产出售。因此，采用累进税率形式对住房征收房地产税会增加房地产商市场的供给量，但是对价格的影响仍然具有不确定性。如果居住性房产需求量呈增长趋势，那么房价短期不会下降；如果自住型房产的需求量稳定或者呈现下降趋势，则房地产市场价格会出现下降走低的趋势。

另外，供给市场的变化也会影响房地产的市场价格。比如，政府提供的保障性住房建设的力度和公租房数量，理论上也是促使房价下降的重要因素。

相比于限购、限售的行政措施，税收更具有长期效应，其自动调节机制能够抑制市场的剧烈波动，稳定市场供求关系，促进房地产市场健康发展。总而言之，房地产税制的改革和优化，长期来看有利于促进房价回归合理的水平，促进房地产市场健康的有序发展，也会减轻政府利用行政手段调控房地产市场的压力。

总　　结

　　本书对房地产税制的研究主要基于"营改增"背景下，地方税体系需要进一步完善，并且房地产税制改革滞后于房地产市场的发展背景下，探讨房地产税制的改革目标和主要改革方案。

　　课题组首先梳理了房地产税制的理论基础和房地产税制的效应以及我国房地产税制的发展改革历程。在此基础上分析论证了"营改增"对房地产行业发展及其对房地产税制的影响以及我国现行房地产税制存在的问题。通过梳理其他国家和地区的房地产税制，总结有益经验，结合我国的实际情况，提出了我国房地产税制的改革目标、总体思路和具体的改革方案。

　　房地产税制改革总体思路遵循简化税制、逐步降低流通环节税负、增加持有环节税负的原则，提出了相应对策建议。流转环节简化税制、降低税负的改革主要包括取消土地增值税，转化其特殊调节功能到增值税或消费税；改革契税，减少契税的课税环节，减轻购置环节税负；改革印花税，减轻房地产交易环节税负。持有和取得环节增加税负以强化房地产税制调节功能的措施主要包括：房产税与城镇土地使用税合并征收房地产税，将居住性房产纳入课税范围，增加超量持有房地产纳税人的税负，增强房产的居住性功能；建议开征住房空置税，进一步增加持有环节空置住房的税收成本，弱化投资职能，促进住房回归居住职能；开征遗产与赠与税，调节房地产的持有、继承环节的税负，进而调节财富分配；改革耕地占用税的征收方式，建议与土地价格挂钩，增加占用耕地建房的税负，以保护耕地、促进纳税人节约用地。

　　增值税、企业所得税、个人所得税也是房地产税制体系的重要组成部分，但是，增值税的课征范围广泛，不仅包括房地产行业，还包括其他所有的商品、劳务、服务和无形资产；同样，企业所得税的纳税人范围包括各种类型的企业和取得收入的组织，也不仅限于房地产行业企业；房地产转让收益也仅是个人所得税课税范围的组成部分。因此，增值税、企业所得税、个人所得税的改革内容在本书没有进一步涉及。

　　希望本书提及的改革建议能够对房地产税制的优化提供参考，对于房地产税制改革的实质性进展，课题组将持续关注。

参 考 文 献

（一）著作类

[1] 蔡红英、范信葵：《房地产税国际比较研究》，中国财政经济出版社 2011 年版。

[2] 曹振良：《房地产经济学通论》，北京大学出版社 2004 年版。

[3] 陈明光：《汉唐财政史论》，岳麓书社 2003 年版。

[4] 陈均：《九朝编年备要》卷二，文渊阁四库全书第 328 册，开宝二年九月。

[5] 陈永良：外国税制，暨南大学出版社 2004 年版。

[6] 丁成日译：《财产税与地方政府财政》，中国税务出版社 2005 年版。

[7] 福建师范大学历史系：《明清福建经济契约文书选辑》，人民出版社 1997 年版。

[8] 广西壮族自治区地方税务局课题组：《中美房地产税制的比较研究》，中国财政经济出版社 2011 年版。

[9] 郭红宝：《房产税改革的经济效应：理论、政策与地方税制的完善》，中国社会出版社 2013 年版。

[10] 国家档案馆：《清末民国财政史料辑刊岁入预算书》，国家图书馆出版社 2007 年版。

[11] 国家土地管理局：《土地管理基础知识》，天津人民出版社 1990 年版。

[12] 雷蕾：《美国不动产税研究》，人民出版社 2013 年版。

［13］刘昫：《旧唐书》卷四九《食货下》，中华书局 1975 年版

［14］马端临：《文献通考》卷 14. 中华书局 1986 年版。

［15］石坚、陈文东：《房地产税制的国际比较》，中国财政经济出版社 2011 年版。

［16］魏征：《隋书》，中华书局 1977 年版。

［17］王昊：《房地产市场税收调控研究》，中国税务出版社 2009 年版。

［18］王钦若等：《册府元龟》，中华书局 1982 年版。

［19］谢伏瞻：《中国不动产税制设计》，中国发展出版社 2006 年版。

［20］席裕福、沈师徐：《皇朝政典类纂》卷 94，（台北）文海出版社 1982 年版。

［21］徐松辑：《宋会要辑稿》食货四《方田》，上海古籍出版社 2014 年版。

［22］杨大春：《中国房地产税收法制的变迁与改革》，江苏大学出版社 2008 年版。

［23］岳纯之点校：《唐律疏议》，上海古籍出版社 2013 年版。

［24］张晋藩：《中国法制通史》，（元）法律出版社 1999 年版。

［25］郑玄注、贾公彦梳：《周礼注疏》卷九《地官·司徒·第二》，《十三经注疏》上册，中华书局 1980 年版。

（二）中文期刊

［1］安体富：《房地产税立法的法理依据与相关政策建议》，载《地方财政研究》2015 年第 2 期。

［2］陈多长、踪家峰：《房地产税收与住宅资产价格：理论分析与政策评价》载《财贸研究》2004 年第 1 期。

［3］陈小安：《房产税的功能、作用与制度设计框架》，载《税务研究》2011 年第 4 期。

［4］戴丽华：《民国地价税的实施对当前土地税收制度改革的启示》，载《物流工程与管理》2011 年第 10 期。

［5］丁成日：《房地产税制的理论回顾（上）》，载《财政研究》

2007 年第 2 期。

　　[6] 丁成日:《房地产税制的理论回顾(下)》,载《财政研究》 2007 年第 3 期。

　　[7] 樊华、叶艳妹:《英国房地产税制简介》,载《涉外税务》2005 年第 4 期。

　　[8] 樊慧霞:《房地产税的受益论与新论综述、比较和启示》,载 《商业时代》2011 年第 34 期。

　　[9] 范习中、谈智:《民国时期城镇房捐之历史考证:1927~1949》, 载《求索》2012 年第 2 期。

　　[10] 方东霖:《韩国遗产税制研究及启示》,载《税务研究》2010 年第 7 期。

　　[11] 付志宇、姜贵渝:《孙中山土地税思想及其实践对我国房地产 税制改革的借鉴》,载《财政研究》2011 年第 10 期。

　　[12] 高敏:《魏晋南北朝的杂税之制》,载《中国社会经济史研究》 1990 年第 3 期。

　　[13] 谷成:《对进一步完善房产税的探讨》,载《价格理论与实践》 2011 年第 2 期。

　　[14] 顾红:《日本房地产税制概况及经验借鉴》,载《涉外税务》 2006 年第 8 期。

　　[15] 侯一麟、马海涛:《中国房地产税设计原理和实施策略分析》, 载《中国财政》2016 年第 2 期。

　　[16] 何泳仪:《房地产税与房价的关系研究综述》,载《中国外资》 2013 年第 1 期(下)。

　　[17] 胡绍雨:《关于我国开征遗产税与赠与税的探讨》,载《中国经 贸导刊》2012 年第 30 期。

　　[18] 胡绍雨:《我国房地产税制改革完善问题的探讨》,载《改革与 战略》2012 年第 12 期。

　　[19] 胡怡建、范柽楠:《我国房地产税功能应如何定位》,载《中国 财政》2016 年第 1 期。

［20］胡祖铨：《我国房地产去库存研究》，载《宏观经济管理》2016年第 4 期。

［21］黄雪萍：《取消土地增值税的必要性及可行性分析》，载《华商》2007 年第 10 期。

［22］姬昂：《浅析"营改增"后房地产企业税负变化》，载《财会通讯》2017 年第 1 期。

［23］贾康：《房地产税改革总体框架研究》，载《经济研究参考》2014 年第 49 期。

［24］贾学智：《房产税改革的经济效应分析》，载《北方经济》2011年第 7 期。

［25］蒋晓蕙、张京萍：《我国应及时开征遗产税和赠与税》，载《税务研究》2005 年第 5 期。

［26］金亮、杨大春：《中国古代契税制度探析》，载《江西社会科学》2004 年第 11 期。

［27］金维生：《加拿大房地产的征管及特点》，载《涉外税务》2004年第 9 期。

［28］金瑛：《韩国房地产税制对我国开征物业税的经验借鉴》，载《经济研究导刊》2007 年第 12 期。

［29］李晶：《香港的房地产税收政策》，载《辽宁财税》2003 年第 8 期。

［30］李铭：《中国房地产税改革的相关问题研究》，载《金融与经济》2011 年第 7 期。

［31］李青：《我国耕地占用税从价计征改革及其从价税率的调整测算》，载《价格理论与实践》2016 年第 3 期。

［32］李文：《我国房地产税收入数量测算及其充当地方税主体税种的可行性分析》，载《财贸经济》2014 年第 9 期。

［33］李文、董旸：《海外房地产税比较》，载《税务与经济》2015年第 2 期。

［34］李晓立：《英国的房地产税制》，载《经济论坛》2004 年第

7 期。

［35］李英：《探究"营改增"对房地产行业的影响》，载《财会学习》2016 年第 6 期。

［36］李永刚：《境外遗产税制度比较及其启示》，载《国家行政学院学报》2015 年第 1 期。

［37］李永刚：《港澳台房地产税制度比较及大陆征税效应分析》，载《亚太经济》2015 年第 3 期。

［38］李永刚：《中国遗产税制度设计研究》，载《学海》2015 年第 1 期。

［39］李钊：《"营改增"对房地产开发企业税负的影响》，载《财会月刊》2017 年第 13 期。

［40］李贞燮：《韩国遗产与赠与税制简介》，载《税务研究》1996 年第 12 期。

［41］林烺：《印花税体系的改革：两种印花税存废之辩》，载《税务与经济》2016 年第 3 期。

［42］林佩銮：《关于我国开征遗产税与赠与税的思考》，载《会计之友》（下旬刊）2010 年第 8 期。

［43］刘才义：《房地产业"营改增"税负效应分析》，载《财会学习》2017 年第 3 期。

［44］刘晨晖、陈长石：《我国房地产去泡沫化风险及其应对》，载《经济学家》2015 年第 11 期。

［45］刘守刚：《西方财政学者对公平所得税税制的探索考察》，载《税务研究》2018 年第 2 期。

［46］刘晓凤：《"金砖四国"物业税比较与借鉴》，载《地方财政研究》2010 年第 4 期。

［47］刘燕明：《民国时期房地产税收制度的变革及特点》，载《税务研究》2012 年第 3 期。

［48］刘佐：城市房地产税始末，《地方财政研究》，2009 年第 7 期。

［49］骆祖春、赵奉军：《香港房地产财税体制设计及对内地改革的

参照意义》，载《地方财政研究》2016 年第 2 期。

［50］马泽芳：唐代的房产税，《中国税务》载 2011 年第 12 期。

［51］彭茹燕、张慧：《完善耕地占用税势在必行》，载《中国土地》2012 年第 11 期。

［52］彭晓洁、王安华、肖强：《房地产行业"营改增"效应预估》，载《税务研究》2015 年第 11 期。

［53］漆亮亮：《房产税的历史沿革》，载《涉外税务》2002 年第 4 期。

［54］苏建华：《西方国家遗产税理论与实践——兼论我国开征遗产税的合理性》，载《涉外税务》2003 年第 4 期。

［55］苏明、施文泼：《我国房地产税制度改革研究》，载《经济研究参考》2016 年第 9 期。

［56］苏文宁、胡勤忠、殷守明：《完善契税征收管理的建议》，载《税务研究》2015 年第 10 期。

［57］孙德轩、宋艳梅：《日本房地产税制经验及借鉴》，载《税务研究》2011 年第 11 期。

［58］孙炜蔚：《取消土地增值税推进房地产税收一体化》，载《国土资源》2009 年第 12 期。

［59］孙作林：《"营改增"对房地产企业税负和净利润的影响及建议》，载《财会月刊》2015 年第 31 期。

［60］孙清玲：《略论清代的税契问题》，载《福建师范大学学报》（哲学社会科学版）2003 年第 6 期。

［61］唐明：《日本房地产税制改革及其启示》，载《涉外税务》2007 年第 7 期。

［62］唐在富、冯利红、张耀文：《美国房地产税制对中国的启示与借鉴——基于 50 个州房地产税制运行及税负结构分析》，载《地方财政研究》2016 年第 4 期。

［63］田芳：《房地产税改革目标及其路径》，载《财经问题研究》2015 年第 5 期。

［64］童锦治：《关于取消土地增值税的建议》，载《财政金融》1999年第 6 期。

［65］王春元：《我国房地产税税率设计分析——以浙江省为例》，载《浙江万里学院学报》2006 年第 5 期。

［66］王昉、熊金武：《民国时期地价税思想研究》，载《复旦学报》（社会科学版）2012 年第 1 期。

［67］王洁若：《美国遗产税制度及其对中国的启示》，载《财政监督》2014 年第 7 期。

［68］王群、陈为众、丁丁、洪旭：《香港房地产税制及启示》，载《中国税务》2013 年第 2 期。

［69］王文辉：《浅析营改增对房地产企业的主要影响》，载《财经界》2015 年第 7 期。

［70］王秀霞：《对印花税改革的几点建议》，载《财政监督》2008年第 7 期。

［71］王在清：《遗产税和赠与税的征税依据及其功能》，载《税务研究》2001 年第 5 期。

［72］王子何：《关于武汉市房地产泡沫实证研究》，载《财会学习》2018 年第 4 期。

［73］魏天安：《宋代的契税》，载《中州学刊》2009 年第 3 期。

［74］温师燕：《遗产税可行性、征税模式及免征额和税率的探讨》，载《发展研究》2014 年第 6 期。

［75］吴俊培：《我国开征物业税的几个基础理论问题》，载《涉外税务》2006 年第 1 期。

［76］吴晓亮、王浩禹、赵大光：《先秦至唐宋屋舍之税嬗变研究》，载《清华大学学报》（哲学社会科学版）2015 年第 5 期。

［77］伍冠玲：《美国房地产税制及启示》，载《上海房地》2010 年第 9 期。

［78］向阳、符蓉：《我国房地产企业税负水平剖析》，载《财会月刊》2016 年第 23 期。

[79] 肖良生：《国际房地产税争议处理案例——新加坡房地产税基评估争议处理概况》，载《中国房地产》2017 年第 22 期。

[80] 席卫群：《遗产税的国际比较与思考》，载《税务研究》1995 年第 9 期。

[81] 谢群松：《论中国不动产占有课税的改革》，载《经济研究参考》2002 年第 90 期。

[82] 辛欣：《美国、英国的房地产税制》，载《国际资料信息》1995 年第 3 期。

[83] 叶剑平等：《中国土地增值税征收问题研究》，载《北京社会科学》2014 年第 5 期。

[84] 张蔚文：《韩国土地税制》，载《中国土地》2001 年第 7 期。

[85] 张鑫、王婧：《浅谈契税在房地产市场调控中的作用》，载《税务研究》2010 年第 10 期。

[86] 赵惠敏、李琦、王晨旭：《中国房地产税改革取向研究》，载《当代经济研究》2014 年第 9 期。

[87] 郑有国：《东晋、南朝"估税"考》，载《史林》1987 年第 6 期。

[88] 朱华、莫骄：《唐代间架税及相关问题简论》，载《唐史论丛》（第 22 辑）2016 年 2 月。

[89] 胡怡建：《全面实施营改增的效应》，载《中国税务报》2016 年 10 月 17 日。

[90] 吉雪娇：《我国家庭住房拥有率达 90.8%》，载《金融投资报》2014 年 6 月 11 日。

[91] 刘平、望南海、任善涛：《对我国印花税改革的设想》，载《江苏法制报》2015 年 5 月 8 日。

[92] 肖捷：《加快建立现代财政制度》，载《人民日报》2017 年 12 月 20 日。

[93] 吴明喜、熊斌等：《湖北房地产税制改革试点情况及改革建议》，房地产税改革与地方税建设研讨会，2017 年 11 月。

［94］岳树民：《居民住房房地产税免税扣除方式的效应分析》，房地产税改革与地方税建设研讨会，2017 年 11 月。

［95］姚长辉：《我国房产税制实现内外统一》，载《中国财经报》，2009 年 1 月 17 日。

［96］李晶：《中国房地产税收制度改革研究》，东北财经大学博士论文 2011 年。

［97］沈灵燕：《房产税的经济效应分析及其改革优化建议》，华东师范大学硕士论文 2014 年。

［98］王宛岩：《我国不动产课税制度研究》，财政部财政科学研究所博士论文，2010 年 6 月。

［99］郑景文：《我国房地产税改革问题研究》，福建师范大学硕士论文，2014 年。

（三）法律法规类

［1］《重庆市人民政府关于进行对部分居民住房征收房产税改革试点的暂行办法及实施细则》，2011 年 1 月。

［2］《上海市开展对部分居民住房征收房产税试点的暂行办法》以及《上海关于本市居民住房房产税征收管理事项公告》，2011 年。

［3］《中华人民共和国房产税暂行条例》，1986 年。

［4］《中华人民共和国个人所得税法》，2011 年。

［5］《中华人民共和国个人所得税法实施条例》，2011 年。

［6］《中华人民共和国城镇土地使用税暂行条例》，1986 年。

［7］《中华人民共和国契税条例》，1997 年。

［8］《中华人民共和国企业所得税法》，2007 年。

［9］《中华人民共和国土地增值税暂行条例》，1994 年。

［10］《中华人民共和国印花税条例》，1988 年。

（四）其他类

［1］国税总局：2017 年营改增共减税 9186 亿，宏观税负下降，http：//money. 163. com，2018 年 2 月 1 日。

［2］国务院常务会议（2018 年 3 月 28 日），中国政府网 http：//

www. gov. cn/guowuyuan/gwycwhy/20180328c04/。

［3］加拿大房产税收政策详解，http：//m. loupan. com/hwdc/news/201807/3351166，2018. 7. 24

［4］刘佐，中国开征遗产税的问题研究，http：//www. lwlm. com/shuishouyantao/200806/37629p2. htm

［5］鲁财税［2014］21号山东省财政厅山东省地方税务局关于调整淄博等市契税适用税率的通知，http：//www. shui5. cn/article/54/74162. html

［6］新华视点：中国楼市空置率到底有多高？新华网，2015年5月2日。

［7］税务总局：2017年营改增减税9186亿元，中国新闻网第一财经，2018年2月1日，https：//www. yicai. com/news/5397325. html

［8］香港开征住房空置税，影响有多大？http：//baijiahao. baidu. com/s？id＝1604808248146521459&wfr＝spider&for＝pc，2018. 7. 2

［9］杨红旭，住宅空置率，对房价影响到底有多大？http：//www. so-hu. com/a/233829144_480208，2018年6月3日。

［10］央视曝万科等45家房企欠缴3. 8万亿土地增值税，http：//news. hexun. com/，2013年11月24日。

［11］张娜、王军：契税的历史沿革，西安日报社数字报刊网，http：//epaper. xiancn. com/xawb/html/2013－03/26/content_192926. htm

［12］Brueckner, Jan K. Property Values, Local Public Expenditure, and Economic Efficiency. *Journal of Public Economics*, 1979.

［13］Fischel, William A. , Property Taxation and the Tiebout Model：Evidence for the Benefit View from Voting and Zoning. *Journal of Economic Literature*, 1996.

［14］Huihua Nie, Mingyue Fang, Tao Li. China's Value-added Tax Reform, Firm Behavior and Performance［J］. *Frontiers of Economics in China*, 2010, 5（3）.

［15］Keith Warner, Value Added Tax Changes during 1995. Property Management, 1996, 14（3）.

［16］Matti Viren. Does the Value - Added Tax Shift to Consumption Prices?, AUCO Czech Economic Review, 2009, 3（2）.

［17］Norregaard, John. Taxing Immovable Property - Revenue Potential and Implementation Challenges, IMF Working Paper, 2013. pp. 13 - 129.

［18］Steven D. Gold. Circuit-breakers and Other Relief Measures, Montpelier, Vermont, Capital City Press, 1983, p. 149.

［19］Silke Thiele. Increase of the Value Added Tax（VAT）: Budget-and Welfare - Effects for Consumers, Jahrbücher für Nationalö konomie und Statistik, 2010, 230（1）.

后 记

本书为 2017 年河北省社会科学基金项目成果，项目编号：HB17YJ066。

本书是河北省社会科学基金项目——"营改增"后房地产税制的重组和完善的研究成果，是课题组成员经过多次讨论、交流，共同完成的研究著作。

课题组成员均参与了本书的撰写工作，书稿提纲由李金荣教授拟定，具体章节撰写分工如下：

第一章由李金荣教授撰写；第二章由刘德成教授、李金荣教授撰写，研究生姬倩参与完成（第一节、第二节由刘德成撰写，第三节由李金荣、姬倩撰写）；第三章由刘德成教授撰写；第四章由李金荣教授撰写，研究生刘萱、姬倩参与完成（第一节、第三节由李金荣撰写，第二节由李金荣、刘萱撰写，第四节由李金荣、姬倩撰写）；第五章由欧阳婷老师撰写，研究生姬倩、石颖参与完成（第一节、第二节、第三节由欧阳婷、姬倩、石颖撰写，第四节由欧阳婷撰写）；第六章由李金荣教授撰写，研究生石颖参与完成（第一节、第二节、第三节、第四节由李金荣教授撰写，第五节由李金荣、石颖撰写）；第七章由李金荣教授撰写。

非常感谢课题组成员的辛苦付出！

在本书的撰写过程中，参考和借鉴了国内外专家、学者的专著、论文和其他研究成果的相关内容，在此，我们表示衷心的感谢！

感谢河北经贸大学财税学院对本书撰写和出版的大力支持！

李金荣

2018 年 6 月